más allá
de la vida

más allá de la vida

Mensajes sanadores e historias asombrosas desde el Otro Lado

por

la Médium de Long Island

Theresa Caputo

ATRIA ESPAÑOL

NUEVA YORK   LONDRES   TORONTO   SIDNEY   NUEVA DELHI

ATRIA ESPAÑOL

Una división de Simon & Schuster, Inc.
1230 Avenida de las Américas
Nueva York, NY 10020

Primera edición en rústica de Atria Español, diciembre de 2015

ATRIA ESPAÑOL y su colofón son sellos editoriales de Simon & Schuster, Inc.

Para obtener información respecto a descuentos especiales en ventas al por mayor, diríjase a Simon & Schuster Special Sales al 1-866-506-1949 o a la siguiente dirección electrónica: business@simonandschuster.com.

La Oficina de Oradores (Speakers Bureau) de Simon & Schuster puede presentar autores en cualquiera de sus eventos en vivo. Para más información o para hacer una reservación para un evento, llame al Speakers Bureau de Simon & Schuster, 1-866-248-3049 o visite nuestra página web en www.simonspeakers.com.

Impreso en los Estados Unidos de América

10 9 8 7 6 5 4 3 2 1

ISBN 978-1-4767-8951-4
ISBN 978-1-4767-8952-1 (ebook)

A mi madre Ronnie, que no ha dejado de animarme, quererme y escucharme desde que yo era pequeña. Y por transmitirme una fe a la que aferrarme cuando trataba de entender esta locura de don.

A mi marido Larry, que sucedió a Mamá en la tarea de hacerse cargo de mí. Siempre me has hecho sentir querida incondicionalmente, especial y segura. Siempre y para siempre, cariño.

A mis hijos Larry y Victoria, por no poner nunca en duda que Mamá ve muertos. De veras, ni siquiera un poco.

A Dios y al Espíritu, porque sin ustedes no habría libro.

ÍNDICE

más allá
de la vida

INTRODUCCIÓN

¡Bienvenido a mi vida!

Tengo dos habilidades increíbles: hablo con muertos y puedo subir once pisos con zapatos de tacón. Estoy consciente de que la primera habilidad es por la que has comprado este libro, así que es en lo que me voy a enfocar en los próximos diez capítulos. Pero antes de hacerlo, hay algunos aspectos importantes que me gustaría dejar claros.

Primero, cuando me refiero a temas relacionados con gente que ha fallecido y el más allá, quiero que sepas que casi todo lo que sé sobre quiénes somos y de dónde venimos se lo debo al Espíritu. Esto incluye tener que escribir sobre muchos temas que no he explorado anteriormente, pero como sé que eran importantes para ti, se los he presentado al Espíritu. ¡Y vaya si han tenido impacto! Otra cosa que he hecho cuando me he atascado es recurrir a una amiga que me ayudara a perfeccionar mi don. Dicho esto, hay algunos aspectos concretos en los que no quería entrar (como cuando hablo de energía negativa), por lo que si no profundizo en algunos temas, ése es el motivo. También creo que hay muchos aspectos desconocidos sobre la muerte y el más allá, y esto hace que estos temas queden abiertos a múltiples interpretaciones. A muchos médiums les parece bien decir que tienen la última palabra, pero yo no soy así. Yo sólo quiero compartir lo que pienso y siento basándome en lo que el Espíritu me ha mostrado a mí y a aquellos en quienes confío.

Estoy consciente de que no todo el mundo me creerá pero ahórrense el e-mail cruel o la publicación de un blog titulado "¡Ella es un fraude!", porque ya lo he oído todo. La gente dice que busco en Google información sobre el pasado de mis pacientes. Que presento situaciones vagas y luego trabajo según sus reacciones. Dicen que leo el lenguaje corporal y me aprovecho de la vulnerabilidad de alguien que sufre. Que mis ideas sobre el más allá son ilusiones mías. Y mi favorita de todas es que molesto a los muertos. Vamos a detenernos en este aspecto un momento. ¿Por qué nunca se les ha ocurrido a los que me critican que yo no molesto a los muertos sino que los muertos me molestan a mí? Tal vez creen que me desperté un día y pensé: *¡Ya sé! ¡Voy a molestar a los muertos el resto de mi vida! ¡Es la mejor carrera que puedo elegir!* Y hay más cosas que las que puedes imaginar. Pero no he escrito un libro para probar o defender mis habilidades. Lo he hecho para compartir lo que sé que es cierto: que hay vida más allá del mundo físico.

Como pronto sabrás, tardé mucho tiempo en aceptar mi don, pero cuando lo hice, aprendí bastante rápido. Me gusta comparar el proceso con el de armar un rompecabezas. Al principio, para mí fue muy difícil encontrarle sentido a mis habilidades y unir las distintas piezas, pero cuando comencé el contexto, fue bastante fácil rellenar el resto. Siempre he tenido todas las piezas para completar la imagen, sólo tenía que aprender a hacer que funcionaran juntas. Creo que de la misma forma que algunas personas nacen con un talento musical o un intelecto, en mi ADN está poder hablar con el Espíritu. ¿Hubiera preferido ser una concertista de piano o curar el cáncer? Por supuesto, pero qué se le va a hacer.

Aprender a canalizar me ha aportado beneficios. Para mí ha sido una forma de aliviar algunas de mis ansiedades crónicas relacionadas con el Espíritu, pero más que todo ha traído felicidad y sanación a innumerables personas, que es la parte más gratificante. Les ha ayudado a creer en el más allá, a confiar en que sus seres queridos están a salvo y en paz, y les ha mostrado que esas almas las están guiando, mandando fuerzas y amándolas desde el Otro Lado. Les ha demostrado a mis clientes que las cosas inexplicables que intuyen y sienten tras la muerte de un ser querido son reales y no están locos por pensar que es así. Incluso me dicen que tienen menos miedo a morir y algunos han recuperado la fe en Dios. Y, lo más importante, han empezado a disfrutar de la vida cuando todo lo que tenían antes era sufrimiento.

Ninguno de estos maravillosos resultados es una coincidencia, puesto que yo elijo utilizar mis habilidades para entregar mensajes curativos de almas que caminan en la luz blanca de Dios. Creo que mi intuición es un don espiritual porque, aunque no diga esto en mi programa de televisión, *Long Island Medium*, he recibido mis habilidades directamente de Dios, quien, de muchas y muy distintas maneras, ha dicho que si las tengo es por algo. También me ha dicho que no las pusiera en duda, sino que confiara en que Él me amaría, guiaría y protegería siempre, y eso es lo que hago. Por cierto, creo que todos estamos conectados a Dios, que es amor incondicional, y es ese amor el que nos conecta a nuestra familia y amigos en el otro mundo, porque todos venimos de su energía. Como me educaron en la fe católica, llamo a esa energía Dios, pero si quieres llamarla Él, Poder Superior o Yahvé, adelante. Es un Dios con muchos nombres pero siento que sólo es uno.

Ser médium no siempre se siente como una bendición, pero yo sé que lo es. Aunque el programa de televisión me ha ayudado a pagar los estudios universitarios de mis hijos, también he perdido amigos debido a mis habilidades. Es más, ya he cubierto mi cupo de gente que quiere estar conmigo para que les diga qué hacen sus difuntos abuelos. Y ahora que soy la médium de Long Island, ya se lo podrán imaginar. De repente, todo el mundo es primo mío. Pero siento que todos estamos en este mundo con un propósito y creo que conectar a la gente con sus seres queridos desaparecidos es parte de la jornada de mi alma. Me alegro de haberme dado cuenta porque durante algunos años creí de verdad que podría dedicarme a comprar zapatos.

1

EL ESPÍRITU Y YO:
UNA UNIÓN HECHA EN EL CIELO

No nací en la parte de atrás de un carromato gitano y no crecí leyendo el futuro en Bayou. Los únicos cristales que llevo son los Swarovski que cubren mis zapatos Louboutin. Puede que no sea la imagen que tienes en mente de una médium, pero a los muertos no les importa. Me han estado alentando a que transmita sus mensajes desde que era una niña y eso es lo que me siento comprometida a hacer y por lo que me siento afortunada.

Crecí en Long Island en una ciudad llamada Hicksville, con mamá, papá y mi hermano menor, Michael. Mi madre era contadora y mi padre era supervisor de obras públicas del condado de Nassau. Estábamos muy unidos y seguimos estándolo. De hecho, la mayor parte de mi vida crecí en la casa de al lado de la que vivo ahora. Tenemos una puerta en la parte de atrás que conecta los dos patios y a papá le encanta usarla para entretenerse en ambos huertos de tomates. Cuando la gente viene a una consulta, se sientan en la mesa del comedor que da justo al patio trasero. Siempre les digo: "Si ven a alguien ahí fuera, no es un muerto deambulando, ¡es mi padre!"

Tuve una infancia llena de amor y felicidad, me crié en la más absoluta normalidad. Estaba en un equipo de fútbol benéfico y en la liga de bolos. Me gustaba peinar a mis muñecas; siempre pensé que sería peluquera. Tenía buenos amigos, sacaba buenas notas y pasaba gran parte de mi tiempo libre con mi familia. Siempre estaba con mis primos, abuelos, tías y tíos. Los jueves comíamos espaguetis con albóndigas en casa de Nanny y Pop; los sábados, pintaba cerámica con la tía G; y los domingos toda nuestra gran familia iba a casa de Gram y el abuelo al salir de la iglesia para pasar la tarde comiendo, riendo y contando anécdotas.

Era como la versión de Long Island de una comedia en televisión con la diferencia que nos mantenía literalmente a todos despiertos hasta tarde. Solía tener las pesadillas más terribles, lo que no tenía sentido si pensamos que mis días eran tan tranquilos. Estos son mis primeros recuerdos de ver, sentir y escuchar al Espíritu, aunque no sabía que eso era lo que estaba ocurriendo. Mi primera experiencia real la tuve cuando tenía sólo cuatro años. En aquel tiempo vivíamos en la casa de la infancia de mi padre que está justo al lado del museo Hicksville Gregory, un antiguo juzgado de 1915 que también tenía celdas para los prisioneros en su interior. Algunas personas creen que edificios antiguos como las prisiones, con su historia de dolor y sufrimiento, pueden atrapar al Espíritu. ¡Menudo sitio para precisamente yo vivir cerca! Además, tenía un sueño recurrente en el que, desde una ventana de la segunda planta de nuestra casa, veía a un hombre pasear por la acera de enfrente. Cantaba mi nombre, *Theresa Brigandi, Theresa Brigandi, Theresa Brigandi...*, una y otra y otra vez. ¿Te puedes imaginar lo terrorífico que resultaba eso para una pobre niña de cuatro años? Nunca llegué a verle la cara al hombre pero siempre andaba encorvado con un bastón que llevaba una cinta hecha un hatillo en la punta. Iba vestido con harapos y parecía un vagabundo.

El Espíritu más adelante me dijo que ese sueño en realidad era una aparición y ahora estoy convencida de que aquel "hombre" era uno de mis guías espirituales en aquel momento de mi vida. Eso no significa que el espíritu guía sea *literalmente* un vagabundo. Es algo más parecido a esas historias de la Biblia en las que la gente invita a su casa a un pobre y luego descubren que era un ángel. Ahora creo que un vagabundo es la modesta forma que mi guía tomó para que entendiera la referencia a la escuela dominical y me sintiera bien cuando me llamaba. Me educaron en la fe católica que aún practico, por lo que estoy segura de que mi guía se presentó a sí mismo a través de mi marco de referencia, un poco como cuando el Espíritu me muestra signos y símbolos durante una sesión ahora. Lo hace de forma que tenga sentido para mí, para que me sea fácil interpretar el mensaje.

Cuando tenía cuatro años, un indigente equivalía a un hombre amable y piadoso, al menos cuando estaba despierta. Por la noche, ver, escuchar y sentir a alguien me hacía gritar como si me estuvieran atacando con violencia. Igualmente, no creo que estuviera experimentando una versión negativa del Espíritu, y no estaba soñando que el Espíritu me zarandeaba ni nada; los sueños como tales no eran "malos". Estaba aterrorizada porque sentía la energía del Espíritu a la vez que veía y oía cómo me hablaba de esta forma tan real y personal.

Mis gritos inconsolables inquietaban más a mi familia que lo que los causaba y mi vida social acabó siendo limitada. No podía dormir en las casas de mis amigas o dormir en casa de mi abuela sin preguntarme qué era lo próximo que iba a sentir. No me sentía a salvo más que en casa y ni siquiera podía estar segura de eso. Además del vagabundo, también vi a mi bisabuela por parte de madre. Murió cuatro años antes de que yo naciera y no supe quién era hasta mucho después cuando vi una foto suya. Pero nunca me olvidaré de ella de pie al lado de mi cama. Era bajita con el pelo oscuro y con un vestido sencillo. También gritaba como una loca cuando la veía. Pobre mujer, no era un monstruo de tres cabezas, pero ¡reaccionaba como si lo fuera!

Por la mañana olvidaba casi todos esos terrores nocturnos y cuánto habían durado. Me han contado que se me pasaban cuando mi madre o mi padre encendían la luz y entraban corriendo en mi cuarto. ¿Hacía eso que el Espíritu se marchara? No lo sé. Pero al cabo de un tiempo, mi madre inventó una oración para ayudarme a mantener alejado al Espíritu. Decía: "Querido Dios, por favor protégeme durante la noche. Bendice..." y nombraba entonces a todas las personas que había en nuestras vidas y aquellos que estaban en el Cielo. Y aunque parezca mentira, cada vez que rezaba la oración antes de acostarme, dormía profundamente y también lo hacían mis padres. Seguí haciéndolo cuando llegó el momento de mudarnos a la casa nueva, en la que ahora viven mis padres, aunque siempre dejaba la luz del pasillo encendida.

El Espíritu no me daba tregua ni cuando viajaba con mi familia. Solíamos ir de vacaciones juntos, incluyendo una acampada anual con mis abuelos durante todo el verano. Casi todos allí eran afortunados si tenían una tienda de campaña con una lámpara Bunsen; nosotros teníamos un fantástico tráiler con ducha, cocina y un porche cubierto por los cuatro costados para que los insectos no llegaran a la comida. De todo. Mi abuela me hacía huevos revueltos y tostadas con mantequilla por las mañanas y, por las tardes, hacíamos carreras de bicicletas y nos íbamos al lago a columpiarnos en una rueda colgada de un árbol. Por la noche jugábamos en las máquinas de pinball en los salones recreativos, asábamos *marshmallows* y cantábamos canciones de campamento. ¡Era como una Girl Scout! Pero no importa lo bien que lo pasáramos de día, o lo relajada que estuviera, mis terrores nocturnos atacaban igual que cuando estaba en casa. ¡Sólo que en esta ocasión todo el campamento me oía! Mis abuelos incluso dieron aviso previo a nuestros vecinos de campamento: Si oyen gritar a alguien como si lo estuvieran matando, no es un oso o un loco que anda suelto. Es sólo Theresa que tiene terrores nocturnos. Una vez, mis abuelos querían que durmiera con ellos en una tienda de campaña y yo me moría de miedo de pensarlo. Me sentía más segura en el tráiler, sobre todo porque veía sombras a través de las cortinas. Me resistí tanto a quedarme fuera que pataleé y grité, y le partí el labio a mi padre. ¡Se enfadó tanto! Estuvo a punto de darle un puñetazo al farol y prenderle fuego a la tienda.

A pesar de que manejaba mucho mejor las apariciones del Espíritu durante el día, no dejaban de sorprenderme. De hecho, recuerdo claramente ver personas en formato tridimensional pasearse por delante del televisor. Me sentaba en nuestro sofá verde de tweed, viendo un programa infantil, y veía pasar a alguien que luego desaparecía. Una vez, esto ocurrió cuando nos cuidaba una niñera y le pregunté si había visto lo mismo que yo. Me dijo que no y me miró raro, así que lo dejé pasar. Llegué a preguntarme si veía cosas raras o tenía una imaginación desmesurada, pero no me obsesioné demasiado. Es como cuando ves una sombra con el rabillo del ojo o miras demasiado rato y después ves una silueta amarilla flotando por la habitación. Presumes que estás viendo cosas raras sin darle la menor importancia. También recuerdo que, de pequeña, un año en Pascua me regalaron un juego de cocina y, cuando terminé de jugar a las casitas, ordené las cosas de cierta forma y, al volver a buscarlas a la mañana siguiente, estaban en un sitio totalmente distinto. Seguro que el Espíritu también fue el culpable de eso. En serio, ¡sé que mi hermano Michael no las tocó!

¿Quién es quién para decir que algo es normal?

A medida que crecía empezaba a sentirme ansiosa y rara dentro de mi propio cuerpo. No conseguía averiguar cuál era la causa. Le decía a mi madre: *No me siento bien. No siento que soy parte de algo. Me siento distinta.* Me sentía como si estuviera pasando algo que necesitara explicación. Uno de los lugares donde me sentía a salvo y segura de verdad era la iglesia. Incluso tocaba la guitarra en un grupo folclórico allí. La casa de Dios era la otra casa, aparte de la mía, donde me sentía en paz y a gusto en mi propia piel. A menudo digo que, si no fuera médium, podría haber sido esquizofrénica o monja. En serio, a veces me parecen las dos opciones más realistas. ¿Te imaginas? Mis padres me mimaron y me dieron muchísimo amor pero eso no quitaba el hecho de que yo sintiera que había algo en mí que no era normal.

A veces le preguntaba a Dios por qué ocurría todo aquello, por qué sentía miedo todo el tiempo. Pero nunca me enfadé con Él o perdí la fe. No era así como me habían educado. No me gusta usar la palabra "religiosa" pero sí vengo de una familia con una fe muy firme. Me enseñaron a rezar una oración por la noche y antes de cada comida. Mis padres tenían también una mente abierta sobre la espiritualidad. Es cómico, porque no todos los católicos son así. Pero para nosotros, fe, espiritualidad..., todo viene de Dios.

Cuando no estaba en la iglesia, mi ansiedad llegaba a empeorar tanto que no quería salir de casa. No sabía cuándo iba a sentir o percibir algo en cualquier momento del día. Me di cuenta de que cada lugar transmitía una sensación diferente y a veces me sentía como observada. Cuando le dije esto a mamá me sentó y me dijo: "Tu lugar seguro eres *tú* misma". Podía ir a cualquier parte porque yo era mi propio fundamento. Durante mucho tiempo, esta actitud funcionó.

Aun así, estaba claro que veía y sentía cosas que los demás no veían ni sentían. Cuando iba al mall o a la bolera con mis amigos, les preguntaba si habían visto pasar a un hombre o si habían oído a alguien llamarlos, porque yo secretamente lo había visto. Y respondían: "Pues... no, ¿a qué te refieres?". O a veces recibía un mensaje y presumía que se trataba de mis propios pensamientos sin darme cuenta de que tenía significado, o que incluso había pensado en algo, hasta que se confirmaba después. Por ejemplo, si iba camino de la feria tal vez escuchaba una voz que me decía: "No comas algodón de azúcar". Yo lo ignoraba y luego me enteraba por una amiga de que el algodón de azúcar le había sentado mal. Pero, aun entonces, sólo pensaba que tal vez tenía mejor intuición acerca de la gente y las situaciones que algunos amigos o desconocidos.

Creí en fin que yo era mi lugar seguro. De modo que ver, escuchar y sentir algo alrededor de mí todo el tiempo se convirtió en normal. Los médicos siempre han dicho que nuestros cuerpos están hechos para adaptarse; si una sensación o experiencia dura lo suficiente, el cerebro aprende a ignorarla, evitarla o simplemente tratarla con normalidad. Ahora sé que ver y sentir al Espíritu no es lo más común en las personas, pero para mí era rutinario y no tenía a mucha gente que me dijera lo contrario. De niña, mi familia y amigos se reían cuando a veces decía cosas raras pero nunca fueron más allá. (¡Mamá hace poco bromeaba de que mis habilidades le daban un significado totalmente nuevo y distinto a mis referencias de que había un monstruo, un amigo imaginario o un fantasma en la habitación!) Y aunque muchas veces mis amigos no estaban de acuerdo con lo que yo oía o veía, sí tuve familiares que tenían experiencias parecidas porque también eran sensibles. De hecho, mi primo Johnny Boy solía burlarse de mí y de mi prima Lisa llamándonos raritas, y nos llamaba Para y Noica cuando le decíamos que habíamos visto o sentido cosas. También solíamos ir de compras por separado, ¡y volvíamos a casa con la misma ropa! Pero en aquellos tiempos todo lo que Lisa y yo sabíamos era que teníamos experiencias comunes e inusuales provocadas por los encuentros con lo que hoy sabemos que es el Espíritu, una parte de nuestras vidas. Y en lo que se refiere al pedante de mi primo Johnny, viviendo en casa de mi abuela diez años más tarde, la vio de pie en el pasillo cuando salía de darse una ducha. ¿Quién se ríe ahora?

Cuando mis amigos se convirtieron en adolescentes vociferantes, las cosas empezaron a cambiar. Entre los doce y los catorce años empecé a sentirme menos cómoda con lo que sucedía a mi alrededor, sobre todo por la reacción de la gente a mis observaciones. Mi familia seguía mostrándose indiferente a lo que yo decía, pero cuando a veces le preguntaba a un amigo si había visto o sentido algo, respondía: "No, qué raro, no hay nadie ahí. ¡Nadie oye o ve las cosas como tú!". Lo que una vez pareció normal ahora ya no lo era, por lo que decidí bloquear todo lo que experimentaba. No decía una oración especial para que el Espíritu cesara ni nada, sólo ignoraba sus intentos de comunicarse conmigo. Piensa que esto fue antes de que en cada canal de televisión hubiera un programa de fantasmas y John Edward fuera un nombre conocido. La gente no hablaba de estas cosas. Nadie, incluso yo, podía haber imaginado lo que de verdad estaba pasando. Nunca fue parte de una conversación agradable y normal.

11

A los dieciséis años, tenía la suerte de no haber perdido a muchos seres queridos, pero eso también significa que no se me aparecía ningún Espíritu conocido. Cuando Nanny, la madre de mi padre, murió, me quedé destrozada. Éramos muy unidas y todo el mundo la echaba mucho de menos. Después de su muerte, la hermana mayor de mi padre hizo que una vidente viniera a casa de Nanny. En aquel momento no entendí por qué, pero ahora creo que era para ponerse en contacto con ella. Yo no quería ir y me daba un poco de miedo, más que nada porque no sabía lo que era una vidente ni lo que hacía. Pero sabía que me sentía a salvo en casa de Nanny, así que finalmente fui. Y por primera vez en mucho tiempo no ignoré al Espíritu.

Sentí la energía y el alma de Nanny cerca de la ventana y mi familia no cesaba de preguntarme por qué yo me había quedado al lado de la cortina cuando todo el mundo estaba en la mesa. También me preguntaban con quién hablaba aunque no recuerdo lo que yo decía. (Es similar a cuando, después de canalizar para otros, no recuerdo lo que el Espíritu me dijo.) Después de un minuto así, mi familia tuvo que interrumpirme en su forma habitual de burla. No se lo tomaron muy a pecho ni se asustaban.

—Theresa, ¿con quién hablas?

—Hablo con Nanny.

—Sí, claro. Nanny está muerta.

—Yo *sé* que está muerta, pero estoy hablando con ella.

Es posible que mi tía y mis primos estuvieran confundidos, pero no le dieron importancia. Yo era famosa por soltar cosas sin sentido, pero ¿era eso más raro que invitar a una vidente a tomar café? Estaban abiertos a conversaciones espirituales que yo aún no había siquiera considerado.

Cuando recuerdo esto ahora puedo oler físicamente la casa de Nanny y ver todo lo que había dentro, los muebles cubiertos con plásticos, mesas con superficie de mármol, el brillante candelabro del comedor, un cuadro de *La última cena* y aquellas cortinas doradas. Todo muy llamativo e italiano. Y, a medida que cuento esta historia, tengo una visión, como una película que pasa rápida ante mis ojos, de Nanny de pie delante de los fogones, fumando su cigarrillo hasta convertirlo en una larga tira de ceniza colgando sobre una olla de espagueti hirviendo. Dejaba que el cigarrillo se consumiera hasta que sólo quedaba el filtro y a pesar de eso la ceniza jamás cayó en la salsa. Le encantaban sus joyas y, en mis recuerdos, lleva puestos todos aquellos diamantes. Como yo.

Después de mi pequeño encuentro con Nanny, volví a ignorar al Espíritu completamente. Mi tío Julie murió en mi último año de secundaria y, en aquellos tiempos, mi ansiedad empezó a ser peor que nunca. Desarrollé fobias aleatorias, muchas de las cuales tenían que ver con el hecho de sentirme claustrofóbica. Los terrores nocturnos habían pasado hacía tiempo pero mis hábitos de sueño seguían siendo inestables. En lugar de despertarme gritando, saltaba de la cama sintiendo que me ahogaba, que no podía respirar.

Entonces llegó Larry

Mis dieciocho años fueron un desastre total. ¡Fue cuando conocí a mi marido, Larry! Cuando mi tía llevó a la vidente aquella primera vez que vi el espíritu de Nanny, la mujer me dijo que iba a conocer a alguien mucho mayor que yo con barba y bigote. En aquel entonces, pensé que la vidente estaba chiflada, pues yo estaba saliendo con alguien ya y ni siquiera me gustaba el vello facial. Dos años más tarde, sin embargo, conocí a Larry y por supuesto tenía barba, bigote, y era once años mayor que yo.

Fue amor a primera vista. Larry tenía un pelo increíble, pegado a las sienes, con volumen en la parte de arriba y largo por detrás. También era muy elegante vistiendo y tenía un buen cuerpo. Parecía un motociclista pulcro y aseado. Él dice que yo era una graciosa chispa que hacía bromas e iluminaba cualquier habitación. Larry trabajaba en el negocio de su familia, una com-

13

pañía petrolera, y yo trabajaba a tiempo parcial en el servicio de atención al cliente. Nunca fui a la universidad porque me daba demasiado miedo dejar a mi familia y abandonar mi zona de confort. Soñaba con ser peluquera o secretaria de un bufete, pero eso significaba desplazarme hasta Manhattan para encontrar buenos trabajos, lo que era demasiado apabullante para mí: trenes, ascensores, rascacielos, atascos... Ése no era mi mundo.

Larry me cuenta que iba al trabajo con la anticipación de ver lo que me había puesto, porque era mi época Madonna. Solía llevar pantalones ajustados, grandes cinturones, camisetas de rejilla que dejaban al descubierto un hombro y guantes sin dedos. Pero que el amor me tuviera distraída no quiere decir que mi ansiedad desapareciera. Hice todo lo que pude por reprimirla pero aquello sólo empeoró las cosas. No quería que Larry creyera que estaba loca y yo seguía preguntándome de vez en cuando si lo estaba. A veces veía siluetas u oía cosas, pero en aquel momento estaba en un punto de negación tal que estaba convencida de que todo estaba en mi imaginación.

Decidí ir a ver a un terapeuta que, sesión tras sesión, no dejaba de repetirme que no tenía nada malo. Y yo le decía: "Ben, sí me pasa algo malo. No me siento bien". Me preguntó sobre mi infancia y le expliqué que había sido idílica. ¿Mi familia y amigos ahora? Bien. ¿Tu novio? Divertido y excitante. ¿El trabajo? ¡Bien! La única causa que pudo encontrar para mi angustia crónica fue que venía de una familia ansiosa y puede que eso fuera algo genético. Pero no pudo darme una buena razón médica o psicológica de por qué me sentía tan terriblemente mal como me sentía.

No pude ocultarle mis ataques de ansiedad y mi larga lista de fobias a Larry durante mucho tiempo, sobre todo cuando estábamos en el automóvil o en otros espacios cerrados. Parece que cuando peor estaba era cuando mi mente estaba relajada. Si estábamos en un atasco en la autopista de Long Island, empezaba a fruncir el ceño porque sabía que estaba a punto de perder los estribos. Luego gritaba con todas mis fuerzas y, aunque el automóvil estuviera en marcha, le rogaba y le suplicaba que se desviara para poder salir de allí enseguida. Me ocurrió incluso en salidas con otra pareja dentro del automóvil. Mi ansiedad no tenía vergüenza. Los ataques de pánico acababan ocurriendo y me ayudaba mucho que Larry siempre se mantuviera sereno. Igual que yo, él no tenía idea de lo que me causaba tanto estrés, pero me alegro de que no se asustara y saliera huyendo.

Larry y yo nos casamos cuando yo tenía veintidós años. Enseguida lo sobresalté en mitad de la noche. Me despertaba llamándolo a gritos y pidiendo ayuda llorando. Luego se me pasaba, volvía a la cama y por la mañana no recordaba nada. También hablaba en sueños. Nunca dejé que Larry nos tapara la cabeza con la sábana, ni siquiera en broma. Una vez nos tapó con una manta mientras veíamos televisión y empecé a gritar. *Nunca más* volvió a hacerlo. Pero, bueno, Larry sabía que la ansiedad era parte del paquete y me quería tal como era.

En salud y enfermedad

Mi marido dice que a pesar de que lo obligué a que subiéramos por las escaleras en lugar de en el ascensor cuando estaba de parto de nuestro hijo, Larry Jr., estaba inusualmente tranquila y controlada durante el parto. Luego, mi ansiedad subía y bajaba, pero normalmente me sentía mejor ahora que tenía la nueva responsabilidad de cuidar a un hijo. Incluso podía viajar bien.

Desde que estaba en tercer año de secundaria, siempre tenía un cigarrillo entre mis dedos de uñas pintadas. Nunca bebí ni consumí drogas pero fumar era mi vicio. Lo dejé cuando me enteré de que estaba embarazada de mi hijo pero, dos o tres años más tarde, volví a fumar cuando los niveles (ya familiares) de estrés atacaron de nuevo. Creía que fumar me relajaría aunque al parecer me hacía sentir pesadez en el pecho, lo que sólo aumentaba mi ansiedad.

Dejé de fumar de nuevo cuando quedé embarazada de Victoria, a los veintisiete años, y después volví. La ansiedad se volvió espantosa. Peor que nunca. Recuerdo un incidente horrible en Disneylandia después de estar un tiempo sin viajar. Llegamos a nuestra habitación de hotel con los niños y enseguida empecé a perder los estribos. Mi madre y mi tía tuvieron que coger el tren desde Nueva York para calmarme. Como si un ataque de pánico severo no fuera suficiente, la tomé con mi marido. Él dice que yo necesitaba un chivo expiatorio. Los niños nunca me habían visto tan mal y se veían aterrorizados viendo a su madre descomponerse ante sus ojos.

En diciembre de 1999 me puse muy enferma sin motivo. No soy una persona enfermiza. Incluso cuando los niños eran pequeños y traían gérmenes repugnantes del colegio, rara vez me resfriaba o cogía la gripe. Pero esto fue la cosa más rara. Una mañana me estaba arreglando para una boda y estaba bien, luego de repente estaba con cuarenta de fiebre. Mi padre me llevó literalmente cargada a la consulta del médico. Estuve en cama dos semanas, lo cual fue muy duro porque mi hijo Larry tenía nueve años y Victoria, cinco. Mi marido era de gran ayuda, como siempre, pero no podía darme el lujo de quedarme en cama. Ni siquiera recuerdo la primera y delirante semana de todo esto. Y durante la segunda, seguí allí acostada. No podía caminar, comer ni ir al baño. Tampoco podía fumar.

Mirando atrás, creo que Dios estaba desintoxicando mi cuerpo durante ese tiempo. Las drogas, fumar, los narcóticos, todas esas cosas ensucian tu aura y destrozan tu energía. Y fumar, en concreto, tiñe tu aura de gris. Me mantuve alejada de los cigarrillos cuando mejoré. Eso no significa que fuera agradable vivir conmigo. Recuerdo a mamá decirme: "Eres insoportable sin nicotina, ¡vuelve a fumar!". ¿Sabes lo que le contesté? "¡Dios me está obligando a dejarlo!".

La racionalidad me salió por la boca. Me detuve a pensar. *¿De dónde salió eso? ¿Por qué dije algo así?* Fue en ese momento que supe que dejar de fumar era obra de Dios. Porque aquellas palabras no habían salido de mi mente. En trece años no he vuelto a tocar un cigarrillo.

Cuando canalizo el Espíritu lo hago desde un lugar donde obra el más alto bien, y eso requiere que mi cuerpo, mente y alma estén sanos y puros. Mirando atrás, no habría sido capaz de desarrollar mis habilidades si hubiera continuado llenando mi cuerpo de sustancias nocivas, como la nicotina. Pero en aquel entonces lo único que sabía era que Dios quería que dejara de fumar. Algunos alimentos empezaron a sentarme mal también. Los Doritos y comer en Wendy's hacían que me atontara y tuviera una sensación de mareo, como si no pudiera concentrarme. Alucinaba cuando comía GMS. Una vez, cuando salía de un restaurante chino embarazada de mi hijo Larry, tuve una de esas conversaciones surrealistas que me recordaron mi infancia.

—Oye, ¿viste ese perro en el auto?

—¿Qué perro?

—¿No lo oyes ladrar?

—Cariño, no hay ningún perro.

—Es un perro siberiano, ¡acaba de guiñarme un ojo!

Más tarde supe que los perros siberianos son considerados perros muy espirituales por estar estrechamente relacionados con el lobo, que en la cultura de los nativos americanos es el mejor maestro espiritual del reino animal. Sospecho que el GMS, por ser un producto químico, me ayudó a potenciar la visión y cuando la gente altera la química de su cuerpo puede provocar ciertas locuras en su alma.

Un encuentro fortuito

Con veintiocho años era un completo desastre. Acababa de dejar de fumar y mis ataques de ansiedad no paraban. No quería salir de casa y tenía un miedo constante de que algo malo sucediera si lo hacía. Mi terapeuta llamaba a esto "ansiedad anticipatoria", que es cuando anticipas sucesos futuros de forma que te provoca ansiedad, lo cual interfiere con tu habilidad de funcionar en tu vida diaria. Pensar en ir a trabajar, a la carnicería o a una fiesta de cumpleaños hacía que mi mente se tambaleara.

Una noche, Mamá celebró una reunión de velas (igual que con los Tupperware pero con velas aromáticas) y decidí acercarme a última hora. Vivía en la casa de al lado. Pat Longo era una amiga de Mamá sanadora espiritual que trabaja con gente que sufre de males físicos o emocionales, incluida la ansiedad crónica; también da clases de cómo llevar una vida equilibrada, positiva y completa que incluye meditación y sanación. Igual que yo, Pat también decidió en el último momento ir a la reunión de mi madre. Estas decisiones de última hora no dicen mucho de sus fiestas, por cierto.

Le conté a Pat lo de mi ansiedad y lo enferma que había estado y a pesar de que hacía años que la conocía —su hijo y mi hermano crecieron juntos— no tenía idea de la ansiedad que sufrí de niña y por supuesto aún menos acerca de que sentía al Espíritu. Puso sus manos en mi cabeza y empezó a canalizar energía sanadora de Dios. Durante las tres semanas siguientes me sentí tan tranquila que quise hacerlo de nuevo. Pero cuando llamé para hacer una cita, Pat me dijo que no necesitaba otra sanación, que no había nada que sanar en mí. Me preguntó si mejor quería asistir a su clase de conciencia espiritual para darle cierta perspectiva y equilibrio a mi vida. Sospechaba que la comunicación con el Espíritu causaba mi malestar pero no me lo dijo enseguida.

Lo que Pat hizo me ayudó a sentirme mejor, por lo que decidí ir a la clase. También le confié a ella lo bien que me sentía porque mi familia la conocía hacía años. Si Pat hubiera sido una sanadora espiritual cualquiera, no habría sido capaz de creer en ella ni en su evaluación. Yo ponía buena cara por mi familia y amigos pero seguía siendo frágil en mi interior y no me habría sentido segura con cualquiera. También sabía que me sentiría segura en las clases de Pat porque mi madre había hecho el curso hacía algunos años. De hecho fue una de las primeras alumnas de Pat, aunque sólo fue para aprender a sentirse positiva y sana por dentro y por fuera. Mi padre y nosotros, sus hijos, solíamos burlarnos de ella diciendo: "Aaaah, esta noche tienes clase de vudú". Pat dice que mamá estaba empezando a tocar la superficie de sus propias habilidades al final, pero puso su energía espiritual al servicio de la iglesia en lugar de desarrollarla más por su cuenta.

Tras aquella primera noche en la clase de Pat, me desvié y no volví hasta al cabo de... un año. Cuando al final lo hice, las clases eran los miércoles y cada semana caía un aguacero. Una de mis fobias era conducir bajo la lluvia, por lo que me salté las clases durante ese primer mes. Pero en mi interior quería que aquello funcionara así que practiqué conduciendo bajo la tormenta dando vueltas a la manzana. Estaba lista para volver a clase al mes siguiente aunque siguió lloviendo cada miércoles.

Creo que el Espíritu hizo que lloviera para que superara mi miedo en el camino de perfeccionar mi don. Esto no debería sorprenderme, ¡siempre llueve cuando sucede algo importante! Hubo monzón el día del *baby shower* de mi hijo y en la comunión de mi hija, el huracán Hugo pasó el día de mi boda. Arrasó la isla de Saint Thomas y tuvimos que cancelar nuestra luna de miel. Incluso cuando grababa *The Tonight Show* hace algunos años, algo que me intimidó y fue algo muy importante para mí, caían granizos de punta. Los productores de Jay Leno me aseguraron que nunca llueve tanto en Los Ángeles en octubre y, cosa curiosa: en cuanto terminé la grabación del programa a las cinco de la tarde, salió el sol.

¿Soy una qué?

"Eres una médium", me dijo Pat en la clase una noche. Mucha gente estaba descubriendo sus propios dones y aquel era el mío. "Tienes la habilidad de hablar con los muertos. Si aprendes a controlar la energía que te rodea, podrás aprender a controlar y entender mejor tu ansiedad".

Ésa fue la primera vez que consideré que mi ansiedad y todas aquellas cosas que veía de niña y que me obligaban a ignorar podrían estar relacionadas. ¿Quién iba a saber que había consecuencias reales y físicas por rechazar lo que había estado viendo, oyendo y sintiendo?

Pat me explicó que una de las razones por las que el Espíritu me provocaba ansiedad es que canalizo a través de mis chakras. Lo ideal es que entre por el chakra corona, en la cabeza, fluya por todo mi cuerpo y luego se libere a través de mis palabras. Pero cuando el Espíritu estaba intentando entregarme un mensaje, lo canalizaba a través de la coronilla y yo le bloqueaba el paso en el pecho, lo que provocaba que el corazón se me acelerara o tuviera palpitaciones. También sentía un peso y una presión en el pecho, como si un elefante se me hubiera dormido encima. Ni siquiera sé mucho sobre los chakras, sólo que tengo que mantener el chakra corona, tercer ojo, chakra garganta, chakra corazón, chakra plexo solar, chakra sacro y chakra raíz alineados y en equilibrio para no volverme loca.

Pat también dijo que el *tipo* de canalización que utilizaba era lo que me provocaba los ataques de pánico. Hay muchas formas en las que los médiums experimentan al Espíritu. Una "clarividente", por ejemplo, tiene mayormente visiones, y un "clariaudiente" usa principalmente el sentido del oído. Pat me explicó que soy "empática", lo que significa que sobre todo *siento* al Espíritu y utilizo mis otros sentidos para rellenar los huecos. Por ejemplo, un mensaje puede empezar haciéndome sentir un poco de opresión en la zona de la garganta, lo que significa que hay un alma que intenta decirme que su muerte tuvo cierta conexión con la garganta, que fue incapaz de comunicarse antes de su fallecimiento o que no pudieron despedirse (un símbolo para mí puede significar muchas cosas, luego hablaré más sobre eso). Pero yo sentía que la garganta se me cerraba sin saber que ésa era la forma que tenía el Espíritu de transmitirme un mensaje y todo lo que sabía era que me estaba ahogando, lo cual desencadenaba un ataque de pánico.

Podía estar teniendo una conversación normal con alguien en el supermercado, por ejemplo, y de repente sentir que no podía respirar o que me estaban estrangulando. Ahora sé que el Espíritu estaba intentando comunicarse conmigo, pero hace quince años era como para salir corriendo. Como he dicho antes, esto podía pasarme incluso cuando dormía. En cuanto conseguía salir de la situación o me despertaba, todo iba bien, pero no era más que un paliativo. También sentía que algunos sitios eran mejores que otros porque tenía ansiedad de distintos tipos, pero en realidad era la energía que cambiaba en cada lugar, a menudo por la presencia del Espíritu. Respecto a las fobias, creo que normalmente tienen que ver con asociaciones, momentos de calma o vidas pasadas. Puede que hubiera sentido al Espíritu en aquel mismo lugar o en uno similar y anticiparlo me ponía nerviosa. Mis recuerdos en el campamento de Catskills contribuyeron a mi fobia a las tiendas de campaña, y montar en automóvil o estar en silencio en un ascensor me obliga a quedarme quieta sin distracciones, que es cuando más abierta estoy al Espíritu. Durante la regresión a una vida pasada, supe también que había sido prisionera en un barco durante una lluvia torrencial, lo que explica mi miedo a la lluvia. Podría seguir. Pero te voy a ahorrar todas mis fobias y sus explicaciones. Basta con decir que todas estas situaciones me hacían sentir fuera de control y hacían que sintiera pánico.

¿Y mis familiares que sufren ansiedad? Sospecho que también son especialmente sensibles pues creo que mi don es genético. También son personas que basan su vida en la fe, lo que aumenta la percepción del Espíritu.

Seguí asistiendo a las clases de Pat cada miércoles mientras Larry cuidaba a los niños. Me sentía tranquila en su casa porque sabía que, si sucedía cualquier cosa escalofriante, Pat podría hacerme sentir mejor. En la clase, empecé a darle mensajes de sus seres queridos a la gente y, enseguida, conectar me hizo sentirme normal. Pero me daba miedo intentarlo en cualquier otra parte. Seguía necesitando la protección de Pat.

Física y emocionalmente empecé a sanar poco a poco. Mis ataques de ansiedad se volvieron menos dramáticos. Larry vio el cambio en mí y le dije que conectar con el Espíritu parecía ser una gran parte de la respuesta. Él dijo: "Genial, cariño. Si crees que hablar con los muertos te hace sentir mejor, sigue haciéndolo". Larry también se crió en la fe católica y no estoy segura de que creía en el Espíritu. Lo que intentaba era calmarme, pero me daba su apoyo y, al fin y al cabo, eso es lo que cuenta.

Seis días a la semanas, cuando no estaba en clase, tenía que arreglármelas sola. Como todavía no había aceptado mi don por completo, aún estaba expuesta a desplomarme de vez en cuando. Recuerdo que, cuando el primero de mis primos, Lance, se casó, decidimos asistir en el último momento y no podía subirme al automóvil. Los niños estaban vestidos y Larry había trazado en el mapa la ruta más rápida para llegar. Pero yo no quería ir tan lejos y mi familia estaba molesta. Caminé de un lado al otro durante horas. Al final Larry me dijo que si en algún momento no quería seguir, podríamos dar media vuelta y volver a casa. Al final acepté de mala gana.

Los teléfonos móviles aún eran algo nuevo en aquella época pero insistí en llevarme uno en el auto por si necesitaba llamar a Pat para rescatarme. Recuerdo escuchar la nueva canción de Faith Hill, "Breathe", y pensar: *Eso es exactamente lo que necesito hacer, respirar.* Hice que Larry la pusiera una y otra vez. Ahora creo que el Espíritu me estaba diciendo que tenía que calmarme.

Cuando entramos en el garaje del hotel, toda mi familia estaba allí de pie esperando. Recuerdo ver a Gram, que aún vivía, de pie tras la ventana saludándome con la mano. Aún puedo ver su sonrisa como si fuera ayer. Murió hace algunos años pero siempre que algo relacionado con la ansiedad me pone obstáculos, como hacer una gira en ómnibus por todo el país o sentarme en una tienda de campaña en mi patio trasero, el Espíritu me hace recordar a Gram tras la ventana, llena de orgullo.

Dale espacio al Espíritu...

Para controlar la energía a mi alrededor, Pat me enseñó que tenía que marcarle al Espíritu ciertos límites que sigo utilizando hoy. No puedo decidir qué guías, ángeles o personas muertas me hablan o qué quieren decir pero puedo controlar si quiero admitirlos y cómo hacerlo. Así que al principio le dije al Espíritu: *Voy a reservar un tiempo cada día a las cuatro para que puedas comunicarte conmigo. Encenderé mi vela blanca para proteger todo lo que ilumina la luz de Dios. Sólo quiero lo mejor para todos los interesados. Y sólo quiero canalizar almas que anden bajo la blanca luz de Dios.* Y cosa curiosa. En su mayor parte, el Espíritu respetaba eso, por lo que empecé a sentirme también más cómoda canalizando. Estábamos desarrollando una verdadera relación de intercambio.

Siempre que sentía algo cuando meditaba, lo escribía en un cuaderno de notas. Pat me enseñó la escritura automática, que es básicamente cuando anotas lo que te dicta el Espíritu. Canalizar a través del bolígrafo es una forma sencilla de hablar con el Espíritu, sobre todo cuando no te sientes muy cómoda "oyendo" mensajes en tu mente y no puedes diferenciar tus pensamientos de los del Espíritu. Se me puede ver practicando la escritura automática durante sesiones en la televisión con mi pequeño cuaderno, lo cual me ayuda a concentrarme. Cuando canalizo, hago apuntes de palabras que el Espíritu quiere que utilice para decir algo importante.

Otra cosa importante que le pedí al Espíritu que hiciera es que dejara de presentarse ante mí como personas tridimensionales, como tú o yo. Cuando empecé a leer a los demás, podía estar lavándome los dientes, mirar arriba y de repente ver reflejado en el espejo a un hombre de pie detrás de mí. ¡Era alarmante! Así que les dije a mis guías que si se esperaba que yo aceptara este don, tendrían que encontrar otras formas de mostrarme cosas. A partir de aquel momento, empecé a ver al Espíritu como sombras de figuras. No me estoy refiriendo a "personas sombras" negativas o las aterradoras masas oscuras que espantaban las almas de los tipos malos en *Ghost*. Las imágenes que yo veo son como siluetas o como el contorno hecho con tiza en la escena de un crimen pero relleno de una sombra vaporosa a través de la que uno puede ver. Su energía es muy positiva. De hecho, como sólo quiero servir al bien mayor, no veo espíritus negativos y trato de evitarlos a toda costa. No me gustan las fiestas de Halloween ni las históricas casas encantadas y no tocaría un tablero de Ouija por todo el oro del mundo. De igual forma, siempre pido que las cosas estén protegidas por la blanca luz de Dios y así nunca recibo información negativa durante las sesiones. Sólo cosas buenas, que es todo lo que quiero.

Empecé a desarrollar un "vocabulario" con el Espíritu para entender las señales y las sensaciones que me estaba mandando. Acepté a más clientes de Pat y empecé a compartir con Larry sus increíbles, emotivas y a veces cómicas historias. Él hacía muchas preguntas y me di cuenta de que se envolvía más en lo que yo hacía. ¡Francamente, ambos estábamos fascinados con el hecho de que yo podía hablar con esas almas! En muchas maneras, me encontraba en un sendero espiritual claro pero ambos crecíamos juntos en él.

¡Madre mía! ¡Soy de veras una médium!

Aunque sólo me gustaba hacer sesiones en clase, un día dejé que sucediera en la vida real. Estaba en una tienda de artículos para el hogar y recuerdo sentirme como si me faltara el aire. Había acordado con el Espíritu que ésa era la señal de que alguien había fallecido por algo relacionado con el pecho: el corazón, los pulmones, los senos, inundación de líquidos o ahogamiento. En otro tiempo, habría entrado en crisis, habría abandonado el carrito en medio del pasillo, habría salido de la tienda corriendo a casa a toda prisa a pesar de las señales de tráfico, llorando y flagelándome por todo el drama ocurrido al llegar a casa. Pero aquel día en la tienda me dije que iba a estar bien. Pensé en lo que mi madre solía decirme: *Tu lugar seguro eres tú*. Y entonces oí la voz de un hombre.

—Dile a mi esposa que me gustan las de la izquierda —dijo.

Allí no había nadie.

Justo en aquel momento, una mujer mayor se acercó a mí con dos juegos de sábanas. Me contó que acababa de perder a su marido después de cuarenta años de matrimonio y estaba renovando la habitación. No era capaz de decidir qué sábanas le habrían gustado más a él. Yo le sugerí que las de la izquierda y aquello la hizo muy feliz.

No le dije a la mujer que su marido me había dicho qué decir. Me gusta ir poquito a poco, ¡como si no te hubieras dado cuenta! Pero en aquel momento supe que el Espíritu seguiría poniendo en mi camino a personas que necesitan escuchar mensajes de sus seres queridos, como esta mujer. También creo que mis propios guías espirituales me estaban poniendo a prueba de verdad por primera vez, ¡y la pasé! ¿El mejor premio? Mi pecho estaba normal después de transmitir el mensaje. Canalicé, liberé la energía y seguí adelante con mi día.

Tras asistir a las clases de Pat durante cinco años y realizar sesiones con sus estudiantes, llegó el momento de compartir mi habilidad con los demás. Confiaba en que lo que hacía venía de un poder superior. También había señales que me hacían sentir que me guiaban desde el Cielo. Cuando acepté mi don tenía treinta y tres años, la edad de Jesús cuando murió. Vivía en la avenida Jerusalén. Pat me sugirió que me hiciera tarjetas de presentación y tuviera un número de teléfono distinto para mi aventura. Los últimos cuatro dígitos de ese número eran 6444, lo cual era perfecto porque nací en el mes de junio (6) y creo que 444 es una señal de los ángeles. Pero el día que instalaron mi teléfono el tipo me dijo que tenía que cambiarlo. Estaba muy enfadada, hasta que me di cuenta de que los últimos cuatro dígitos eran la señal de la cruz. Creo que vale la pena mencionar que una de las razones por las que tardé tanto en aceptar mi don es porque me costaba entender en primer lugar por qué había sido elegida para recibirlo. No dejaba de pensar: *¿Quién soy? No soy nadie especial. ¿Por qué me eligieron para hacer esto?* Y habiendo sido criada en el catolicismo, uno no hace contacto con los muertos. De modo que creo que el Espíritu también me estaba enviando señales "religiosas" para asegurarme de que lo que hacía estaba bien y que estaba siendo guiada.

Desde el momento en que empecé a recibir clientes en mi casa, mi familia no tuvo ningún problema al respecto. Si alguien les preguntaba a mis hijos a qué se dedicaban sus padres, decían: "Papá es el dueño de una empresa de importación de comida italiana y Mamá habla con los muertos". Tan natural como si fuera profesora o algo así. Larry también llegó a escuchar de lejos algunas sesiones en casa y empezó a venir conmigo a mis pequeños eventos. Después de aquello dijo que era muy difícil *no* creer en lo que hacía. Sobre todo le impresionaba cuando el Espíritu me hacía hablar de salud o de anatomía humana porque yo no había ido a la universidad. Tampoco leo libros porque la lectura me relaja el cerebro y despeja mi mente de tal manera que permite al Espíritu comunicarse conmigo, ¡y entonces no puedo concentrarme en el libro! Así que ¿dónde iba a aprender todo eso si no venía del Espíritu?

Ser médium también le dio validez a muchas experiencias "inusuales" que había tenido mi marido. Larry vio el alma de su abuela cuando tenía diez años pero nunca estuvo seguro de que fuera real. Compartía una habitación con su hermano y ella estaba de pie a los pies de su cama. Larry creyó que eran imaginaciones suyas y de hecho lo olvidó hasta que acepté mi don. También aprendió mucho sobre los déjà vu. Cuando Larry era joven estuvo en sitios donde no había estado antes a pesar de que tenía claros recuerdos de ellos y no podía explicar por qué. Ahora, si siente algo raro como un déjà vu, un presentimiento, escalofríos, coincidencias o incluso una mano en la pierna o un tirón en la camiseta, sabe que es el Espíritu. En 2001 le diagnosticaron un tumor cerebral a Larry y no sólo sobrevivió sino que se recuperó de casi todos los daños nerviosos que le había causado. Él creía más que sus médicos en su curación.

Mi cambio favorito en Larry, sin embargo, es que por algún motivo, mi motociclista duro y tatuado es ahora emocionalmente mucho más sensible a *todo*. La película *The Color Purple* lo hace llorar y es mejor no hacerlo hablar de lo mucho que quiere a su familia. El tipo es un flojo.

El comienzo de algo bueno

A pesar de que al final acepté por completo mi don, estoy muy lejos de ser perfecta. Tengo pocos ataques de pánico y se puede decir que soy independiente. Pero siguen sin gustarme los ascensores o los lugares cerrados y la oscuridad me da un miedo de muerte. Duermo con una lamparilla encendida y la televisión encendida y dejo todas las puertas abiertas excepto la del armario. Tampoco duermo profundamente ninguna noche. Me muevo, me giro, oigo cosas, siento cosas. Y si sueño, no me acuerdo de nada. Larry dice que cuando mi alarma se apaga a las seis de la mañana, me levanto de golpe, sin estirarme ni remolonear. Es como si estuviera feliz de no tener que quedarme en esa cama ni un minuto más. Intento ser la mejor Theresa Caputo que puedo ser aunque muchos días me quedo corta. ¡Soy una médium, no una santa!

Como alguien que no esconde precisamente su gran personalidad, me parece divertido e interesante canalizar almas que tienen distintas historias y personalidades. Me encanta conocer a gente nueva y ser médium a veces me hace sentir como la anfitriona de una reunión muy importante. Algunas almas de niños me han dicho: "Mis padres han acudido a médiums, pero me gusta canalizar a través de ti porque dejas que mis padres *me* vean". La gente puede sentir a sus seres queridos y cómo actuaban o hablaban cuando estaban en su mejor momento. No digo esto porque sea mejor que otros médiums, no-no-no-no-no.

Siento que cada médium canaliza y contacta con el Espíritu de una forma diferente, no es que una sea mejor o esté más dotada que otra.

Me doy cuenta de que tengo mucho por lo que dar gracias. Me alegra poder compartir este don con los demás aunque a mi familia le gusta bromear de que no les doy otra opción cuando los hago detenerse en el gimnasio, en el dentista o en un centro comercial. Me alegro de que el Espíritu me mantenga alerta y que en cada simple sesión me enseña algo nuevo. También doy gracias por tener una personalidad fácil, de lo contrario me sería mucho más difícil aceptar mis inusuales habilidades. Tengo como norma no cuestionarme o sobreanalizar nada. Dejo que la vida sea sencilla. Si me dieras un dispensador de laca y me preguntaras cómo funciona, te diría: "Mira, no me importa cómo. ¿Funciona? ¿Sí? Fenomenal". No necesito saber cómo, dónde, por qué. Es lo que es y ya. Trato de la misma forma la comunicación con el Espíritu.

Pero basta ya de hablar de mí. ¡Pasemos a las cosas del Espíritu!

2

NO MATES AL MENSAJERO

Y bien, ¿cómo me comunico con el Espíritu, incluyendo a tus seres queridos? La gente me pregunta esto continuamente y puede ser difícil de explicar porque la canalización es una habilidad que a mí me resulta natural. Es como mi hija, Victoria, que es una gimnasta competitiva. Puede aterrizar firme después de volar alto, dar locas volteretas hacia atrás y girar en el aire. Claro, entrena veinticinco horas a la semana y realiza un montón de ejercicios para ayudarla a mejorar su talento crudo, pero empezó con un talento natural que la hacía ser realmente increíble dando saltos y volteretas. Y si le preguntas a *ella* cómo lo hace, te dirá: "No lo sé. Simplemente puedo hacerlo". Su don es parte de ella. Igual me ocurre a mí cuando hablo con los muertos.

Antes de entrar en detalles sobre lo que es para mí y para mis clientes canalizar a sus seres queridos, me gustaría explicar cómo funciona el proceso. Durante una sesión privada o en grupo, el Espíritu —sobre todo los difuntos seres queridos pero también mis guías y otras almas divinas en el Otro Lado— me hace intuir, ver, oír, sentir y saber cosas en maneras que la mayoría de las personas no hacen, y es así como puedo entregar su mensaje. Usualmente, más de un alma suele canalizar en una sesión y no tengo control sobre cuál es la que se presenta. Puede que yo hable a mil por hora, pero no se trata de mí. Se trata de lo que el Espíritu quiere que *tú* sepas. Yo sólo soy el cuerpo que un alma utiliza para que se escuche su voz. Sólo pido que el Espíritu se comunique con personalidad, por el bien de todos los implicados, y que me comunique el mensaje que más paz traiga a la vida del destinatario en ese momento.

Mi trabajo es, pues, explicar lo que el Espíritu me muestra y me dice. Las almas hacen esto a través de mi marco de referencia, lo que significa que todos los mensajes que recibo se filtran a través de mis experiencias personales (¡siempre digo que cuando canalizo todo el mundo me suena italiano y católico!). Si no he oído antes un término, frase, nombre, o no he vivido el tipo de situación que el Espíritu me describe, puede que me lleve un minuto transmitir el mensaje de manera que el destinatario pueda conectar con él e interpretarlo. Si describo algo a mis clientes que no consiguen comprender, les pido que me lo digan. Eso no significa que yo acierte y ellos se equivoquen o que ellos acierten y me equivoque yo. Lo primero es que el Espíritu nunca se equivoca en lo que trata de transmitir. Lo que puede ser incorrecto es cómo yo he "traducido" las señales o sentimientos que ellos utilizan para expresar sus temas. Cuando un detalle parece confuso o poco claro, soy la primera que dice: "¡No sé de qué se trata todo esto, pero he aquí lo que me están mostrando!" Si aun así seguimos perdidos, el Espíritu intenta darme otro enfoque del tema. Siempre dejo que sea el cliente el que dé sentido a los mensajes principales porque sólo él o ella sabe cómo encajan en su vida. Puede que sugiera algunos significados pero nunca tendré la última palabra acerca de ninguno de ellos.

Lo increíble de esto es que el Espíritu siempre consigue hacerse entender. Si de primeras no entendemos un mensaje, no me preocupo. Puede que el destinatario ate cabos durante la sesión o al llegar a su casa. Sé que el Espíritu me hace decir cada palabra por una razón. Aquí va un buen ejemplo. Una vez vino a mí una mujer cuyo padre acababa de morir repentinamente. Él quería que le dijera: "No creas que si me hubieran diagnosticado antes seguiría vivo". Sentía como si hubiera fallecido de una enfermedad de la piel pero él me mostraba que había muerto tras golpearse la cabeza. Y no dejaba de decir: "Theresa, ¿puedes creer que es así como morí?" No sabía de lo que estaba hablando porque yo intuitivamente sentía que no había muerto por golpearse la cabeza y sin embargo eso era lo que me estaba mostrando. Madre mía, ¿te puedes imaginar lo confuso que parecía este mensaje? Pero mi trabajo no era interpretarlo, sino transmitir sus palabras. Resultó que el padre de la mujer se había golpeado la cabeza al meterse en el automóvil, lo cual le hizo una herida que no sanaba. Cuando fue al médico, supo que la herida no sanaba porque tenía un melanoma de etapa cuatro (uno de los síntomas identificables del cáncer). Murió dos semanas más tarde.

Oye, Espíritu, ¿cuál es tu señal?

He conocido suficientes escépticos en mi vida para saber que no todo el mundo cree en lo que yo hago, así que quiero tratar de que sientas lo que es para mí comunicarme con una o más almas. No estoy aquí para hacerte creer en médiums, aunque intuyo que si has comprado este libro, es porque al menos sientes un poco de curiosidad. No es mi intención ser brusca pero realmente no me importa si crees en lo que hago. Sólo estoy aquí para compartir lo que siento que es cierto.

Antes de tratar de comenzar a canalizar, hago un breve discurso por varias razones. Primero, para explicar cómo recibo los mensajes y cómo se pueden interpretar por los destinatarios. Mi monólogo también es la señal para el Espíritu de que estoy lista para trabajar. Sigo este ritual ya sea para una sesión con una persona o en un evento con tres mil. En este punto, los seres queridos fallecidos empiezan a sustituir mis pensamientos personales, sentimientos y emociones por señales y símbolos de cosas que he experimentado aquí en el mundo físico para poder entregar sus mensajes a mis clientes.

A lo largo de una sesión, el Espíritu usa un lenguaje de señales y símbolos para (1) confirmar su relación con el cliente, y/o (2) transmitirle un mensaje específico. Llamo a esta colección de señales y símbolos mi "biblioteca del Espíritu". Estas señales pueden venir acompañadas de ciertos sentimientos, puesto que soy empática, como ya he dicho, pero ya profundizaré en eso más tarde. Traduzco esas señales lo mejor que puedo y luego transmito el mensaje. Una vez más, es tarea del cliente interpretar la importancia de su significado. Es como armar las piezas de un rompecabezas o resolver un misterio.

Cuando el Espíritu valida su presencia o su relación con el destinatario, le pido que sea claro, único y específico. No le permito darme confirmaciones obvias y, si lo hace, ignoro el mensaje y le pido que vuelva a intentarlo de manera más precisa. En ese momento, puede que mencione algo que el familiar haya dicho en el automóvil cuando venía o una joya específica que sea especial para él. Por ejemplo, una vez se presentó la energía de una abuela y me mostró tréboles de cuatro hojas refiriéndose a su nieta, que llevaba el anillo Claddagh de la mujer en el bolsillo. O una vez que el Espíritu me dijo que una cliente llevaba algo prendido al sujetador y la mujer me dijo que cada día prendía un ojo turco y un cuerno a su sujetador. Dijo que nunca salía de casa sin ellos porque creía que el ojo turco impedía que la negatividad de la gente la alcanzara y el cuerno la protegía de los malos deseos de los demás y los devolvía de bumerán hacia ellos. ¡Madre mía! Casi me vuelvo loca con esto último.

Lo único que encuentro frustrante es cuando los escépticos utilizan el proceso de validación no para demostrar que el Espíritu está cerca de nosotros cuando lo necesitamos sino para demostrar que soy una médium de verdad. Puede que le hayan pedido a un ser querido que me haga decir el título de una película o un objeto que han escondido, y raramente participo en esos juegos. Sé lo que están tratando de hacer —¿acaso piensan que yo misma no me doy cuenta de que esta habilidad mía es un poco rara?— pero siempre digo que, aunque no entienda lo que hago, por favor respételo y resérvese cualquier opinión o decisión negativa sobre mí hasta que haya experimentado al Espíritu con una mente y corazón abiertos.

Algunas señales de mi biblioteca no dejan lugar a dudas,

como Sonny Bono, que es mi señal para alguien que falleció en un accidente de esquí, puesto que es así como murió Sonny. Y luego hay señales que tienen múltiples significados. Las rosas, por ejemplo, son mi símbolo de amor y devoción pero el color de las rosas puede tener distintos significados. Así pues, una rosa roja para mí es el símbolo de un aniversario, el de la boda o el fallecimiento de alguien. El amarillo es mi símbolo para que el nombre de alguien sea Rose, Roseanne, Rose Marie o cualquier nombre que lleve la palabra *Rosa*. Si veo rosas amarillas y siento que están conectadas a alguien especial, el cliente está a punto de saber algo, por ejemplo, de una abuela llamada Rose, o puede que el Espíritu me esté informando de que sabe que alguien especial le mandó rosas amarillas a casa. Muchas veces, cuando el Espíritu menciona un suceso reciente, es la forma de esa alma de decir que estaba con el cliente en el preciso momento en que tuvo esa experiencia, que es en verdad todo lo que importa, ¿no? Lo más maravilloso es que, cuando estás sentado frente a mí, ¡es increíble lo rapidísimo que lo captas todo!

He creado mi vocabulario asignando significados a ciertas palabras y frases y luego a través de pruebas y errores. El Espíritu me ayudó a añadir algunas nuevas. Mientras más explicaciones pueda asignarle a un símbolo, más rápido podremos hablar con tus seres queridos y más mensajes podré transmitir. Vamos a usar los caballos como ejemplo. Siempre que el Espíritu me mostraba un caballo, solía querer decir que a alguien le gustan los caballos, montaba a caballo o apostaba en las carreras de caballos. Pero un día repasé todos los significados con un cliente y cuando no conectó con ninguno de ellos, el Espíritu me mostró la cosa más extraña, el paisaje de Nueva Jersey. Y así fue como los caballos también empezaron a simbolizar el Garden State. ¿Por qué? No lo sé, pero si al Espíritu le sirve, me sirve a mí. Pasé por lo mismo con la avena. Siempre era un símbolo que significaba que a alguien le gustaba comer este viscoso cereal, muy obvio. Pero entonces, cuando dije eso en una sesión, el cliente dijo que no, así que el Espíritu me hizo sentir como que andaba por el camino de acceso para automóviles de una casa al ir y al volver cada día. Le pregunté a la mujer si el fallecido era muy disciplinado y cuando dijo que sí, el Espíritu estableció que la avena ahora significaría que a una persona le gustaba mucho la avena y/o que a esa persona le gustaba la rutina. A nosotros nos parece aleatorio, ¡pero puede que el Espíritu piense que se necesita mucha disciplina para comerse un plato de Avena Quaker!

Eso no significa que cada nuevo símbolo que el Espíritu me muestra entra en mi biblioteca. A veces las imágenes son parte de un mensaje que el destinatario tiene que interpretar. Por ejemplo, estaba comprándome un nuevo iPhone y resultó que el jefe de ventas del distrito estaba en la tienda. Adiviné que el padre y el suegro del hombre habían muerto puesto que dos figuras paternales se presentaron frente a él. Supe que un alma era la de su padre, pero la segunda podía ser un tío, un abuelo, un viejo amigo... Así que le dije al hombre: "Hay otra figura paternal con tu padre y acabo de verlo ajustarte la corbata". Le sugerí que esto podría significar que el Espíritu le estaba diciendo que vestía elegante pero él me corrigió enseguida. Me dijo que en realidad su suegro coleccionaba corbatas y que siempre solía ayudar a anudar las corbatas de su yerno. Misterio resuelto, pero ahí está el tema. Esta historia también es un buen ejemplo de por qué no trato de interpretar cosas por mi cuenta para los demás. Aunque el Espíritu me da pistas, no puedo saber lo que algo tan arbitrario como una corbata puede significar para el destinatario del mensaje.

Aunque algunas veces para interpretar señales hay que usar un poco la intuición, otras veces un tabaco es sólo un tabaco. Una vez le pregunté a una mujer si estaba embarazada de un niño porque el Espíritu me mostró una manta azul, que es mi señal para tener un niño. Resultó que estaba embarazada de una niña pero su marido acababa de poner la manta azul de su hijo en la secadora antes de que llegara y dijo eso para validar la presencia de un alma. Creo que los números son símbolos claros muy fiables. Conectan con fechas especiales como cumpleaños y aniversarios de fallecidos que siguen en el mundo físico. También pueden ser una edad. Por ejemplo, si veo el número seis puede significar junio, el seis de un mes, el sexto cumpleaños de alguien.

Mira quién habla

No sólo utilizo señales y símbolos para comunicar un mensaje sino que, al mismo tiempo, el Espíritu "me habla" a través de un sexto sentido, algo como sentir y saber. Cuando recibo información siento una especie de presentimiento increíblemente fuerte pero nunca lo pongo en duda ni le dedico mucho tiempo pensando. Confío en que el Espíritu me hace decir las cosas por algún motivo. Simplemente siento y sé lo que el Espíritu quiere comunicar, así que abro la boca y lo suelto. A veces conecto o transmito un mensaje cuando ni siquiera es mi intención. Tuve una cliente que me dijo que su madre sabía cómo iluminar una habitación y cuando yo dije casualmente: "¡La más bella del baile!", la mujer me dijo que su madre se llamaba Bella. No sé cómo funciona mi cerebro pero no creo que mucha gente haga esto, al menos no tan a menudo.

Utilizo mi habilidad de sentir y saber de muchas formas. Cuando un muerto me habla, a menudo para identificarse, lo primero que me hace sentir es el vínculo emocional que tenía con mi cliente en el mundo físico. Puedo sentir una "energía maternal" en la habitación, lo cual podría ser una madre, una abuela, una suegra e incluso una tía que era *como* una madre. El Espíritu también puede hacerme sentir una situación que haya afectado al cliente de alguna forma. Si su mensaje está relacionado con noticias sorprendentes, puede hacerme sentir la conmoción que sintió en aquella interacción. También puedo sentir físicamente cómo ha muerto una persona. Si siento la garganta comprimida, podría significar que alguien falleció por un problema relacionado con el esófago, asfixia o estrangulamiento, o alguien que no podía expresarse al final de su vida. Si mi mente se queda en blanco, significa que esa persona tenía Alzheimer o demencia, y si siento presión en la cabeza, entonces alguien murió de un aneurisma o un tumor cerebral. Los dolores agudos también apuntan a distintas condiciones. Si lo siento en un costado, o bien está relacionado con el hígado o con un problema en la parte inferior de la espalda; la zona pélvica está conectada con problemas de hígado o de vesícula; y si se me duermen las piernas significa que a alguien se le hinchaban las piernas o sufría una parálisis o una amputación. Tras uno de mis mayores eventos en el que conecté con muchas almas, me sentí como si me hubieran estado pinchando y golpeando toda la noche.

Como la energía del Espíritu está en una frecuencia distinta, más alta y rápida que la nuestra, sus palabras y pensamientos me llegan muy rápido. También puede mandarme muchos pensamientos, sentimientos y señales de una vez. Esto suele suceder cuando el Espíritu utiliza un término, un nombre o una idea que no he escuchado antes, por lo que tengo muchas pistas entre las que elegir para transmitir el mensaje. Las frases no me llegan palabra por palabra y no tengo expresiones comunes o tópicos asignados a sentimientos o símbolos. El Espíritu también puede hablarme mientras estoy pidiendo que me clarifiquen algo y hablando con el destinatario. Mi respuesta *es* la pregunta, una reacción intuitiva que no necesita palabras para ser comprendida. Eso es porque el Espíritu no me habla por una boca como la nuestra, aunque yo vea aparecer un cuerpo entero; las ideas pasan del alma del Espíritu a la mía. Ambas se comunican usando sus pensamientos y emociones simultáneamente, y podemos entendernos sin utilizar el lenguaje como lo hacemos tú y yo. Por ese motivo, los muertos de otros países pueden hablarme en chino o en ruso y les entiendo perfectamente como si conociera esas lenguas extranjeras. De vez en cuando el Espíritu me susurra al oído, aunque no sé por qué. ¡Yo soy la única que lo oye!

Cuando estoy obteniendo más detalles sobre el mensaje del Espíritu, un alma puede conectarse con uno o más del resto de mis sentidos. Puede que huela gardenias aunque no las haya en la habitación, o que vea una serie de sucesos como una película o como si hojeara un libro, y así puedo describir cómo se desarrolló un acontecimiento. A veces un alma acapara todos mis sentidos y puedo ver, oír, sentir, oler y saborear cosas a la vez. Si el Espíritu me hace sentir como si tuviera un bebé en brazos, puedo sentir y ver la frazadita y oler al recién nacido. Ese es mi "símbolo" para cuando un alma sostenía a un bebé en el momento en que fallecía o después de que el bebé muriera. El Espíritu también puede ponerme en una situación en el ojo de mi mente a la vez que usa muchos sentidos en formas que todavía me sorprenden. Una vez hice una *limpieza* en una casa y un alma femenina no quería dejarme entrar en el hogar. Noté que era poco amigable y quería que me quedara fuera hasta que ella decidiera que podía entrar. Entonces sentí literalmente cómo el alma me cogía el brazo y la dueña de la casa me dijo que a ella le pasaba lo mismo. Entonces, el Espíritu me colocó mentalmente en una cama e instintivamente supe que el alma había tocado de manera poco apropiada a la mujer mientras dormía. Le pregunté si esa perversa información era verdad y dijo que lo era. ¡Nunca antes había oído cosa semejante!

Durante una sesión, el Espíritu pudo hablar a través de mí con su discurso y sus gestos. Sin darme cuenta, podía poner una cara como la del hermano de alguien o bailar de manera extravagante y reconocible como lo hacía esa persona cuando andaba por el mundo físico. Durante una presentación en vivo en Atlantic City, pasé por delante de un hombre, me giré hacia él y le dije: "¡Hola, *mamala!*" El hombre estaba pasmado. Tras el espectáculo, en la recepción, me llevó aparte y me dijo: "No había oído esa palabra en treinta años. Mi madre solía decírmela". No sé qué me hizo decirle eso, a él nada menos, y ni siquiera sé lo que significa *mamala*. Pero era importante que él lo escuchara porque era el alma de su madre hablando a través de mí. Había fallecido tres años antes.

Cuando transmito los mensajes del Espíritu, no hay filtro, cero, nada, ninguno. Imagino mi propio cráneo como espagueti en un colador. Mi cerebro es la pasta, el agua es la información goteando de ella y por último los mensajes salen a través de los agujeros que representan mi voz, mis expresiones y gestos. Sin embargo, debo aprender a tener cuidado con lo que digo. Muchas veces no hay una forma adecuada de decir las cosas que el Espíritu me cuenta, así que simplemente lo suelto. Tuve una sesión en un restaurante con ocho personas y había una chica que había perdido a su hermano. Me volví a ella y le dije: "Tu hermano quiere que te deshagas de tu novio. No es bueno". ¡Y su novio estaba sentado a su lado! Así que anuncié que si yo tenía cuatro ruedas pinchadas al salir de la sesión, ya sabríamos quién había sido. La chica rompió con su novio cuatro meses más tarde, pero eso no tiene que ver. ¿O sí?

Estoy bien consciente de que la información que suelto puede resultar rápida, emotiva, sorprendente, variable, confusa, y juntarla toda puede llegar a ser una tarea abrumadora. También puede ser que el cliente la ponga en duda en el momento o no encontrar cómo encajarla en su vida. Por eso grabo todas mis sesiones, para poder revisar todos los mensajes con calma. Un hombre me dejó el mensaje más divertido que he escuchado en el contestador: "Vine a verte hace cuatro años para una sesión y hablaste un montón de mierda que no tenía sentido para mí en aquel momento. ¡Pero todo está ocurriendo ahora!". Lo que el Espíritu dice es por algo, pero puede que se necesiten unos cuantos días o años para encontrarle sentido.

A la vez que una sesión termina, recuerdo muy pocos de sus detalles porque se me llenaría la cabeza de las historias de los muertos de otras personas y ésa no es manera de vivir. De hecho, al contar otra vez esas historias para este libro, no estoy usando precisamente mi "memoria". El Espíritu me coloca de nuevo en aquel contexto utilizando todos mis sentidos y así puedo volver a contar las historias con tantos detalles como me sea posible.

Espío con estos ojitos...

Durante una sesión también puedo ver físicamente al Espíritu. Como expliqué antes, se me aparece como una sombra transparente con bordes firmes. De modo que puedo ver la silueta de la cabeza de una mujer con su melena escalada pero sin rasgos definidos como sus ojos o su nariz, a menos que el Espíritu quiera comunicar algo sobre la nariz o los ojos de esa persona ya sea para validar su presencia o transmitir un mensaje sobre esos rasgos. También me gusta mucho ver al Espíritu interactuar con una persona viva. Puedo ver a un alma inclinarse y besar a un amigo en la cabeza o sentarse en el regazo de su madre. Es una expresión muy tierna de una relación y un vínculo que siguen ahí y también de la habilidad del alma para comunicarse con calidez y carácter.

A veces el Espíritu me dice el aspecto que tiene en el Otro Lado. Esto pasa mucho con niños que han fallecido. Por ejemplo, el Espíritu puede mostrarme que el alma tiene una sonrisa en la que falta un diente o que lleva aparatos, lo que suele indicarme la edad que tendría el niño en el mundo físico. ¿Significa eso que el alma literalmente lleva aparatos en el Cielo o que le falta un diente allí? No estoy segura. Lo que sí sé es que la apariencia en la que el Espíritu se me presenta es cómo lo recordamos o cómo el alma *quiere* que la recordemos. Las almas también pueden mostrarse a sí mismas de este modo para hablar de un momento específico o consolar un poco al oyente. Puede que a la hermana del niño se le haya caído un diente o le hayan puesto aparatos y el Espíritu quiere que ella sepa que está consciente de esa etapa especial.

Las almas son figuras brillantes de luz en el Otro Lado y tal vez por eso a veces se me presentan como una bola redonda de energía saliendo de una pared antes de transformarse en una sombra. Pero siempre quieren que los describa de manera que sus seres queridos los recuerden con orgullo. El tiempo se mide de otra forma en el Cielo y aun así el Espíritu a menudo me muestra cuánto "ha crecido" desde que abandonó el mundo. Eso también ocurre mucho con el alma de un niño. No creo que el alma crezca física o cronológicamente como lo hacemos aquí porque nuestras almas no tienen cuerpo en el Cielo. Pero sí tengo la impresión de que el alma crece y avanza espiritualmente como resultado de las lecciones que ha aprendido aquí y en el Otro Lado. Las almas jóvenes y en crecimiento que han fallecido también me muestran que ya no están enfermos. Muchas veces me hacen referirme a una foto en la que aparecen felices y sanos y me dicen que es así como quieren que los recuerden. Pueden mostrarse ante mí vestidos con una ropa específica que valide que son ellos pero no sé si llevan puesta literalmente esa ropa en el Otro Lado sólo para pasar el rato. Además, algunos hipnotizadores que pueden guiar a alguien a hacer una regresión a vidas anteriores han dicho que las almas pueden llevar puesta su ropa favorita sólo por divertirse.

¿Qué transmite un mensaje?

Las personas vienen a verme por sus propios motivos pero todas parecen marcharse con una visión más clara que lo que esperaban. Algunas necesitan una conclusión mientras que otras quieren saber cómo murió alguien si aún no ha sido resuelto. La mayoría viene para averiguar si sus seres queridos están en paz. También hay demasiadas personas que quieren saber si sus cónyuges las están engañando. Mira, si tú vas a ver a una médium para una segunda opinión sobre ese tema, apuesto a que no me necesitas a mí ni a tu difunta madre para decirle lo que está pasando. Mi esperanza es que al menos puedas marcharte sabiendo que tus seres queridos continúan junto a ti, que están dispuestos a comunicarse y que la vida sigue en espíritu después de la muerte física.

Aunque algunas personas vienen a una sesión esperando saber de cierta persona o recibir un mensaje específico, el resultado puede ser completamente distinto porque el Espíritu dice lo que el destinatario *necesita* oír en ese momento, no lo que *quiere* oír. Una vez realicé una sesión en un lugar grande y no dejaba de oír las palabras "Bruno" y "hockey". Pregunté si alguien conectaba con esto. Un hombre levantó la mano y dijo que su nombre era Bruno y que era entrenador de hockey. Perfecto. También me dijo que acababa de perder a uno de sus jugadores. Sentí que el hombre estaba destrozado y que la muerte del chico podía impedirle hacer lo que le gustaba. Le pregunté si quería renunciar como entrenador y Bruno me dijo que después de la muerte de este joven de verdad quería. El alma del niño me hizo decirle: "No puedes rendirte. Esos niños te quieren y los tratas como si fueran tuyos". Una persona puede no saber cómo se beneficiará hasta que la sesión haya terminado, pero te aseguro una cosa: puede cambiarte la vida.

Durante una primera sesión me enteré de que al Espíritu le gusta hacer un poco de trabajo preliminar y curar viejas heridas. Puede hablar del cónyuge con quien alguien se casó después de enviudar, cosas que estén pasando en las vidas de los miembros de su familia o tal vez detalles sobre su trabajo. También dirá que está en paz si esa es la razón por la que visita a una médium. Básicamente se pondrá al día, se asegurará de que su ser querido está bien y le hará saber que él también lo está.

Si la sesión te resulta reconfortante o necesitas seguridad o apoyo en otro momento, puedes volver para otra sesión de seis meses a un año más tarde para hablar de las cosas que han pasado desde la última conexión. Yo no lo intentaría antes de ese tiempo porque tenemos que darle tiempo al Espíritu para que sus almas maduren en el Otro Lado, lo cual nos ayuda a comunicarnos mejor. También tú necesitas tiempo para reponerte y procesar lo que aprendiste de la experiencia. Durante una sesión en un restaurante canalicé a la madre de un hombre; lo alivió tanto que hizo una cita para verme en privado. El hombre hacía cinco años que no hablaba con su hermana y, cuando canalicé a su madre, ella le dijo que sabía de su distanciamiento. El hombre volvió a verme al cabo de un año para otra sesión y contó que después de la última vez había logrado restaurar la relación con su hermana. Ahora viene una vez al año para conectar con su madre. Le encanta saber que ella no se pierde nada de su vida, incluyendo la buena relación con su hermana.

No importa el momento en que un cliente venga a verme, el Espíritu siempre saca temas, conversaciones y preguntas que tienen un lugar prominente en su vida. Es su forma de decirle que sabe lo que está pasando y que siempre está a su lado, apoyándolo e intercediendo por él o ella. Están conscientes de por qué ha llorado, reído, se ha estresado o lo que ha pensado, pero a menos que haya un mensaje urgente relacionado con estos temas, el Espíritu puede sentir que basta con reconocer el asunto cuando lo canalizo. Una vez, en una sesión privada, el Espíritu me mostró el símbolo que indicaba que alguien estaba alterando una joya y me dijo que había una posibilidad de que cambiara de manos. Le pregunté a la mujer si había rediseñado alguna reliquia familiar para regalarla y me dijo que había estado pensando en rehacer una vieja pulsera para regalársela a su hija cuando se casara. En este caso, el Espíritu sólo estaba comunicando que sabía lo del regalo. Nada más. No estaba dando su opinión sobre el hecho o sobre si el regalo era una idea generosa. Algunas personas proyectan sus propios pensamientos, sentimientos, dudas y miedos en mensajes del espíritu y eso puede tergiversar el significado. Si tu difunta abuela quiere que sepas que no le gusta tu nuevo collar, un tatuaje en su memoria o tu casa recién renovada, créeme que te lo dirá.

Mucha gente toma lo que dice el Espíritu como una verdad absoluta, pero no puede ajustarse a cada palabra que me digan porque sus mensajes se basan en la interpretación de la información que yo siento y que me muestran. El Espíritu puede empujarte en una dirección, pero la mayoría de las veces lo que quiere es ayudar a guiarte para que escojas tus propias opciones y hagas tus propias decisiones y no hacerlo él por ti. Tienes libre albedrío e interpretar los mensajes del Espíritu como consejos literales, en lugar de como una manera gentil de guiarte y apoyarte, puede confundirte y frustrarte. Tuve una sesión con una mujer en mi casa y, desde el momento en que se sentó, percibí su ira. Intenté ignorarla pero lo primero que me hizo decir el Espíritu fue: "Tu madre dice que tu marido no se irá a ninguna parte". ¡Pensé que era una buena noticia! No exactamente. La mujer parecía querer abalanzarse sobre la mesa y arrancarme los ojos. Al parecer unos años antes había ido a un médium mundialmente reconocido que le dijo que su marido estaba muy enfermo y no tenía ya lugar en el mundo físico. El médium tenía razón en que su marido estaba enfermo pero la mujer, cuyo matrimonio era infeliz, decidió quedarse con el marido por la prognosis del médium que ella interpretó como un consejo. Doce años más tarde, la mujer seguía sin divorciarse, ¡y allí estaba yo diciéndole que el hombre al que no amaba no se iba a ninguna parte! Cuando me contó su historia, le dije que si ella hubiera optado por irse, tal vez las cosas se habrían desarrollado de otra manera en torno a la salud de su marido, la relación de él con sus hijos o incluso su sentido de obligación o de culpa. Pero la gran lección aquí es que uno no debe lanzarse a una gran decisión basándose en lo que le diga otra persona, viva o muerta.

Las almas también tienden a sacar temas con los que alguna persona está luchando para animarla a hacer algo que le traiga calma. Repito que ésa es una guía gentil y no un llamado a hacer una cosa u otra. Es como la vez que sentí un dolor punzante en los pechos y oí la palabra "re-examen". El Espíritu me dijo que mi cliente no tenía problemas de salud, pero sentí que a ella o a algún ser querido le iban a hacer una mamografía. La mujer le contó la sesión a su madre y ésta admitió que había ocultado que llevaba semanas sintiendo dolor en el pecho después de una mamografía, que estaba preocupada y que continuaba posponiendo una segunda visita al médico. El mensaje del Espíritu le recordó a la mujer que fuera a su médico y los resultados de su examen fueron buenos. Ésa fue la forma del Espíritu de mandarle un mensaje a la madre para que fuera al médico, aunque fuera sólo para tranquilizarse y de hacerle saber que estaba con ella durante la consulta.

Sólo pido cosas buenas en mis sesiones, por lo que he establecido que la única manera en que el Espíritu puede traer algo negativo, como una disputa o algo malo que vaya a suceder, es para dar información sobre la situación que ayude a mejorarla. Una vez hice una sesión en grupo en casa de una mujer y el Espíritu me dijo que su marido iba a cambiar de trabajo y a tomar una dirección completamente distinta (pero que no había que preocuparse porque iba a ser mucho más feliz en este nuevo puesto). La mujer se rio de mí y dijo que el Espíritu no sabía lo que estaba hablando porque su marido era un alto ejecutivo en su empresa y ganaba abundante dinero para vivir. Pues, dos semanas más tarde me llamó para decirme que la empresa había reducido la plantilla y su marido había quedado fuera. La buena noticia era que enseguida encontró otro empleo que le permitía pasar más tiempo en su casa y había sido una auténtica bendición para la familia. Además también se sentía mucho más realizado en el nuevo puesto que en el que había dejado.

He aprendido que el Espíritu no quiere que tengamos remordimientos. Cuando morimos, nuestras almas en el Cielo por fin pueden tener una visión general de su vida en el mundo físico y ver para qué ha servido, cómo cada cosa sucedió con el fin de ayudar a los demás y aprender ciertas lecciones que nos ayudarían a convertirnos en almas más cultivadas. Puede que el deseo del Espíritu de que vivamos sin pesados remordimientos sea la razón por la que las almas siempre me muestran posibles salidas a una mala situación. Esto sucede cuando un cliente duda de decisiones que ha tomado para él mismo o para sus seres queridos, o se pregunta cómo habría resultado la vida "si las cosas...". El ejemplo más impactante que tengo de esto es una historia que me gusta compartir sobre una de las primeras almas que canalicé fuera de las clases de Pat, un niño de siete años llamado Brian Murphy. Si aún estuviera entre nosotros, tendría la misma edad que mi hija Victoria.

Hará unos once años, Pat vino conmigo a conocer a los maravillosos padres de Brian, Bill y Regina. Meses antes de su fallecimiento, Brian había empezado a decir cosas raras. Primero, les dijo en repetidas ocasiones que quería que su velatorio se celebrara en una funeraria específica por la que pasaban cuando iban a la piscina municipal. Brian estaba sano, pero no importa cuántas veces y con cuánta devoción sus padres le dijeran que su muerte estaba todavía muy lejos, él insistía.

Por supuesto, esto les pareció raro. Luego, cuando los Murphy se preparaban para sus vacaciones de verano, Brian les pidió a sus padres que le compraran un traje. Le faltaba un año para hacer la comunión y no había ninguna fiesta formal a la vista. Fue cuando los Murphy se asustaron. De modo que cuando el momento de las vacaciones llegó después de esa conversación tan preocupante, te podrás imaginar las dudas de Bill y Regina sobre hacer el viaje o no. Tal parecía que su precioso niño de siete años estaba preparando su propio funeral. Pero la familia nunca pensó ni en un millón de años que sus peores temores se harían realidad. Fue en esas vacaciones que Brian se ahogó en el lago frente a cientos de testigos.

Cuando conocí a los Murphy, se atormentaban pensando en lo que le habría pasado a Brian si no se hubieran ido de viaje. Pero cuando canalicé a Brian, hizo algo increíble. Les explicó cómo podría haber muerto igual si no se hubiera ahogado. Una posibilidad era que lo hubieran secuestrado y lo hubieran encontrado en el maletero de un automóvil, lo cual era una pesadilla muy concreta y recurrente de su madre. Luego me hizo explicarles que habría podido morir en un accidente automovilístico con su padre camino de las prácticas de béisbol, lo que habría hecho que Bill no dejara de preguntarse obsesivamente lo que podría haber hecho para evitar el accidente. Brian explicó todas estas posibilidades para asegurarse de que sus padres entendieran que, de todas sus posibles muertes, ésta había sido la "mejor" para el proceso de duelo de su familia. Y algo igual de importante, Brian dijo que su destino era morir joven y no podía haberse evitado.

Un mensaje recurrente de las almas es que no hay nada que

hubieras podido hacer para evitar su muerte y que quieren que disfrutes de la vida sin el peso del miedo o de la culpa. Brian ayudó a aligerar la carga de sus padres haciendo esto. En el Otro Lado se producen pocos errores, sólo opciones que le dan color a tu viaje aquí. Creo que esa es otra de las razones por las que el Espíritu no nos dice cómo vivir nuestras vidas cuando los canalizamos; sabe que tenemos que tomar nuestras propias decisiones para poder determinar el curso de nuestro destino.

Personalidad espiritualizada

Siempre me aseguro de que el Espíritu se comunique con risa, actitud y los rasgos que lo identificaban en el mundo físico. Ya has perdido bastante tiempo de llanto y de tristeza por la pérdida de tus seres queridos. Ojalá pudiera devolverte la familia y los amigos que has perdido, pero obviamente eso no está entre mis habilidades de médium. Así que lo único que puedo hacer cuando canalizo es hacerte sentir que estás con ellos, sentir sus almas, su sentido del humor, y me tomo esa parte de lo que hago muy en serio. Quiero hacer que esa parte de tu alma que sientes que te han arrancado, que te han pisoteado y vuelto a colocar en tu cuerpo, reconozca que tu familia y amigos son "ellos mismos" en el Otro Lado. Y si murieron de una enfermedad, el hecho de mostrar la disposición que tenían antes de caer enfermos también me dice que están en paz. Si estuvieran en un mal lugar, dirían cosas negativas. Al menos así es como yo lo veo.

El hecho de que el Espíritu conserve su personalidad en el Cielo es una de las razones por las que no hay dos sesiones iguales, ¡la personalidad de cada alma es única! Si canalizo un alma de armas tomar que se presenta fuerte y no anda con rodeos, su familia seguramente dirá que era agresiva en el mundo físico. O si alguien era tímido o inexpresivo, esa alma se cubrirá los ojos con un sombrero, no terminará las frases o sentiré como si se alejara de mí.

Uno de mis ejemplos favoritos de cómo las almas conservan sus particularidades o encantos tuvo lugar durante una sesión de grupo con un montón de hermanas y su madre tras la muerte de su padre. Su alma vino y dijo que cuando la madre se fuera al crucero, él estaría con ella. Describió lo maravilloso que sería, toda la familia en un gran barco, y como era un crucero de Disney, Mickey Mouse y la Cenicienta también estarían allí. La mujer estaba muy confundida porque no había planeado ningunas vacaciones en los últimos tiempos y menos unas de lujo como aquellas. No sé de lo que está hablando mi marido, dijo. No puedo permitirme hacer un viaje como ése. Pero el alma de su marido seguía con el tema. ¡Era insistente! Después de muchas miradas de reojo, las hijas estallaron en carcajadas. "Sí, Papá, se lo diremos", dijeron. Las chicas habían planeado un crucero como sorpresa de cumpleaños para el setenta cumpleaños de su madre. "¡Es tan típico!" dijo la madre. "¡Es incapaz de callarse nada! Está claro que sigue sin saber guardar secretos en el Otro Lado".

En otra ocasión, las almas de un marido y su mujer se acercaron y le validaron su presencia a su hija con una escena muy específica. El padre me hizo gritar, "¡Bingo!", a lo que el alma de la madre respondió: "No hay bingo en la televisión. ¡Es *El precio justo*!". La hija rio muchísimo y dijo que ése era el programa preferido de sus padres. Solía llamarlos cuando vivían y ellos le decían: "Te llamamos luego, ¡estamos viendo *Trato Hecho*!" Su nieto vino al mundo justo antes de la transmisión de *Trato Hecho* y la familia bromeaba con que aquel día no podían haber hecho un trato mejor. El alma de la madre también me hizo añadir que le gustaba más Bob Barker que Drew Carey como presentador. ¡Oigan, les aseguro que no era yo la que hablaba! Yo creo que los dos son geniales.

Y aunque hay mucho por lo que ser feliz en el Cielo, las personas que eran gruñonas o mandonas aquí, no parecen volverse más alegres. Nunca olvidaré cuando canalicé a los padres de una mujer y me llegó una vibración malhumorada. Le pregunté a la hija: "¿Tus padres eran cascarrabias?". Y cuando la mujer respondió: "No, mis padres eran *maravillosos*", su marido soltó: "Claro que eran unos cascarrabias". El dolor puede hacer que idealicemos a los muertos, por lo que acepté las palabras del marido en esa ocasión. En un evento con tres mil personas, el Espíritu me hizo apuntar directamente a un hombre y decir: "Tú, tu padre quiere que te levantes. ¿Es ésa tu madre? Quiere que también se levante. Dice que eres un idiota total por lo que le hiciste al césped". Resulta que el hombre acababa de comprar un nuevo tractor y había destruido un acre de su tierra porque no sabía cómo usarlo. Luego el padre le dijo a su esposa que dejara de tocar en la puerta de su hijo y de molestarlo tanto. A pesar de que el padre estaba en el Cielo, aún se consideraba el hombre de la casa.

Me encanta cuando el Espíritu cuenta historias divertidas que hacen reír a todos, sobre todo porque me gusta que los mensajes sean siempre alegres. Una vez, durante una sesión en grupo, el Espíritu me hizo decir: "¿Y ese anillo en el dedo meñique?". Y la sala estalló en carcajadas. La familia había estado chismeando que su prima había robado el anillo de su hermano fallecido y lo había empeñado. El hombre se lo había dado a su hermano en vida pero ahora que había muerto, la hermana lo cogió y lo vendió. El hermano lo sabía en el Otro Lado y aunque no estaba enfadado o dolido, ¡no iba a dejar que su familia pensara que se habían burlado de él! ¿Puedes creerlo? En un final, no importa quién haya muerto, tienes que seguir viviendo el tiempo que te queda aquí sin esa persona, y es duro. Pienso que el Espíritu cree que no hay mejor forma de sanar que hablar con nosotros con la personalidad que tenía cuando estaba sano.

¡Mientras más Espíritus, mejor!

Cuando tengo una sesión con un grupo, ya sea de diez o de cuatro mil personas, muchas almas quieren hablar. De modo que normalmente empiezo por los que más me insisten o le pido al Espíritu que use una técnica a la que llamo "consolidación". Eso

es cuando múltiples almas quiere transmiti/
así que se unen para que les llegue a much/
hemos identificado al padre de alguien o
frente pero, mientras estás oyendo su m/
sala o incluso en la misma fila, estás pe.
igual que mi difunta prima Nikki. Si eso suced̲,
tes el mensaje como si fuera del padre de la primera ̣
tu prima. Pero la consolidación no sólo consuela a mucha ̣
la vez . Es práctico. En una sesión, quiero transmitir el mayoɪ
número de mensajes posibles y mover la energía por la sala a
buen ritmo. ¿Quién quiere perder el tiempo repitiendo lo mismo
a distintas personas?

Las almas que se consolidan pueden no haber estado conectadas aquí en el mundo físico, pero como están conectadas a ti,
están conectadas en el Otro Lado cuando se preparan para una
sesión en grupo. No creo que un mensaje tenga que ser sólo de
un alma, sobre todo cuando me han demostrado que trabajan
muy bien en equipo. El Espíritu también puede acercarse, retro-
ceder y utilizar las energías de todas las almas. Canalizan en
grupo como verdaderos profesionales. En mis sesiones más grandes, ¡es increíble lo organizadas que han sido las almas de sus
familiares! También creo que el Espíritu ayuda a orquestar quién
viene a las sesiones y a veces dónde se sientan. Es muy interesante
ver cómo ciertos tipos de muertos, que es como inicialmente con-
firmo que son sus seres queridos, están sentados juntos, lo que
facilita la consolidación. En un área del teatro habrá muchas mujeres que han perdido a sus hijos, familias cuyos seres queridos
sufrieron Alzheimer, o incluso amigos que murieron en similares
accidentes raros. Parece una locura, y lo es. Y el Espíritu está detrás de todo eso.

Lo que más me gusta de las sesiones de grupo es que escuchas
tantos mensajes increíbles y convincentes que no puedes evitar
sentirte emocionada por todo ello. También creo que el Espíritu
es un poco más divertido en sesiones grupales, sobre todo en los
grupos más pequeños e íntimos. En una habitación con diez o

personas, puedo canalizar de veinte a cuarenta almas en espacio de dos horas. Pero hay tantas, diferentes, vivarachas y námicas personalidades que las almas con una energía más uerte pueden ayudar a aquellas con menos a comunicarse mejor permitiéndoles usar su energía. A veces tengo almas que canalizan durante una hora y no viene nadie más; otras veces, un alma puede quedarse poco tiempo, marcharse, ¡y luego volver y hablar a mil por hora! Es como si el alma recargara su batería.

Cuando termina una sesión, apenas puedo recordar durante mucho rato lo que he dicho, visto o sentido, porque no son mis propios sentimientos, pensamientos y emociones. A menos que el mensaje sea parte de una sesión espectacular o emocionalmente alucinante, la información que me transmite el Espíritu no es algo que se me quede en la cabeza para siempre. Sepan también que se llevan a sus difuntos amigos y familiares con ustedes cuando se van de la sesión, el evento o de mi casa. Por alguna razón siempre son los maridos los que me recuerdan que me lleve a los Espíritus conmigo, y yo siempre digo: "Oye, amigo, no son mis Espíritus. Son tus familiares muertos. Se van contigo. Yo tengo mis propios problemas".

Pero a pesar del tiempo que llevo haciendo esto, todavía hay veces que me quedo pasmada cuando las almas me visitan. Nunca olvidaré cuando, durante una sesión de grupo, vi a un hombre sentado al final de la mesa del comedor. Quería que le dijera a la anfitriona que sabía que estaba preocupada por el marido de su mejor amiga. Luego me miró y dijo: "Ahora voy a estar con mi padre". Le conté esta historia al grupo en ese momento y la anfitriona, sobrecogida de emoción, se excusó y abandonó la habitación consternada. Cuando regresó, dijo que cuarenta minutos antes del inicio de la sesión su mejor amiga había llamado para decir que su marido había muerto y que sus últimas palabras en la intimidad habían sido: "Ahora voy a estar con mi padre". ¿Qué clase de broma es ésta? Si esto es un truco, soy tremenda maga.

3

¿QUIÉNES SON LOS ESPÍRITUS EN EL OTRO LADO?

Cuando acepté mi don de Dios, le dije que sólo quería saber cosas del Espíritu y del otro mundo que pudieran ayudar a la gente a sanar tras la muerte de un ser querido. Eso es todo, y se convirtió en mi misión. No necesito saber todos los detalles de cómo funciona esto, cuántos ángeles de la guarda tiene alguien, si sus suegros siguen mortificándolos desde el Cielo o si Jesús conversa con Buda. Ya sólo el hecho de hablar con los muertos puede ser bastante abrumador para mí. A menos que Dios insista, y todavía no lo ha hecho, no quiero estresarme con más tareas. Tampoco soy el tipo de persona a quien le gusta pensar demasiado las cosas, ya sea hablando del Otro Lado o de lo que mi hijo hace cuando no estoy en casa. Sé que las cosas no son siempre blancas o negras, pero también siento que necesitamos darle espacio a la fe.

Para mí, el propósito de mi don es ayudar e iluminar a los demás lo mejor que pueda. Es como cuando alguien vive una experiencia de las que dejan huella, como el cáncer, la pobreza o la infertilidad, y el objetivo de su vida se enfoca entonces en concienciar y apoyar a aquellos en una situación similar. No necesitan convertirse en expertos, profesores o médicos para cambiar vidas. En forma similar, he tenido muchas locas experiencias con el Espíritu, así que espero "concienciar y apoyar" a otros con la información que he reunido a fin de ayudarlos e inspirarlos en sus jornadas.

Menciono todo esto porque me doy cuenta de que no todos

piensan como yo, especialmente cuando quieren saber quién está con sus seres queridos en el Otro Lado. ¿Juega a las cartas la Madre Bendita con tu difunto abuelo? ¿Está el perrito shitzu de tu infancia a sus pies? Sé las respuestas a algunas de estas preguntas, pero si no las sé, digo la verdad: "Lo sabré cuando esté allí". También recurro a Pat en busca de respuestas, pues ella es sanadora, profesora y una amiga querida. Considero a Pat mi madre en el Espíritu. Me ayudó a perfeccionar mis habilidades y me enseñó mucho de lo que sé. Le confié mi salud y mi alma cuando estaba en mi momento más bajo y sigo acudiendo a ella. Así que en ciertos puntos de este capítulo, cuando he necesitado rellenar brechas, lo he hecho en tándem con ella. Entre las dos haremos lo posible para darles a conocer este tema.

Personas que han tenido experiencias cercanas a la muerte, así como hipnotizadores dedicados a explorar vidas anteriores que han reunido información sobre lo que hacemos al morir, dicen que el Cielo está lleno de muchas almas con muchos propósitos. Nada sorprendente, pues el Espíritu me ha dicho que el Cielo es un lugar mucho más vasto de lo que podríamos imaginar. Pero sólo voy a referirme al Espíritu con el que Pat y yo hemos tenido experiencias personales de una manera u otra. Eso significa que probablemente hay muchas otras entidades con muchas otras tareas que no voy a mencionar en este capítulo. Pero ángeles, guías, figuras religiosas, tus seres queridos, Dios... Esos sí los voy a incluir. Todos esos seres constituyen el Espíritu.

A medida que aprendes cosas del Espíritu, te das cuenta de que algunas de sus funciones se sobreponen unas a otras, aunque todas te vigilan y te dirigen a lo largo de tu vida de alguna forma. Imagino que la estructura en el Cielo es como la de una empresa bien dirigida, o incluso una sociedad, que está organizada con muchas tareas y posiciones. Algunas almas supervisan, algunas planean estrategias, otras entrenan, otras colaboran, algunas son abejas obreras... y sus habilidades y responsabilidades colectivas logran grandes e importantes objetivos. Pero estas reglas y roles no están tallados en piedra. Como en cualquier organización de éxito, hay espacio para aquellos que tienen el poder de cambiar cómo funcionan las cosas si el momento lo requiere.

A pesar de ser católica practicante, no quiero hacer de esto un asunto de religión. No puedo enfatizar esto lo suficiente y, de hecho, eso es lo que Dios prefiere, no yo. Pero tienes que darte cuenta de que aunque he experimentado mucho de lo que podría ser considerado Espíritu "bíblico", creo que estoy expuesta a estas entidades porque tienen relación con la vida que mis clientes o yo llevamos. Recuerda, el Espíritu me habla a través de mis propias experiencias. Si fuera una médium budista o hindú, me pregunto si el Espíritu se presentaría ante mí de una manera diferente o si podría tener distintos maestros. También tiendo a canalizar frecuentemente para católicos, simplemente porque hay muchos en Estados Unidos y suelen ponerse en contacto conmigo más que personas de otra fe. Es por ello que el Espíritu me muestra sus símbolos religiosos más que los de otros. Algunos seres espirituales, sin embargo, como ángeles, guías y el propio Dios, trascienden casi todas las fes.

¿Qué ocurre cuando morimos?

Antes de incurrir en un pase de lista celestial, me gustaría explicar rápidamente parte de lo que me han dicho que ocurre cuando morimos. No conozco demasiados detalles sobre esto pero voy a compartir brevemente lo que el Espíritu me ha dicho a fin de ayudar a que el resto de este capítulo tenga mayor sentido. Más adelante, entraré más profundamente en temas como el de Dios, el Cielo, lecciones de la vida y el círculo de la vida.

Cuando morimos, nuestras almas se desprenden pacíficamente de nuestros cuerpos. Nos reciben las conocidas almas de familiares y amigos que murieron antes que nosotros y luego nos deslizamos hacia una luz brillante y eterna que es Dios. En la Tierra somos un fragmento de la energía de Dios, pero en el Cielo nuestras almas son una con la suya. Me han dicho que en el mundo físico tenemos un guía principal —algunas personas lo llaman "guía maestro"— que nos ayuda durante nuestra vida y él o ella también está allí para recibirnos cuando llegamos al Otro Lado.

Con nuestro guía principal, nuestra alma repasa y evalúa la jornada por el mundo físico y podemos ver cómo nuestros distintos actos afectaron a otros. Experimentamos lo que hemos hecho sentir a los demás —dolor, felicidad, confusión, comprensión— y cómo se relaciona con nuestro objetivo en esta vida. El propósito final de nuestra alma es aprender lecciones que la desarrollen espiritualmente a través de las muchas reencarnaciones en el mundo físico. Lecciones de paciencia, felicidad, fidelidad, altruismo, entre otras. Parte de nuestro propósito es también ayudar a otros a aprender lecciones, hacer cosas buenas por las que hemos hecho mal, y lograr que nuestra alma crezca para alinearse con la de Dios. Nos preparamos para esto revisando un bosquejo básico de cómo será nuestra vida, una creada por Dios y revisada con nuestro guía principal. También elegimos los cuerpos y familias que nos ayudan a cumplir nuestras metas.

Cuando es hora de aprender nuevas lecciones, el Espíritu me dice que volveremos a tener la opción de aprender esto en el Cielo o reencarnarnos y regresar a la tierra en un nuevo cuerpo, con nuevas experiencias. Si elegimos volver, aprenderemos las lecciones más rápido de lo que lo haríamos en el Cielo. En cada vida, tenemos voluntad propia y encontraremos varias encrucijadas que nos permitirán ejercer opciones relacionadas con nuestras lecciones que puedan llevarnos por un camino o por otro, con el mismo destino y lecciones generales en mente. Durante todo esto, nuestros ángeles, guías y seres queridos nos protegen, guían, envían mensajes e intervienen. Nos muestran e impulsan hacia situaciones que nos animan a ejercer diferentes opciones que nos hacen avanzar y afectan nuestras futuras decisiones. Al final morimos, y entonces todo vuelve a comenzar.

El mayor amor de todos: Dios

Dios tendrá su propio capítulo —¡claro, por algo es Dios!— pero quiero mencionarlo aquí primero. Responde a muchos nombres según la persona —Dios, Yahvé, Creador, Alá, La Fuente— pero independientemente de tus creencias religiosas, el Espíritu dice que hay un solo verdadero Dios. Por lo que yo sé, no importa la religión que profesemos, mientras elijamos una fe que esté basada en Él.

Cuando vamos al Otro Lado, al instante estamos en paz porque estamos con Él y formamos parte de Él. Dios es amor incondicional y cada pensamiento, sentimiento y experiencia que tienes en el Cielo gira alrededor de esta poderosa premisa. A nuestras almas les lleva mucho tiempo crecer hacia Dios, y ese desarrollo está guiado de cerca por las almas y ángeles en el Otro Lado.

Una vez, en misa, el sacerdote dijo en una homilía: "Nunca he visto al Espíritu Santo. Pero les hablo de él porque sé que existe", y eso conectó conmigo. Fue una gran confirmación, porque yo siento la presencia de Dios de forma parecida. No lo oigo ni lo veo pero lo siento en el centro de mi ser y he conectado con Él a un nivel muy distinto a cuando canalizo guías, ángeles, santos o los seres queridos de ustedes. Puedo decir que su energía viene de una dimensión superior. Y siempre sé que es Él, igual que mi sacerdote conoce al Espíritu Santo o mi padre identifica un buen tomate.

Las veces que he hablado con Dios, lo más que he visto con mis ojos ha sido una luz blanca con bordes dorados que llena la habitación. Y me siento diferente, es muy difícil de explicar. Siento una extraordinaria paz que casi me paraliza, en el buen sentido de la palabra, y siento una gran presencia divina. Luego aparece esa sensación de saber que mencioné antes, y simplemente sé que es Él. Mi comportamiento y mi tono también cambian. Si esto sucede durante una sesión, me pongo muy seria, ¡y normalmente no lo soy! Tomo muy, muy en serio lo que hago, pero mis sesiones siempre son alegres y divertidas. Mi voz suele ser vivaracha pero, cuando hablo por Dios, se vuelve comedida, precisa y concreta. ¡No quiero ser yo la que malinterprete lo que tiene que decir!

Se me ponen los pelos de punta cuando pienso en las pocas veces que he sentido la presencia de Dios durante una sesión, sobre todo cuando una persona tiene una lucha interna con su propia fe. Durante cualquier sesión, el Espíritu les da información a las personas para ayudarlas a crecer, pero cuando esas palabras vienen de Dios, son particularmente especiales. Nunca olvidaré la madre y la hija que vinieron a verme porque un chofer borracho había matado a su hijo/hermano en el momento en que entraba con su automóvil en el acceso a su casa. ¿Cuáles son las probabilidades de que esto ocurra? Había estado trabajando horas extras por lo cual no debería haber estado en ese lugar a esa hora, aunque, como suele decirme el Espíritu, nuestro destino suele estar fijado. En la sesión con ellas, me invadió una enorme sensación de paz procedente de una dimensión diferente de la que uso para canalizar. Sé que vino de un poder superior, ¡y me sentí tan bien que casi me entraron ganas de estar allí!

Justo en ese instante el alma del hijo dijo: "Dios está en camino. Quiere que le transmitas un mensaje a mi madre". Y transmití las palabras de Dios: "Puedes enfadarte conmigo todo lo que quieras, pero tu hijo está conmigo. Está a salvo y en paz. También quiero que sigas haciendo mi trabajo. La gente te necesita". La hija empezó a sollozar y dijo que camino a mi casa ella y su madre habían perdido la fe en Dios. Antes de la muerte de su hermano, era voluntaria en la iglesia y hacía mucho por su parroquia, ayudando a los que podía a lo largo del camino. Pero después de la tragedia se enfadó muchísimo con Dios y dejó de ir. Dios le dio permiso para estar enfadada con Él pero también quería que reconsiderara su fe y sus buenas obras.

En las alturas y más allá: ángeles

Los ángeles son activos y participan en nuestras vidas regularmente y en formas maravillosas. "Trabajan" directamente para Dios como mensajeros, protectores, rescatadores e intercesores. Hay muchos tipos de ángeles, aunque ninguno ha vivido nunca en la tierra como lo hicieron nuestros guías (contaré más sobre ellos luego). Son espíritus, no seres físicos, así que no tienen cuerpo como nosotros. Aunque me han dicho que pueden tomar la apariencia de animales o personas.

Hay un orden o clasificación entre la población de ángeles que incluye arcángeles, ángeles de la guarda, querubines, serafines, ángeles básicos y otros (estos no son rangos, sino sólo una lista de ángeles). Sé que hay ángeles de alto rango, o arcángeles, que tienen varias tareas y misiones, y están por encima de otros ángeles que inspiran e interceden por nosotros también. Pat suele tener experiencias con los arcángeles Miguel, Gabriel y Rafael. Miguel, por ejemplo, es un protector y experto en llevar a cabo actos de justicia y poder. Ella lo llama para que la ayude cuando tiene clientes difíciles o personas con algo muy oscuro aferrado a ellos, como cuando trabajó con una chica que jugaba con la Ouija. Pat también les dice a los clientes que tienen miedo que llamen a Miguel cuando estén nerviosos o ansiosos por algo. Gabriel está conectado a la bondad. Rafael está encargado de la curación y Pat acude a él por sus clientes en su calidad de sanadora.

El Espíritu me dice que los ángeles son poderosos y están muy ocupados. Ofrecen protección, guía, entregan mensajes, nos animan, nos dan fuerzas y ayudan a responder nuestras oraciones. Oigo incontables historias de clientes que han sobrevivido lo impensable, como accidentes automovilísticos, por ejemplo, en que ellos resultaron ilesos mientras el auto quedó enroscado en un árbol. ¿Fue un ángel quien los protegió? ¿Un ser querido? Depende, y creo que pudieron haber sido ambos. El Espíritu me ha dicho que este tipo de intervención es orquestada por ángeles y guías que pueden mandar a un ser querido para que intervenga si no lo hacen ellos mismos. El hijo de mi amiga, por ejemplo, fue víctima de un accidente de tráfico muy grave con el cuñado de ella cuando el niño tenía seis años. Después del choque, cuando estaba aún atrapado en el auto, dijo que había visto a su bisabuela de pie allá afuera. "Mami, tu abuela me protegió en el accidente", le dijo a mi amiga, a pesar de que nunca la había conocido. Presiento que un ángel la envió. Pero los ángeles no sólo están cerca cuando los necesitamos, están con nosotros siempre. Tampoco he visto a los ángeles con alas para volar y rescatar a alguien, o por cualquier otro motivo. Eso no quiere decir que no suceda, sólo que no lo he presenciado nunca. Sólo he visto ángeles flotando en un espacio en forma de energía, como nubes moviéndose por el Cielo. Los arcángeles, sin embargo, se han mostrado a sí mismos con alas.

Me consta que también hay ángeles de la guarda asignados a cada alma y están contigo a través de todas tus vidas. Aunque me consta que los guías han pisado este mundo y los ángeles no, a menudo me he preguntado si los ángeles de la guarda y los guías son lo mismo porque no todos los ángeles tienen alas y ángel de la guarda suena a una interpretación religiosa del mismo papel que los guías interpretan normalmente en las creencias espirituales. No estoy muy segura, para ser sincera. Lo que sí sé es que les encanta ser reconocidos como parte de tu vida. Los ángeles de la guarda siempre están tratando de ayudarte y guiarte en tu camino espiritual con gran amor. También te proporcionan protección provocando tu intuición, creando coincidencias e interviniendo en tu mundo en momentos de necesidad o peligro.

Yo tengo un ángel que me guía, llamada Solerna, que me fue específicamente asignada. Cuando la veo, asume la forma del ángel que aparece en mi tarjeta de visita. Sé que es un ángel del sol y la orientación. Me aporta paz cuando la necesito y siempre me anima a mostrar mi faceta más alegre. Cuando me comunico con ella, el ojo de mi mente se llena de una luz blanca y brillante con un aura azul, casi como una nube retroiluminada en una película. Es diferente a la luz de Dios porque la suya tiene el borde dorado, brilla más y me hace sentir que estoy rodeada de amor. Solerna me asegura que todo lo que hago o digo está guiado y protegido por Dios puesto que creo que Él manda a los ángeles para llevar a cabo tareas y transmitir mensajes importantes.

Por este motivo, creo que Solerna es un enlace directo entre Dios y yo. La considero un canal inmediato si un amigo está enfermo o si necesito ayuda urgente, pero también le pido que me guíe todos los días, junto con mis otros guías, sobre todo cuando canalizo las almas. Solerna ha venido a mí con mensajes, como cuando me dijo que Gram iba a morir. El domingo 7 de junio de 2009, Solerna me dijo que Gram iba a morir el día de mi cumpleaños, que es el 10 de junio. Mi abuela estaba enferma entonces pero lograba mantenerse, por lo que pensé que había malinterpretado el mensaje; pensé que Solerna podría haber querido decir que la madre de *Pat* iba a morir puesto que también estaba enferma y parecía estar empeorando. Al día siguiente, el ocho, no pude ver a la abuela pero la llamé y su voz sonó fuerte cuando me dijo que me quería. Ella actuaba como si fuera mi cumpleaños —preocupada porque no me había enviado una tarjeta— pero no lo era. Había confundido los días. La abuela murió al día siguiente, el nueve, que es el día antes de mi cumpleaños y el mismo día en que murió su hermano, Anthony. La enterramos el día de San Antonio, el 13 de junio. Gram no habría muerto el día de mi cumpleaños, pero como dijo Solerna, creo que se suponía que iba a morir aquel lunes, el día que pensó que era mi cumpleaños, pero esperó al siguiente.

Intervención divina: almas de fe

No me sorprende que figuras de textos religiosos o sagrados, o lo que yo llamo almas de fe, se me acerquen durante sesiones con clientes. Algunas son almas más evolucionadas que otras, en base a las lecciones que han aprendido y los papeles que han interpretado en este mundo y en el Cielo.

Por lo que sé, el Espíritu más evolucionado ha hecho grandes sacrificios en la tierra, completó su viaje espiritual y luego ascendió a los más altos niveles del Cielo. Ayudan a las masas en este mundo e incluyen figuras como Jesús, Buda, Mahoma, la Madre Teresa y la Virgen María. De vez en cuando estas almas aparecen cuando estoy canalizando e incluso permanecen a mi lado. La Santísima Madre, por ejemplo, suele presentarse muy a menudo. La veo vestida de azul y blanco, o me muestra la señal que tengo para ella: cuentas de rosario blancas y brillantes. Se presenta sobre todo ante aquellos que le rezan o cuyos difuntos seres queridos lo hacían. Aparece para validar y asegurarle a la gente que aunque sus oraciones no hayan sido respondidas, fueron escuchadas. Muchas veces se acercará para decir que ha venido a buscar a un alma y guiarla hacia Dios. Si la Santísima Madre consuela a un padre o madre, a menudo recibe a su hijo cuando cruza al Otro Lado.

La propia madre de Pat tuvo una experiencia con la Santísima Madre cuando Pat la llevó a una sanadora en Long Island, en un momento en que padecía cáncer inoperable de seno y de los huesos que había hecho metástasis en todo su cuerpo (Pat no estaba consciente de su don en aquel entonces y, de hecho, era la primera vez que tenía una experiencia con una sanadora). La madre de Pat dice que no recuerda mucho de la sanación y cree que se quedó dormida, pero cuando se subieron al automóvil para marcharse, la sanadora corrió y dijo: "¿Le rezas a la Santísima Madre?". Su madre le respondió que sí, todos los días, y la sanadora le contó que la Santísima Madre estaba presente en la habitación con ellas, pero ella se había sentido tan abrumada que no había dicho nada. Después de aquello, la madre de Pat vivió quince años más sin dolor. Sus oncólogos estaban atónitos por la milagrosa recuperación. Incluso durante las propias curaciones de Pat, dice que sus clientes afirman ver y sentir almas de fe como la Santísima Madre y el Santo Padre Pío, un sacerdote italiano que experimentó los estigmas y dijo tener visiones y dones celestiales (también se han visto arcángeles, guías y otros). No sucede siempre, sólo cuando más se necesita.

También tengo una conexión distinta con Jesús, un alma que ha ascendido muy alto, de la que tengo con otras almas. Ha habido veces en las que he estado segura de que Dios estaba presente y me ha comunicado mensajes específicos, como que no pasa nada por enfadarse, que una persona necesitar sanar, que es mejor orar con gratitud, sea lo que sea. Pero en el caso de Jesús, él sólo está... por ahí. Su presencia está siempre en la habitación. Si el ojo de la mente pudiera tener visión periférica, diría que puedo sentirlo a la vez enseñando y vigilándome desde lejos, casi desde una esquina. También veo a Jesús como a un maestro por mi fe, pero si fuera una médium que practicara otra fe, creo que en su lugar sentiría la presencia de esas almas ascendidas.

Algunos de los santos más conocidos también se acercan a mí, a veces en su propio aspecto, y a menudo como el símbolo que les he asignado, para confirmar su presencia o para transmitir un mensaje relacionado con lo que más se les conoce. Como con la Santísima Madre, los santos se acercan si un ser querido o la persona con la que estoy sentada les rezaba y/o si alguno de ellos tiene figuras o medallas que la conectan a ese santo. Un hábito negro con una rosa roja es Santa Teresa, también conocida como la pequeña flor. Cuando veo a un hombre con una túnica marrón, ese es mi símbolo para Moisés o una figura bíblica fuerte como un apóstol; es lo que veo antes de que otros santos empiecen a acercarse. Canalizo mucho a San Judas, San José, San Miguel y San Cristóbal. Casi siempre se presentan si alguien tiene cierta conexión con ellos, por ejemplo si una mujer puso un escapulario de San Miguel en el cuello de su padre cuando se estaba muriendo o le rezó a San Judas cuando su marido estaba enfermo. Igual que a la Santísima Madre, a los santos también les gusta acercarse para hablar de oraciones respondidas y escuchadas.

A tu lado: guías

Los guías tienen una tarea parecida a la de los ángeles, excepto que los ángeles están más cerca de Dios. Normalmente, los guías suelen ensuciarse más las manos, vigilando tu alma de cerca y dirigiendo tus caminos por el mundo físico. Te mantienen al día con tus lecciones y te dan seguridad, ayuda y protección a lo largo del día y de una forma muy práctica. Nos crean oportunidades y nos hacen estar consciente de ellos. Colocan a personas en nuestro camino y nos ayudan a escoger las opciones correctas; no se les permite interferir, sólo guiarnos gentilmente.

Intuición, presentimiento, coincidencia, corazonada, un sentimiento aleatorio o fugaz, pueden venir de los guías. Te llegan como una voz interna que te sugiere que llames a un médico y no a otro, o como un impulso que hace que tomes un camino distinto al centro comercial y más tarde te enteras que has evitado un accidente al hacerlo. Eso sí, Dios también te ha dado libre albedrío, de manera que puedes optar por no escuchar estas señales y hacer lo que te parezca. Pero tú quieres vivir la vida más realizada posible mientras estás aquí, y creo que confiar en tus guías es una manera segura de evitar sentirte atascado, juzgar a los demás o convertirte en una persona generalmente miserable y privada de bondad. Ellos nunca te instan a vivir de esa forma.

A diferencia de los ángeles, en su mayoría los guías han vivido en el mundo físico. Pueden parecer de cualquier edad y venir de cualquier cultura, era o sitio geográfico. No pienso que nuestras almas tengan un sexo asignado antes de entrar en nuestros cuerpos (aunque puede ser que nos sintamos más cómodos con un género que con el otro), así que nuestros guías pueden aparecer como un hombre, una mujer o un animal, como creen los indios americanos. El Espíritu también me dice que un guía puede ser un ser querido que te ha sido reasignado o que falleció antes de que tú nacieras. Hay psíquicos cuyo don principal es canalizar guías, y dicen que si una persona ama y se siente cerca de ángeles y otras figuras religiosas, entonces Jesús, la Santísima

Madre u otras figuras religiosas altamente elevadas también pueden actuar como guías.

Aunque es posible que haya más, el Espíritu me habló de dos tipos de guías: los guías principales, a los que algunos llaman "guías maestros", y los otros guías del Espíritu. Todos tienen este primer tipo de guía o guía principal que está contigo desde que tu alma entra en tu cuerpo hasta el final de tu vida en el mundo físico. Estos guías te enseñan y te dirigen de forma que le dé apoyo a tu alma. Los guías principales también eligen una identidad que pueda lograr lo que has venido a hacer aquí, o con la que te relaciones mejor. No te juzgarán pero como cualquier buen maestro, te motivarán y entenderán tu naturaleza sin ser muy indulgentes contigo. Eligen trabajar contigo porque has compartido propósitos y objetivos similares en tu vida. Trabajan con mucha gente a la vez. También tienes muchos otros guías con habilidades específicas. A medida que tus circunstancias cambian y/o tu alma evoluciona, un guía puede salir de tu vida y entrar otro que te lleve a la siguiente etapa de tu jornada. Nuevos guías, con habilidades especiales apropiadas para estas nuevas etapas te ayudan a alcanzar ciertas metas y superar desafíos. Casi siempre permanecen en un segundo plano hasta que los necesitas, y puede que estén guiando a otros al mismo tiempo.

Todos los guías te ayudan comunicándose con señales, símbolos y sentimientos. No siempre son constantes en la manera de ayudarte y eso puede ser parte del plan. Los guías pueden quedarse poco o mucho tiempo, depende del tiempo que los necesites. A menudo son la fuente de ideas que nos trae concentración y autosatisfacción, lo que mucha gente llama "inspiración". Y porque aprendes varias lecciones y tienes muchas necesidades a la vez, puedes tener muchos guías al mismo tiempo. Puedes tener diferentes guías para tu carrera profesional, tu familia, tu capacidad de cuidar a un amigo enfermo, etcétera. Pat tiene un guía para enseñar y otro diferente para sanar, pero como hace ambas cosas a la vez, ambos están disponibles.

Y, que yo sepa, tengo dos guías. Uno es un indio americano

al que reconozco cuando me muestra su señal, que es un tocado de plumas. Lo llamo "Jefe". También es un mentor y fuente de compañerismo y seguridad para mí; sé que cuando viene mucho significa que estoy a punto de avanzar en mi don. Como médium, siempre estoy aprendiendo, y cuando siento la compañía de Jefe, sé que me estoy preparando para un cambio de energía y que empezaré a canalizar de forma diferente. Mi ángel de la guarda, Solerna, de la que he hablado antes, aumenta al doble sus deberes como mi guía. No sé muy bien cómo funciona esto, pero creo que ella es un ángel y mi guía porque cuando llamo a mis guías, son Jefe y ella los que dan un paso al frente. ¿Podrían acaso tener nombres más específicos o incluso más tareas de las que yo conozco? Claro que sí. Pero lo que más me interesa es que me dan la dirección divina cuando la deseo y la requiero, y si me están ayudando desde el Otro Lado, eso para mí es más importante que saber exactamente cómo los llaman y cuándo.

Jefe y Solerna se destacan en cosas diferentes. Jefe es muy bueno mostrándome los guías de los demás, especialmente si son indios americanos o si la persona con la que estoy se siente atraída por esa cultura en su vida. Los mensajes de Jefe son en su mayoría serios, disciplinados y estructurados, un poco como Toro Sentado. No sé por qué mi guía es un indio americano, pero siento curiosidad por esa cultura. Pat piensa que también puede ser un protector masculino para mí, lo que tendría sentido porque últimamente ha pasado mucho tiempo asegurándose de que la gente no se está aprovechando de mi espiritualidad y absorbiendo mi energía. También me encantan los búhos, que simbolizan la sabiduría en la cultura india americana. ¿Tengo acaso pinta de ser muy práctica? Para nada. Pero al parecer mi alma lo es. En cuanto a Solerna, ella se ocupa de asuntos más divinos. En el programa tuve una sesión con un hombre maravilloso que tenía cáncer. Fue Solerna la que se acercó para decirme que podía hablar con él de la muerte, aunque no es un tema que acostumbre a discutir. La mayoría de la gente viene a verme en busca de consuelo por la pérdida de un ser querido, pero este hombre, a causa de su salud, quería saber lo que pasa cuando morimos. Solerna me dijo que podía responder a sus preguntas lo mejor que pudiera porque no estaba para morirse muy pronto.

La mejor forma de conectar con tus guías es a través de la meditación, la oración, o simplemente sentándote en silencio y escuchando la respuesta de tu voz interior o, como a mí me gusta llamarla, tu Pepito Grillo. También puedes ponerte en contacto con tus guías a través de la hipnosis con un experto entrenado o un psíquico cuyo don sea específicamente conectar con esas entidades. Cuando te encuentras en un estado mental relajado pero concentrado, a menudo oirás a tu Pepito Grillo interior dándote consejo o señalándote lo que es bueno para ti. Esas sensaciones no son sólo un presentimiento. Más a menudo de lo que imaginas, son palabras de tus sabios guías respondiendo a tu llamado. Puedes pedirles ayuda específica, orientación y consuelo cada vez que lo necesites.

Siempre a tu alcance: tus seres queridos

Aunque no aprendieras nada de este libro, trata al menos de saber esto: tus seres queridos fallecidos te quieren, guían y protegen desde el Otro Lado. Digo esto muy a menudo pero nunca será suficiente. Hay otra cosa que encuentro reconfortante: el Espíritu dice que veremos a nuestros familiares y amigos cuando crucemos al otro lado y estemos juntos en futuras vidas en la tierra. ¡Espero que te agrade tu hermana porque va a estar cerca eternamente, de una u otra forma!

Aunque he hablado sobre figuras de renombre como la Santísima Madre o Jesús que visitan brevemente algunas sesiones, la mayoría de las almas que canalizo para mis clientes son las de sus seres queridos fallecidos. A veces, cuando estás viendo el programa, te darás cuenta de temas repetidos o cosas en común entre sus mensajes. *No habrías podido hacer nada por ayudarme. Él estaba contigo cuando te casaste. Ella quiere que disfrutes la vida sin una carga de miedo o de culpa. Él ya no tiene problemas de salud... etc.* No estoy repartiendo las mismas condolencias a todo el que tenga un amigo o familiar muerto, con la esperanza de finalmente dar en el blanco. No, no, no. El Espíritu me hace entregar mensajes sanadores basados en lo que la persona está pasando y lo que necesita oír de sus seres queridos. De modo que no es que el mensaje sea genérico o reciclado, sino que la humanidad comparte dificultades similares. Es un poco como cuando lloras al escuchar una canción popular en la radio; no eres el único que se identifica con la letra, pero eso no hace que tu reacción sea menos real. Es más, las cosas que he mencionado antes no es como *todos* reaccionan ante una muerte. Para mí, por ejemplo, ninguna de las cosas que he dicho se corresponde con la manera en que me sentí cuando mis abuelas fallecieron. En todo caso, me preguntaba más bien si les gustaban los vestidos con los que las enterramos y ahora me pregunto lo que piensan de nuestro nuevo baño y si consideran que estoy trabajando demasiado.

Dicho esto, las almas que canalizo están a salvo y en paz. En muchas películas, libros y programas de televisión se habla de almas atrapadas entre nuestro mundo y el Otro Lado. Sé que hay médiums que trabajan con estas "almas atascadas" y las ayudan en su transición hacia la luz, pero no es ese el llamado a lo que siento que debo dedicarme, por lo que no es con lo que siento que me estoy conectando. Los médiums pueden comunicarse con los muertos de formas distintas y yo prefiero canalizar almas que ya están en el Cielo. Así que si una de ellas estuviera atascada, ¡no sería yo la persona más indicada para saberlo!

Jóvenes y bien conectados: niños y bebés

Me comunico tan a menudo con almas de gente joven que quiero hablar de ellos un momento por separado. Las familias que los querían y los atesoraban sienten un dolor inimaginable por su pérdida, pero no estoy aquí para decirles que Dios aprieta pero no ahoga y todas esas cosas que se dicen. Quiero que sepan que cuando canalizo almas de niños y bebés, me dicen que están en un buen sitio y siempre con ustedes. También volverán a verlos, se los garantizo.

En el capítulo anterior hablaba de la apariencia de las almas, que la forma en la que el Espíritu se presenta es como las recordábamos o como les gustaría que lo hiciéramos. Con los niños, a veces una niña se presenta y te dice: "¡Dile a mi mamá que estoy en un columpio y que tengo puesto mi vestido rosado preferido! Lo cual hace que la madre diga: "¡Dios mío, ése es uno de mis recuerdos favoritos!" No estoy segura si la niña literalmente juega todo el día en un columpio con un vestido o si es un mensaje que el alma me entrega para validar un recuerdo especial y traerle paz a sus padres. Pero siento que el Cielo es un lugar increíble donde todo es posible. Personas que han tenido experiencias cercanas a la muerte dicen haber visto campos frondosos llenos de colores y piscinas centelleantes; que es un lugar donde las almas cantan y bailan y los animales juegan. Así que quién sabe si existe o no el parque de diversiones infantiles más increíble que hayas visto en medio de todo eso. ¡A lo mejor tienes preferencia por el tobogán si llevas vestido!

Las almas me dicen que es muy importante que sepamos que las almas de niños crecen y evolucionan en el Otro Lado. Sospecho que eso es a lo que los bebés y niños se refieren cuando se muestran ante mí como un alma pequeña y luego, al acercarse, se hace más grande. No suelo hablar del desarrollo de un alma durante una sesión, porque es un poco largo y complicado, así que sólo les digo a los padres que han crecido. El tiempo es distinto en el Cielo y, como ya he dicho, no creo que las almas envejezcan como nosotros, puesto que no tienen cuerpo físico. Cuando se muestran como una sombra pero con un pelo precioso y ondulado o con brillantes ojos azules, no puedo estar segura pero imagino que destacan esos rasgos por el bien de sus seres queridos, porque es como quieren ser, o son, recordados. Las almas también pueden elegir su edad, una con la que se sientan a gusto. Y como digo a menudo, la forma en que el Espíritu se muestra también tiene que ver con el mensaje que mejor sanará a la persona en ese momento. Es así que la misma alma puede aparecer de una determinada forma ante un escéptico que quiera validación, de otra forma ante un cliente que vuelve y quiere conectar, y de una tercera forma ante alguien que viene a verme por primera vez y está de duelo. He descubierto que los que están más angustiados son los mismos que quieren saber cuántos años tiene su hijo o qué está haciendo en el Cielo. Son aquellos cuyas almas suelen hablar más a menudo de crecimiento y de columpios.

Debes saber esto también: las almas de los niños saben cuándo los recordamos y agradecen mucho cómo lo hacemos. Una mujer vino una vez porque su hija había muerto al nacer. Le dije que el alma de su niña me estaba contando que su madre se había hecho un tatuaje de las huellas de sus diminutos pies y que también había algo relacionado con... ¿mariposas? Resulta que la mujer tenía las huellas de su hija tatuadas al final de la pierna pero como el cuerpo de una mariposa. El Espíritu dijo que la madre había hecho aquello en memoria de su hija, porque las huellas de la niña eran lo único que tenía de ella. Ten por seguro que siempre que pienses en tu hijo, él también pensará en ti. Están conectados por amor. Es más, al Espíritu le gusta mostrarme un alma sentada en una silla, viendo a sus padres desde el Cielo. A veces inmediatamente después de la muerte de un pequeño, su alma se sienta junto al cuerpo físico de un ser querido durante un tiempo.

Suelo canalizar también muchas almas cuyas madres las perdieron involuntariamente durante su embarazo, que nacieron muertas o que fueron abortadas. Las almas de las que no llegaron a nacer por pérdida involuntaria aparecen enseguida al principio de una sesión, y las de criaturas que nacieron muertas canalizan fenomenalmente bien. Es más, las almas de los que nacieron muertos a menudo describen cómo se sintieron si sus madres las cargaron en brazos, cómo los padres las vistieron o si una madre envolvió la mano de su bebé en el dedo de ella y estudió cada pulgada de su cuerpo. En una sesión de las más concurridas anuncié que alguien en la sala llevaba consigo las huellas reales de un niño y una niña que habían fallecido. Una mujer se paró y dijo que había traído la estampita de dos de sus bebés que habían muerto; había tenido trillizos y un hijo varón sobrevivió, pero los otros dos no. Uno era varón y el otro una hembrita. También hay padres que no pudieron cargar a su bebé después de muerto, pero esas almas insisten en que aún siguen con sus padres todo el tiempo. No estoy segura si los bebés que nacieron muertos recuerdan estas cosas de su vida aquí o si lo han visto desde el Otro Lado, o tal vez un poco de las dos cosas. Al igual que las almas de los que se perdieron involuntariamente o los que nacieron muertos, las almas de abortados no han realizado su jornada, pero me muestran que frecuentemente entran en otros cuerpos enseguida. También me cuentan si el aborto resultó ser una lección importante para alguien que sigue aquí en el mundo físico.

Cuando pensamos en la vida de un niño, muchos pensamos que comienza en cierto momento de la concepción o después. Pero el alma de una persona existe muchísimo antes que su cuerpo. Es por eso que el Espíritu puede contarme tantas cosas sobre un embarazo inminente: el alma lleva ya algún tiempo esperando para encarnar. Si estás embarazada, el Espíritu puede decirme si el bebé será varón o hembra, una manta rosada es mi señal para una niña y una azul para un niño. Si veo un flash de estas señales, normalmente significa que el Espíritu no va a decirme el sexo porque la persona tal vez no quiera saberlo. Si una mujer no sabe que está embarazada, siento que el vientre se me expande. Por último, si una familia está adoptando a un bebé, también puedo saberlo. Para mí, si vas a ser padre o madre, estás esperando un hijo. No importa cómo ese hijo llega a tu vida.

Muchas veces, un ser querido fallecido me hace saber que tuvo en sus brazos el alma de un bebé antes de irse al mundo físico. El Espíritu validará eso con algo específico sobre el bebé en su nacimiento, ya sea que naciera con un dedo torcido, o un pie, un hoyuelo o una marca de nacimiento o mancha en la nuca, el brazo, la cara, la pierna o debajo del pelo. Esa es la forma del Espíritu de decir: *Conozco tan bien a tu bebé que puedo identificar sus más íntimos detalles.* Es como el beso de la existencia.

Tampoco es un secreto que los niños por naturaleza tienen más intuición que la mayoría de los adultos, y pienso que eso les ayuda a estar mucho más cerca de sus almas durante su tiempo en el Cielo. Más adelante, hablaré de los encuentros de niños con el Espíritu, pero quiero mencionarlo aquí porque, de vez en cuando, niños que han cruzado al otro lado ven al Espíritu antes de morir. Es como si estuvieran intensamente conscientes de la corriente continua que fluye desde el Otro Lado a este mundo y regresa. Uno de los ejemplos más conmovedores de esto es el de un niño llamado Julien, al que le diagnosticaron leucemia mieloide aguda a los tres años y medio. Tenía poco más de ocho cuando murió.

El contacto de Julien con el Cielo es como un quién-es-quién del Espíritu. Un mes después de haber cumplido cuatro años y haber recibido su primer trasplante de médula, la familia de Julien y sus médicos pensaron que estaba fuera de peligro, a pesar de que estaba a punto de tener una recaída. Es en ese momento cuando Julien empezó a recibir mensajes de Dios a través de un Espíritu femenino que él más tarde identificó en un libro como la Santísima Madre. La madre de Julien conoce dos de esos mensajes. El primero tuvo lugar poco después del trasplante de Julien, cuando dijo: "Mamá, tengo algo que decirte, pero temo que te pondrá triste. Dios me visitó en un sueño y me dijo que tengo que regresar pronto. Me dijo que la leucemia ha vuelto y que mi tiempo aquí ha terminado". Fue una sorpresa para la madre de Julien, pues ella creía que aquel trasplante lo ayudaría a curarse. Poco después de aquel sueño, Julien volvió a recibir noticias de la Santísima Madre, pero esta vez ella estaba llorando. Le dijo que cuando él muriera, su madre estaría muy triste pero que finalmente estaría bien.

Dos días más tarde, el médico de Julien descubrió células anormales en una aspiración de médula ósea. Efectivamente, los sueños del chico fueron proféticos. La madre de Julien estaba desolada y rezaba por un milagro. Llevó al niño al santuario de San Padre Pío en Pensilvania. Cuando vio a Julien tomándole la mano y susurrándole a una estatua del Padre Pío en una tienda, se la compró y la puso en el traspatio (Julien y la estatua tenían la misma altura). Dos meses después de ese viaje, Julien soñó con un niño de dos años que vino a jugar con él y le contó una conversación que el Padre Pío había tenido con Dios sobre el futuro de Julien. Julien le preguntó si tenía que seguirlo hasta el Cielo y el niño le dijo que en ese momento Julien no estaba listo. La madre de Julien ahora cree que el niño era en realidad un ángel que sirvió de puente entre nuestro mundo y el Cielo para cuando a su hijo le llegara la hora.

Los encuentros de Julien y el Espíritu no se limitaron a almas altamente evolucionadas. Cada vez que se ponía muy grave, le preguntaba a su madre si ella podía *verlos* y miraba al techo; le susurraba mucho al Cielo. Cuando su madre tuvo el valor de preguntarle quiénes eran *ellos*, él le respondió que una era Jackie, la amiga de su madre que había muerto el once de septiembre. Cuando ella le preguntó dónde estaba Jackie, respondió como si fuera lo más obvio: "Mami, está ahí al lado tuyo". Jackie había muerto antes de que Julien naciera. Él nunca la había conocido.

Julien y su madre no volvieron a hablar de ángeles ni de Dios hasta semanas antes de morir. En ese momento le dijo a su madre que le daba miedo dejarla pero que ella "tenía su corazón" y que se iba a "un lugar precioso". Julien le decía todo el tiempo que él la había elegido para ser su madre y que Dios la había señalado y le había dicho que si él la escogía, ella lo cuidaría. Hablaba mucho de "un Dios para todos". La mamá de Julien cree que su hijo fue un regalo para ayudarla a ella y a otros a creer en Dios y en el más allá. No hace mucho, en medio de la noche, su sobrina se despertó con una luz brillante en su habitación y la imagen del rostro de Julien sonriente, a pocos centímetros del suyo. Estaba con Jackie, la amiga de su madre.

Cuando canalicé a Julien, me dijo que su mamá nunca lo

trató como a un enfermo y siempre se aseguró de que él fuera feliz. Lo dejó ir cuando llegó la hora y él dice que tuvo una muerte bonita. Podía sentir el corazón de su madre latiendo cuando el suyo cesó de latir.

Los mejores amigos: los animales

No sé ustedes pero yo estoy aquí llorando. Así que después de una historia tan triste, quiero terminar el capítulo en una nota más alegre. ¿Y qué nos hace sonreír más que nuestros queridos animales?

La gente ama a sus mascotas y yo he canalizado gatos, perros, caballos, pájaros y hasta un pez (ese último no tenía mucho que decir). Incluso he canalizado la difunta madre de un hombre y su ardilla doméstica. Claro, cuando la madre trajo el animal, no pensé que fuera una ardilla porque ¿a quién se le ocurre tener una ardilla doméstica? ¿No son sucias y rabiosas? Le pregunté al hijo si habían tenido un hurón y me dijo que no. Entonces, el alma de la madre me dijo: "Dile a mi hijo que Stevie está conmigo". Se lo dije y el tipo casi se cae de la silla. No sólo tenían una ardilla como mascota llamada Stevie cuando estaba creciendo sino que sus cenizas estaban en la repisa de su hermana, ¡junto a las de su madre! También tenía una foto de su madre sentada en el sofá, dándole de comer a la ardillita. La madre cocinaba para ella y todo.

Es fácil imaginar que lo que más suele presentarse son perros y gatos, pero eso es porque hay más personas que los tienen como mascotas que, digamos, una ardilla. Puede que yo haya oído a un perro caminando sobre un piso de madera, o puede que el Espíritu me muestre que un cliente guarda juguetes de su perro o me diga cómo murió su mascota. También me cuenta si el cliente actuó correctamente al ponerle fin a su vida para evitar que el perro sufriera. Mi señal para eso es la perra de Gram, Lucky Girl, que se puso muy enferma cuando se comió las bayas de la planta de la flor de pascua. Aunque el veterinario dijo que se había envenenado, Gram se la llevó a casa porque no parecía que estaba sufriendo. Se recuperó y vivió muchos años más. Pero no siempre es el Espíritu el que hace que los animales se presenten; a veces vienen dando saltos por su cuenta. Incluso ha habido ocasiones en que le he preguntado a clientes si han perdido un hijo, porque percibía el vínculo típico entre madre e hijo, aunque algo más débil que un vínculo humano, y ha sido que han perdido a un perro que querían como a un hijo. Esto también pasa mucho con los gatos, ¡los amantes de gatos son muy pegados a ellos!

Igual que los niños, los animales tienen una relación especial con el Espíritu. Sus cerebros no están llenos como los nuestros por lo que ven y sienten al Espíritu con más facilidad que nosotros. La próxima vez que tu gato parezca que está maullándole a la nada, o tu perro mueva la cabeza como si estuviera viendo una pelota rebotando en el aire, saluda al Espíritu. Mis perros se llaman Louis Vuitton y Peter James, y Petey es igual que una persona. Habla con el Espíritu todo el tiempo; yo lo llamo el perro cazador del Espíritu. Ladra, farfulla, hace ruiditos extraños, a menudo cuando está tumbado en las escaleras con la cabeza colgando. Pienso que es porque la energía anda por mis escaleras. Me siento apoyando la espalda en ellas durante las sesiones porque siento al Espíritu allí. ¿Es así en todas las casas? No lo sé. Pero he oído hablar de perros que ladran mucho en los rellanos de las escaleras, y hace poco tuve una sesión en la que un niño también había visto al Espíritu en las escaleras. Cuando tengo una sesión, dejo a los perros en otra habitación porque Peter es un charlatán y Louis, un Yorkie, es muy nervioso y le ladra sin parar a la nada. No puede estarse quieto y supongo que siente al Espíritu. No es que yo vea al Espíritu y luego a mis perros ladrarle, porque hay tanta energía alrededor de mí que no me doy cuenta de ese tipo de correlación. Louis también anda de aquí para allá con su hueso, como si alguien se lo fuera a quitar. El Espíritu *es* famoso por hacer desaparecer las cosas. Pobre Louis. ¡Menudo juego de escondidos se ha buscado!

4

¿ASÍ QUE QUIERES CONECTARTE CON LAS ALMAS EN EL CIELO?

Creo que todo el mundo tiene la habilidad de comunicarse con el Espíritu y desarrollar su intuición. También pienso que es mucho más fácil para algunos que para otros. ¿Te acuerdas de aquel anuncio de Barbizon que decía: "Sé una modelo... o parécete a una?". ¡Me encantaba! Esa frase aparece en mi mente cada vez que oigo a un médium o leo el título de un libro que insinúa que cualquiera puede hablar con los muertos con la misma precisión y regularidad que aquellos que tenemos habilidades naturales más desarrolladas. La idea está tan generalizada que hay un montón de páginas y tutoriales sobre el tema en el Internet. También creo que cuando establecemos una conexión con el Otro Lado para saber del Espíritu o de un ser querido, siempre hay mejores formas de hacerlo que otras, y quiero asegurarme de que al leer esto tienes unas expectativas sanas y realistas de tus propias habilidades. No quiero que pienses que al terminar el capítulo vas a ser capaz de cerrar los ojos, contar hasta tres y cuando los abras..., ¡listo!, vas a ver a tu tía Lisa de pie frente a ti. No todo el mundo puede hacerlo cuando quiere. *Podría* suceder, pero si no, no quiero que dudes de tu vínculo o creas que tus seres queridos se han marchado y no están cerca, porque es exactamente lo contrario. Están contigo todo el tiempo.

Así que si quieres conectarte con el Espíritu y tus seres queridos en el Otro Lado, creo que la mejor forma de hacerlo es usar unas sencillas herramientas para ayudarte a estar más consciente de que el Espíritu está con nosotros todos los días. Meditando, escuchando tu voz interior, reconociendo señales, identificando apariciones en sueños son siempre maneras de recibir mensajes del Espíritu. Si está ocurriendo algo raro o diferente a tu alrededor, o se produce una coincidencia —y esas cosas te hacen pensar en un ser querido o te lo recuerdan— por favor acéptalo como una señal de que esa alma está contigo en ese momento. Además, creo que mientras más consciente estés de estos saludos que te llegan desde el Cielo, recibirás más y más. Tienes un lazo con tus seres queridos que nunca podrá romperse y quiero que sepas que ellos tienen tanto interés en buscarte como tú a ellos. Y no, de ninguna manera los estás molestando. Ellos *quieren* que sepas que están contigo, que te están ayudando y que están viviendo una hermosa existencia más allá de ésta.

Una vez que tu mente se abra y empieces a recibir validación de que estás interactuando con el Espíritu —una señal por aquí, un sueño por allá— por favor no te enojes ni te desanimes por no poder hacerlo todo el tiempo o cada vez que quieras, o porque los mensajes no sean tan específicos como quisieras. El espíritu tiene su propia agenda, sus propios motivos, reglas y su propio tiempo para todo lo que nos sucede o lo que ocurre a nuestro alrededor. ¿Recuerdas cuando dije que durante mis sesiones, el Espíritu entrega los mensajes que la gente *necesita* escuchar, no los que *quiere* escuchar? La presencia del Espíritu en tu vida funciona igual. No me odies por decirlo pero muchas veces tener fe y confiar en que hay un plan superior, o simplemente no saber, forma parte de una lección que debemos aprender. También pienso que una razón por la que todos podemos conectar con el Espíritu hasta cierto punto es porque se supone que lo hagamos y debemos hacerlo a fin de sanar, reforzar, interceder o validar nuestras creencias espirituales. Y aunque la expansión de esta parte intuitiva nuestra tiene la intención de beneficiar nuestras propias almas en todas las maneras posibles, tampoco podemos olvidar que tiene igual intención de ayudar a los demás.

Esto me lleva a lo que creo que de verdad es una de las razones más maravillosas y convincentes por las que desarrollar tu intuición, además de estar consciente de la presencia de tus seres queridos. No todo el mundo ha venido a la tierra para hablar con los muertos pero siento que todos estamos aquí para aprender a servir a los demás. Así que muy pronto serás capaz de conectar de una forma especial con tu abuela además de descubrir que a medida que tu intuición crece, te lleva por otros caminos. Según vayas cobrando más conciencia del Espíritu, es posible que también quieras explorar tu intuición y conexión espiritual más a fondo. Si es así, puedes leer más sobre el tema o buscar a un profesor o mentor que te ayude a desarrollar tus propios dones. Puede que al final utilices tu intuición no para convertirte en médium sino en un consejero que ayuda a la gente con tu experiencia, un facilitador que coloca a las personas en el lugar adecuado, o alguien que escucha y que siempre está presente cuando alguien necesita orientación. Todos estos papeles dependen de la intuición desarrollada por la dirección espiritual. Esto me recuerda a una amiga que tiene un gran don. Gana un sueldo de seis dígitos en un trabajo de marketing y publicidad en Manhattan y a lo largo de su carrera ha forjado relaciones a un nivel mucho más personal con sus clientes. Cuando le piden consejo, suele venir del Espíritu. Ellos no *saben* que ella recurre al Espíritu para que la ayude, sino que su sabiduría supera su edad y siempre parece saber lo que debe decir. Es así como esta mujer usa su don. Y todos se benefician.

Elimina el miedo

Como persona plagada de fobias, no soy ajena al miedo. Pero una gran parte de conectar con el Otro Lado es tener fe en que lo que oyes y canalizas es verdad y está protegido por Dios. Porque ahí está el asunto, no puedes dejar que la fe y *también* el miedo sean factores dominantes en tu vida. Ambos se contradicen, son fuerzas opuestas. Así que para conectar con el Espíritu, tienes que perder el miedo y acoger la fe. Sé que para mí, el día que dejé ir todo el miedo de ser médium, cuando acepté que lo que estaba haciendo era real y no estaba loca, fue cuando mi vida se hizo mucho más fácil. Remplazar el miedo con la fe es una buena regla para vivir cualquier aspecto de tu vida. En nuevos trabajos, en las relaciones, incluso para pedir un préstamo a tus padres, todo es mejor cuando lo enfrentas lleno de confianza que cuando lo haces plagado de dudas y preocupación.

Otra razón por la que no debes tener miedo cuando tratas de conectar con el Espíritu es que no es práctico. Odio perder el tiempo, ¿tú no? Bueno pues, cuando estamos asustados, la actividad espiritual positiva no se da tan a menudo. Pero si le haces saber al Espíritu que no tienes miedo de verlo o escucharlo, las puertas se abren de par en par. Sé que puede ser de lo más raro oír una voz o ver una silueta de pie junto a la puerta de tu habitación. Aunque yo hablo con el Espíritu todo el tiempo, me sigue sorprendiendo de vez en cuando. Lo que puede ayudarte es primero imaginar lo que sentirías si eso sucediera para que, cuando ocurra, no tengas tanto miedo. Tal vez puedas acostarte e imaginar que tu abuelo está a los pies de la cama, o sentarte en el comedor e imaginar que te habla desde el otro extremo de la mesa. Esto te ayudará a normalizar la experiencia y a recibir a tu ser querido si en algún momento se da un encuentro como ése. ¿Lográrá este tipo de visualización que el espíritu te visite más pronto? Quizá, ¡pero lo más importante es que no se te manchen los pantalones si el Espíritu se presenta sin avisar!

El motivo final por el que no debieras acoger el miedo es el más importante de todos. ¿Estás prestando atención? Muy bien. Yo *no* me relaciono con un Espíritu negativo, pero me enseñaron que cualquiera puede abrir una puerta no muy agradable hacia el Otro Lado, y el miedo atrae y alimenta la negatividad. No quiero tener nada que ver con la negatividad y tú tampoco deberías. Ejemplos de cómo el miedo engendra negatividad no se limitan al Espíritu; es también una lección de la vida. Conozco a una mujer disléxica a la que sus profesores y médicos tardaron años en diagnosticarle esa dificultad de aprendizaje. Cada vez que tenía un examen en la escuela, tenía miedo de suspender y sentirse estúpida. Se castigaba a sí misma a causa del miedo y cuando llegaba el momento del examen, no sólo estaba asustada por suspender, sino que también odiaba el estúpido examen, su escuela idiota y su horrible profesor. ¿Ves cómo su preocupación alimentó su negatividad y las cosas fueron cuesta abajo? De igual manera, cuando aumentas tu conciencia del Espíritu, tienes que mantenerte positivo para distanciarte de cualquier posibilidad de interacción con la negatividad.

Lo he dicho una vez y lo diré un millón de veces más: *nada de tableros de Ouija*. Con esos artilugios puedes atraer a cualquier espíritu y energía que esté disponible, y es muy probable que te conectes con una energía engañosa que no te beneficie en lo absoluto. No vas a querer tener esas almas en tu vida.

La burbuja espiritual: busca protección y estabilidad

La meditación es la mejor forma de abrirse al espíritu o a un ser querido que ha cruzado al Otro Lado. Calma la mente y te ayuda a escuchar a los guías y a comunicarte con el Espíritu, pero antes *tienes* que tener los pies firmes en la tierra y protegerte bajo la blanca luz de Dios. A algunos les gusta imaginarse a sí mismos en una burbuja en forma de huevo o de círculo, y es genial, pero yo visualizo el contorno de mi cuerpo con luz blanca, a falta de una metáfora mejor, como el dibujo a tiza en la escena de un crimen. También visualizo toda la negatividad gris abandonando mi cuerpo físico, emocional y espiritual siendo sustituida por una luz blanca y pura.

Si durante la meditación pides tener noticias de un ser querido, debes hacer lo mismo y decir que sólo te comunicarás con almas que caminen en la luz de Dios. No quiero saber que estás conectando con lo que se llama energías de bajo nivel, almas de fácil acceso que han llegado al menor grado de conciencia y crecimiento. Son también las almas de personas que fueron psicóticas, sin remordimientos por sus actos criminales y que hicieron cosas sospechosas en el mundo físico. Las energías de bajo nivel son las que los psíquicos corruptos de la calle y los cartománticos fraudulentos canalizan. Esos psíquicos tienen intuición, pero si son estafadores y ladrones, es porque seguramente fueron entrenados desde jóvenes para obtener información de la forma más fácil posible, o sea, de las energías de bajo nivel. No les importa de dónde viene su material, como lo hago yo y otros médiums equilibrados. Sólo quieren lo suficiente para atraerte, venga de donde venga y de quien venga su material.

Para ser sincera, me rodeo de la luz de Dios aunque no esté a punto de meditar. Es lo primero que hago todas las mañanas cuando rezo para mantener la negatividad lejos de mí todo el día. También lo hago si estoy nerviosa, como cuando tengo una reunión de trabajo o estoy a punto de hablar ante un grupo de personas en un acto benéfico. También me gusta hacerlo si voy a viajar en avión. Visualizo el avión, el piloto y la tripulación en una burbuja de luz brillante que nos protege de cualquier daño.

Después de pedirle a Dios que me rodee con su luz blanca y protección, fijo mis pies en la tierra. Hago esto antes de una sesión o de meditar, que es como me abro al Espíritu. Me enseñaron a aferrarme al suelo imaginando dos cuerdas en las plantas de mis pies y otra del coxis que se clavan en la tierra como raíces de un árbol. Si no te aferras a la tierra y te proteges antes de meditar, cualquier nivel de energía puede llegarte y puede vaciarte o plantar la energía de otra alma. Entonces pido que toda la información que reciba sea por el bien de todos los implicados, le pido orientación a Dios y pido una validación única para cada sesión. Entonces visualizo la luz de Dios a medida que empiezo a ver a mis guías y las siluetas de varias almas en fila esperando hablar, como esa escena al final de la película *Ghost* en la que Patrick Swayze se eleva al Cielo.

Concentración, mucha concentración: cómo meditar

La meditación es la única forma en que puedo calmar la mente en cualquier momento del día. Cuando estoy en silencio y concentrada también puedo escuchar lo que el Espíritu tiene que decir. Tú también puedes estar en silencio cuando rezas, pero rezar es hablar con Dios, mientras que la meditación te permite escuchar a Dios y a otras almas. Hablaré más sobre la oración en el capítulo seis, cuando hablemos de Dios específicamente.

No hay un sitio bueno o malo para meditar. Puedo conectar con el Espíritu en cualquier momento y lugar (bueno, tal vez no cuando me pongo juguetona con Larry). Pero una habitación tranquila de tu casa, en la playa, en la bañera, en el parque..., cualquier lugar en el que te sientas seguro y en paz es tan bueno como cualquier otro. Puedes encontrar guías para meditar en el Internet o en iTunes que te ayudarán a sentirte firme, balanceado y receptivo al Espíritu. También puedes sentarte en una habitación tranquila a solas durante veinte minutos para despejar la mente. Al meditar no sólo te abrirás al Espíritu. También aprenderás *cómo* conectar, ya sea a través de sentimientos, del olfato, la vista o como sea, porque el Espíritu llegará a ti de una forma más vívida usando los sentidos que escojas. Tal vez veas una imagen en movimiento o una figura de pie en el ojo de tu mente. O tal vez oigas o sientas una voz que te dice una sola palabra sanadora o una frase completa que te calmará. Puede que incluso experimentes la combinación de varios sentidos, lo que también es bastante común.

Si la meditación te suena como algo demasiado complicado, es bueno que sepas que el Espíritu también puede venir a ti cuando estés en tu mundo, o soñando despierto, que es un estado similar a la relajación de cuando estás meditando. Cuando más información recibo del Espíritu es cuando estoy en la ducha y cuando me seco el pelo con el secador, y no creo que sea porque al Espíritu le guste el olor de mi champú o del gel que me pongo en el pelo (aunque huela a té chai). Aunque estoy empezando a creer que es verdad eso que dicen de que "Mientras más alto tengas el pelo, más cerca estás de Dios". Otras personas a las que conozco son más receptivas al Espíritu cuando están haciendo algo aburrido como pasar la aspiradora o fregar los platos. Son momentos en los que la mente no está abrumada por una lista de cosas por hacer y está abierta de forma natural para escuchar al Espíritu. Y sí, ¡puede hablarte por encima del ruido de la aspiradora!

Más allá de conectar con mis seres queridos, la meditación y la oración me ayudan mucho en mi vida diaria. No necesito estar a punto de canalizar para beneficiarme. Rezar y meditar me ayudan a sentirme equilibrada, con los pies en el suelo y a salvo todo el tiempo. Dios, ángeles, guías, difuntos seres queridos e incluso almas que no hemos llegado a conocer en el Cielo nos guían y protegen siempre. Dado a lo que me dedico, sería una auténtica idiota si no conectara con ellos de vez en cuando y les dijera en mis oraciones lo agradecida que estoy por todo su trabajo.

Hay algunos otros trucos que a mí me funcionan y puede que a ti también: mientras medito, me gusta visualizar la alineación de mis chacras (puedes encontrar gráficos explicativos en el Internet que te muestren dónde están en tu cuerpo) y los imagino llenándose con una luz pura y blanca. También trato de mantener el cuerpo limpio, libre de alcohol o drogas, bien alimentado; de lo contrario, mi energía se confunde e interfiere con mi habilidad para conectar con el Espíritu. Además de la meditación, considero que los círculos de tambores me ayudan a conectar con varias almas también.

Lee las señales

Una forma segura en la que al Espíritu le gusta comunicarse es mandando señales para mostrarnos que está cerca. Esto no requiere ninguna preparación por nuestra parte, simplemente sucede. El Espíritu ya lo hace pero andamos tan ocupados con nuestras vidas que puede que no nos demos cuenta. Estas señales pueden aparecer cuando más las necesitas o por sorpresa. La clave está en saber qué esperar.

¿Te has fijado cómo los médicos nos dicen que los llamemos si tenemos síntomas fuera de lo ordinario en nuestro cuerpo, algo que no nos parezca normal? Una fiebre un poco alta, por ejemplo, puede ser normal para una persona mientras para otra puede ser que tiene gripe. Lo mismo ocurre con el Espíritu. Si ves una señal que no estás acostumbrado a ver —una situación que no te parece normal— es probablemente una señal de tus seres queridos que están contigo en ese momento. Algunas de las señales más típicas de las que oigo hablar son ver plumas casuales, monedas sueltas, animales, insectos y objetos religiosos. Los números también son una forma en la que el Espíritu conecta con nosotros. Por ejemplo, ver la secuencia 1-1-1 significa que está ocurriendo una intervención divina o está a punto de suceder. Cuando veo los números 6-0-9, la fecha en que murió Gram, sé que está conmigo en ese momento. Gram también suele dejar monedas de diez centavos por todas partes. Me las encuentro por casualidad en el fondo de mi neceser o puede que una salga volando de mi monedero (no es broma). Victoria incluso encontró una en una competencia de gimnasia. Llevaba puesto el maillot y, cuando se sentó en la estera, sintió algo frío pegado a su pierna desnuda. Era una moneda de diez centavos y pienso que Gram le estaba deseando buena suerte.

Como médium, también he aprendido que si no tienes unas expectativas muy estrictas sobre cómo un ser querido "debe" conectar contigo, a esa alma le será más fácil hacerlo. No estoy diciendo que tengamos que aceptar cualquier suceso al azar como una señal, eso sería tonto e ingenuo. Pero a veces nos cerramos a una posible conexión por ser demasiado quisquillosos en los límites que nos ponemos. Por ejemplo, en una sesión con un pequeño grupo en Long Island, una mujer me dijo que olía a gardenias muy a menudo pero que no podía ser su madre porque *su* flor preferida era el lirio del valle. ¿En serio? Otra mujer que conozco dice que en momentos muy raros huele a champú, pero que no puede ser el alma de *su* madre porque se la conocía por la laca Rave. Cuando escucho estas cosas me vuelvo loca. Porque hay que tener clara una cosa, el Espíritu no siempre manda señales que encajen exactamente con nuestras expectativas o recuerdos, pero usualmente se aproximan. No sé por qué estas almas no aciertan, pero lo que importa en estos ejemplos es que las madres de esas mujeres estaban tratando de llegarles de formas que son poco comunes precisamente para que las notaran. Pero como sus hijas eran tan literales, se perdieron esas reuniones maravillosas. Entiendo que las relaciones entre madres e hijas están llenas de malentendidos en el mundo físico, pero, por favor, estas madres ahora viven en otra dimensión. ¡Sean un poco más tolerantes con ellas!

Igual que los médiums conectan con el Espíritu de distintas maneras, nosotros también lo hacemos. Cuando experimentamos al Espíritu de forma distinta es porque es lo que *somos* capaces de ver o sentir, no porque ésa sea la forma en que el *Espíritu* elige comunicarse con nosotros. Es la razón por la que un marido puede ver al Espíritu a los pies de la cama pero su mujer, a su lado, no puede. Una cliente me dijo una vez: "Mi hermana sueña con mi hermano, así que eso querrá decir que no está conmigo o que no me visita". Pero los sueños simplemente eran la forma en que esa hermana se conectaba con el Espíritu. Puede que el hermano estuviera tratando de llegarle a ella con mariposas o con el repentino olor de su colonia y ella se lo perdió porque tenía fijación de que eran los sueños la única forma y no estaba abierta a una manera en que él pudiera llegarle. Mucha gente también me pregunta si debieran establecer un sistema cuando tus seres queridos están vivos —¡*Vuelve como una rana! ¡Mueve los marcos de las fotos en la casa!*— y pienso que es una idea muy bonita. Pero si el alma no puede hacer eso o tú no interpretas las señales de esa manera, será tu mala suerte la que impida que ocurra.

El tema es que el Espíritu siempre se presenta por su cuenta. Sólo tienes que confiar en tus instintos para saber lo que es inusual o significa algo y lo que no lo es. En una sesión en Atlanta, canalicé a un joven que había muerto en un accidente automovilístico cuya madre estaba presente en la sesión. Ella se sentía enfadada, destrozada y llena de ira. El alma del chico me hizo preguntarle a su madre si alguna vez encontraba plumas blancas en sitios raros, y cuando ella respondió que sí, un trocito de papel de confeti blanco descendió flotando del techo. Nadie supo de dónde venía, ¡ni siquiera estaba sentada bajo un palco! Captamos todo aquello con la cámara también. Pero imagínate si la madre hubiera estado pensando sólo en plumas al punto de descartar este objeto parecido a una pluma. Habría ignorado un momento espectacular que le hizo saber que su hijo la estaba escuchando y estaba siempre a su lado, sobre todo cuando estaba sufriendo de una forma tan sensible y angustiante.

Personalmente me gusta cuando el Espíritu manda señales que nos hacen reír. Conozco a una mujer que perdió a su marido por cáncer a una edad temprana. Un año después, pasó un fin de semana en Miami con sus amigas que le hacía muchísima falta. Estaban tumbadas en la playa cuando empezó a hablar de la suegra. Les contaba que le resultaba muy difícil la relación con ella sin la presencia de su marido, puesto que cada mujer se enfrentaba a la pérdida de su hijo o marido de una forma distinta. Bueno, pues en medio de todo esto, una gaviota se cagó en el brazo de la mujer. Tengo el presentimiento de que era el alma de su marido diciéndole: *¡Deja de chismear de mi madre de una vez!*

Ah, hay algo más que debes saber: cuando el Espíritu te da una señal, no significa que el alma sea esa señal. O sea, la gaviota no era el alma de su marido (ni la caca). El Espíritu usa estos objetos para llamar tu atención y hacerte saber que está cerca. Cuando el padre de Pat falleció, hacía treinta años que ella no veía un pájaro cardenal en su casa. Su padre murió a mediados de febrero y al cabo de algunas semanas el primer cardenal se presentó mientras ayudaba a su madre a subir al automóvil para ir a la iglesia. Aún no había hojas en los árboles pero empezó a trinar muy alto justamente en la rama sobre ella. Después de aquello, veía un cardenal en su casa o dondequiera que estuviera, todos los días. Aparecía en la repisa de la ventana, en el patio, en el jardín trasero en Pascua. Su madre falleció el mes de junio siguiente y, curiosamente, un cardenal hembra empezó a acompañar inmediatamente al macho. Los dos se posaban juntos en un árbol del jardín. ¿No te parece increíble? Pero los padres de Pat no son los pájaros que ella vio. Las almas estaban usando los pájaros para brindarle paz.

Además de pájaros, los insectos también son señales muy comunes, sobre todo las hermosas mariposas, libélulas o mariquitas que te hacen pensar: *¡Ay, yo también te echo de menos, prima Sarah!* Y también está mi Nanny que se presenta ante mi familia como una mosca grande, gorda y fea con pelitos en todas partes, como esas enormes que se ven tal vez dos veces al año. Pues yo la veo todo el tiempo, no importa dónde esté o qué estación sea. La razón por la que interpreto que Nanny vuelve como una mosca gorda es que era italiana y, cuando murió, pesaba 77 libras; pero aparece como este insecto y es regordeta y deja que todo cuelgue. ¡También significa que puede volar alrededor de nosotros todo lo que quiera! Nanny murió en enero y aunque la mayoría de las moscas viven durante los meses más cálidos, los vuelos de Nanny duran todo el año. El día que murió, recuerdo haber visto la mosca en una lámpara de casa y me pareció raro. Entonces inmediatamente después, vi una mosca enorme en la funeraria, luego vi una en el lavabo y así continuó. Una vez fui a una reunión estresante en el vigésimo piso de un rascacielos de Nueva York y oí el zumbido de una mosca enorme en mi cara. Las ventanas no se abrían. ¿Cómo había llegado la mosca allá arriba? ¿Había subido en el ascensor? Vi a Nanny incluso en la primera reunión que tuve sobre este libro. ¡Estaba en el espejo detrás de Kristina, mi coautora, cuando almorzábamos!

Después de que establecí que Nanny era una mosca enorme, aparece a cada rato para darme apoyo, sobre todo en momentos especialmente importantes. La historia más graciosa sobre esto ocurrió cuando di a luz a mi hija Victoria. Era la una de la madrugada, no me sentía bien y una enfermera asomó la cabeza en mi habitación para preguntarme si podía traerme algo de comer. Le dije que sí, que me trajera cualquier cosa. Pensé que me iba a traer una gelatina como mucho, pero regresó con una bandeja grande con un plato con tapa. Cuando la enfermera levantó la tapa, no era una langosta, sino una mosca gorda y enorme posada sobre una ensalada. Algo realmente repugnante, pero me hizo llorar. Nanny quería que yo supiera que había estado conmigo durante el nacimiento de su nieta y cuando me sentía mal. No creo que hubiera querido que comiera una ensalada por lo que su energía animó a una mosca a posarse sobre ella. Le pedí a la enfermera que me trajera un plato de pasta.

Cuando mis difuntos seres queridos como Nanny o Gram quieren que comunique un mensaje a un miembro de la familia, no lo hago inmediatamente como lo haría con mis clientes o con las personas que veo cuando voy a distintos lugares. Lo que hago es pedirle al Espíritu que me muestre señales. Ocurrió durante el episodio que grabamos cuando compramos un cuadro para la habitación de Victoria con la letra de la canción *You are my sunshine* pintada en el lienzo. Gram solía cantar esta canción continuamente. Ver esa señal significaba mucho para Victoria y para mí porque sentí que era la manera en que Gram nos decía que cuidaba a Victoria. Lo que el episodio no mostró fue una mosca grande y gorda que voló hacia la boca del camarógrafo cuando estaba grabando. ¡Nanny también estaba allí!

Después de abrirte a las señales, no vaciles en pedir una si la necesitas para que te apoye y te anime. Tus seres queridos no siempre te responden *inmediatamente* —suelen esperar al momento adecuado— pero cuando lo hacen, su respuesta te dejará de una pieza. Conozco a una mujer llamada Anna cuya madre acababa de morir y cuando trabajaba en su computadora sintió una ola de tristeza echándola de menos. Dijo en voz alta: "Mamá, cuánto desearía volver a sentir que me dieras un beso en la mejilla". En ese momento preciso, Anna sintió unos escalofríos que la obligaron a ponerse un suéter que su madre había dejado en la casa. Metió las manos en los bolsillos para calentárselas y encontró un pañuelo de papel cuidadosamente doblado con la marca perfecta de los labios de su madre. La madre de Anna siempre usaba lápiz labial rojo de Revlon y eliminaba el exceso antes de salir de la casa. Anna colocó la marca roja de los labios de la madre en su mejilla y se sintió mucho mejor. La madre le envió el mensaje que necesitaba.

¿Entonces qué haces cuando recibes una señal de un ser querido? Saluda, dile a esa alma que echas de menos a su presencia física, cuéntale cómo te sientes, infórmale de las posibles novedades que haya en tu vida y/o simplemente dile "Te quiero mucho". No necesitas tener una conversación larga. Simplemente reconocer la presencia del Espíritu es suficiente. Pero no te obsesiones buscando señales que te consuman el día. Igual que aquel viejo cliché sobre el amor, el Espíritu puede llegarte cuando menos lo esperes. Simplemente pide una señal o una visita y luego despide su presencia con fe.

¿Quién me cambió las llaves de lugar?

Otra de las maneras en que al Espíritu y a tus seres queridos les gusta hacer contacto es manipulando cosas en la casa. Inclinar marcos de fotos, mover objetos, abrir el grifo del lavabo, encender y apagar aparatos eléctricos, hacer que se pierdan objetos o que tus mascotas se comporten de forma extraña. También puedes oír que tocan a la puerta, que alguien da pasos, o que platos suenan en la cocina. El Espíritu requiere mucha energía para hacer estas cosas, de modo que está trabajando duro para llamarte la atención si experimentas cualquiera de estas cosas. Y si el Espíritu está muy cerca de ti, es posible que sientas escalofríos, presión en los oídos o un hormigueo en la cabeza. El Espíritu puede incluso tocarte o dirigir tu atención hacia alguien que es idéntico a un ser querido, y un minuto después desaparece. Por eso puedes sentir que has visto a un familiar difunto en el supermercado, pero cuando vuelves a mirar, o es diferente o ya no está. Algo que me ocurre a mí todo el tiempo. En un momento en que una mascota te mira de cierta manera o se comporta de una forma particular, se parece a alguien que era parte de tu vida y falleció.

Manipular aparatos eléctricos es una de las formas más fáciles para el Espíritu de anunciar que está con nosotros porque también está hecho de energía. Sé de una mujer cuyo marido compró algunos años antes de morir de melanoma una lámpara metálica de estilo industrial en una tienda de Soho. Era muy de su estilo y a él le encantaba. La tía de la esposa de este hombre estaba con él cuando la compró y en la primera Navidad sin él, hizo el cuento del día que la compró. A mitad del relato la lámpara se apagó y unos segundos después volvió a encenderse. Esta alma no sólo manipuló la electricidad, sino que escogió una forma significativa de hacerlo.

De todos los aparatos eléctricos que el Espíritu podía manipular para llamar mi atención —lámparas, televisores, estufas, luces, secadores, planchas— a menudo prefiere jugar con las cámaras que me rodean. Cuando estaba de gira por Filadelfia, tuve una sesión en un antiguo teatro. Estábamos pasándola bien y Pat sacó su teléfono móvil para tomar algunas fotos, pero ¡la cámara empezó a tomarlas por su cuenta! Cuando miré las fotos, vi una niña pequeña asomándose tras las piernas de Larry y mi equipo estaba cubierto de enormes esferas azules. Esto último no me sorprendió porque el Espíritu suele aparecer en fotos como una neblina azul, una esfera o una mancha, y como una nube de humo blanco o una marca. A veces si amplías una de esas esferas, puedes ver la imagen de una cara. También he visto pequeños rayos naranjas sobre mi cabeza.

En fotos, las almas pueden aparecer como personas, lo cual puede ser confuso. Hace unos tres años mi familia dio una fiesta en un restaurante y alguien nos hizo una foto a mis primas y a mí. En la foto salimos borrosas, pero entre mi prima Lisa y yo se puede ver claramente a su tío, que murió en un accidente de motocicleta hace treinta y cinco años, vestido con un traje casual. En la foto también aparece el perfil de Santa Teresa y mi difunto tío abuelo con grandes gafas de sol. ¿Qué hace Santa Teresa andando con este variado grupo de personajes? Mi cuñada Corrinda tiene hasta una foto en la que la silueta de la Santísima Madre está frente a ella. (La pobre no tenía idea de con quién se estaba emparentando.) Por supuesto, todos me culpan a mí porque las fotos familiares salen tan raras. Pero esto no sólo me pasa a mí. El padre de Pat se apareció en dos fotos del Día del trabajo: una en una llama sobre la cabeza de su hermano en la que los rasgos faciales de su padre se distinguen claramente; y otra en que aparece como algo más parecido a un holograma. Si miras viejas fotos de tus celebraciones o reuniones familiares, es posible que veas una esfera o una imagen que también te sorprenda.

Al Espíritu también le gusta entretenerse con juguetes, sobre todo si tienen algún significado especial o son fáciles de manipular. Cuando yo estaba en Long Beach, California, tuve una sesión con unos abuelos que habían perdido a su nieta y el alma de ella me mostró mi señal de alguien que mueve juguetes por la casa. Cuando les pregunté si aquello sucedía, la familia no lo identificó. Entonces el alma me dio un mensaje más claro. Me dijo: "Háblales de mi *triciclo*", y resultó que los abuelos guardaban aún el triciclo de la niña y a menudo oían sonar el timbre que llevaba. No te imaginas las veces que me cuentan de juguetes que se encienden sin baterías, muñecas que se caen de los estantes o que los ojos azules de un Transformer brillan en medio de la noche. En la oscuridad, ese último suena bastante tétrico, pero trata de pensar que son tus seres queridos dándote las buenas noches.

Tuve un sueño

El Espíritu llama al tiempo en que dormimos nuestras "horas de aprendizaje", porque nuestra mente está relajada y es mucho más fácil el acceso para pasarnos orientación o información que podamos necesitar. Así que para mí es lógico que una de las for-

Fines summary for Mikucki, Veronica C
Thu Nov 15 14:48:39 EST 2018

STATUS: Overdue
TITLE: Promised land [videorecording Blu
LOCATION: lwadv
AMOUNT: $10.00

STATUS: Replacement
TITLE: Diary of a wimpy kid : The getawa
LOCATION: lwjgn
AMOUNT: $13.95

Total outstanding fines: $23.95

mas más comunes de comunicación del Espíritu sea cuando estamos dormidos, tanto en un sueño como en una visita que se sienta como un sueño. No sueño con el Espíritu (no mucho, en serio), pero muchos de mis clientes sí lo hacen y parece haber cierta confusión sobre la diferencia entre un sueño y una visita. Déjame tratar de explicar la diferencia porque puede haber cierta duplicidad.

Las visitas del Espíritu son breves, los mensajes sucintos, y el momento termina. Puede incluir un rápido intercambio, algunas frases o sólo una palabra. A veces un ser querido puede aparecer de pie sin hablar o el significado puede entenderse sin palabras porque las almas se comunican a través del pensamiento. Recordarás su mensaje (no como los sueños que al día siguiente son borrosos) y será más claro que el agua. He tenido clientes y amigos cuyos amigos o familiares aparecieron apenas el tiempo suficiente para un abrazo antes de desaparecer. Durante una visita, la presencia de la persona es tan vívida que parece real.

Una amiga me contó que iba a adoptar a un bebé en Etiopía y le preocupaba no haber pedido suficientes pruebas médicas antes de traerlo a casa. Aquella noche, cuando estaba durmiendo, vio las caras de sus difuntos tío y tía juntos, sonriendo y mirándola directamente. "No te preocupes", dijeron. "Tu hija estará bien de salud". Sus bocas no se movían, hablaban telepáticamente como lo hacen las almas. Duró varios segundos y ella se despertó. Le aseguré que aquello había sido una verdadera visita.

Las visitas no siempre son para reconfortar, también pueden traer una advertencia. Tuve una cliente cuyo difunto padre se le apareció durante una siesta. Ella lo oyó hablarle al oído pero en su mente lo interpretó como si hubieran hablado por teléfono. La mujer tenía una hija adolescente en aquel momento que se comportaba de forma muy reservada. Su padre le dijo que le preguntara lo que estaba pasando y si no se lo decía, que le dijera que su Popsi se lo pedía. Eso fue todo. La mujer se despertó, fue a la habitación de su hija y le dijo: "¿Hay algo que necesitas hablar conmigo? Popsi acaba de...". Sin mediar más palabra, la chica se puso a llorar. Dijo que esa semana había realizado el acto sexual por primera vez y que el condón se había roto. Le preocupaba que podría estar embarazada. La mujer la llevó a su primera cita con un ginecólogo y resultó estar perfectamente saludable y no embarazada. Pero era una conversación que necesitaban tener y ocurrió gracias a Popsi.

Los sueños, por otra parte, pueden ser largos, dispersos, creativos y elaborados; suelen ser un desorden de pensamientos, imágenes, ideas y sentimientos que deben ser analizados y comprendidos. Pueden reflejar tus emociones, deseos o cosas que han ocurrido durante el día. Pero el Espíritu me ha dicho que también podemos tener visitas *dentro* de un sueño. Algunos médiums no están de acuerdo con eso pero yo no soy tan estricta en este aspecto. El Espíritu siempre me está sorprendiendo. Por ejemplo, tuve una cliente que recibió visitas de su abuela después de nuestra primera sesión y ha recibido algunos mensajes suyos desde entonces. Una noche soñó que su abuela no había muerto pero que ella no lo sabía y se dio cuenta de que había perdido la oportunidad de disfrutar un tiempo significativo con ella. En el sueño la mujer se encontró a su abuela sentada en su apartamento, esperándola. Su conducta era cálida y amable pero muy quieta, lo cual es común en las visitas. No dijo ni una palabra, se quedó allí sentada el tiempo suficiente para abrazarla. Entonces la mujer se despertó. Ella y su abuela eran muy unidas, por lo que la chica nunca se sintió culpable por no haber estado allí cuando su abuela estaba viva. No era su mente resolviendo cosas en un sueño. Cuando mi cliente me lo contó, dijo que no creía que fuera una visita porque algunos médiums dicen que o estás soñando o recibes una visita, una cosa o la otra, pero no las dos. Sin embargo, al decir aquello, el alma de su abuela se acercó a nosotras y confirmó que su experiencia había sido, en realidad, una visita dentro de un sueño.

El alma de su abuela también me dijo lo que significaba aquella visita parecida a un sueño. "Su alma ha estado contigo todo este tiempo pero están haciendo muchas cosas a la vez desde que has abierto tu mente, pensando en ella, incluyéndola en tu vida", le dije. "Obviamente ella está muerta, pero su alma está muy viva y está contigo. Está diciendo: '¡Mira todo el tiempo que podemos pasar juntas!'". Así que no te apresures a descartar un sueño confuso si tu ser querido te hace una visita breve. Puede que no recuerdes ninguna otra cosa del sueño —puede que nada tenga sentido— pero si su presencia es como una visita, podría perfectamente ser su alma saludándote.

En su mayoría las visitas requieren poca interpretación o a veces ninguna, pero hay excepciones a esta regla.

Un último punto: si estás de duelo por una pérdida o sientes culpa por la muerte de un ser querido, tus sentimientos negativos podrían hacerte creer que una visita es algo mucho más grave que lo que se supone que sea. Imagínate que sueñas con un ser querido de pie ante ti sólo un segundo, quieto, sin decir nada. Puedes incluso llamarlo, pero la imagen se desvanece. Ésa es una visita típica pero si estás lleno de emociones negativas relacionadas con la muerte, podrías llegar a interpretar que el alma de esa persona está enfadada contigo y por eso no te habla y decidió marcharse enseguida. ¡Pero esa nunca es la intención del Espíritu! Como acabas de aprender, las visitas son especiales, bienintencionadas y además una señal más de que esa alma está en paz.

Intuición, coincidencia y sincronía, ¡madre mía!

¿Te ocurre que durante el día tienes pensamientos, sentimientos o emociones que surgen en tu mente y no sabes de dónde vienen? ¿Te has sentido alguna vez confundido y cuando tu intuición da con la solución adecuada piensas, *En lo más profundo de mi alma sabía que ese trabajo/persona/casa/universidad no era para mí?* Tal vez tu instinto te diga que canceles una cita porque algo no te gusta o que llames a tu mamá que necesitaba mucho oír tu voz. Muchas veces es el Espíritu, incluyendo a tus guías y seres queridos, dándote esos mensajes, presentimientos y corazonadas.

La coincidencia es otro regalo del Espíritu. Me gusta pensar que es como un guiño desde el Otro Lado que están conscientes de nuestros deseos y están haciendo lo posible por ayudarnos y apoyarnos. ¿Cuántas veces has pensado comprarte un automóvil nuevo y de repente ves el modelo que más te gusta en cada semáforo de la ciudad, lo cual te ayuda a tomar una decisión inteligente? Recuerdo haber querido un par de zapatos centelleantes y luego ver el mejor par exhibiéndose en una tienda tras otra hasta que al final me los compré. Esos momentos son pruebas mandadas desde el Cielo de que el Espíritu es todo oídos, aunque la coincidencia implique algo tan ridículo o frívolo como un auto o unos zapatos.

Creo que las coincidencias más divertidas y significativas tienen lugar a través de la música. Es como cuando te sientes triste o confundido y entonces escuchas una canción importante para ti en la radio y ni siquiera es de las de las 40 nuevas más oídas. La melodía puede ser la canción preferida de un ser querido, una que bailaste en tu boda, o puede que la letra haga que tu corazón se sienta más aliviado de lo que ha estado todo el día. Por pura casualidad encendiste la radio justamente en esa estación y en ese momento exacto, y claro, el Espíritu está detrás de todo eso. En un gran evento en Atlantic City, tuve una sesión con un adolescente cuyo buen amigo había muerto y estaba lógicamente destrozado. Cuando canalicé al amigo, le dije: "Me está cantando una canción que probablemente no conozcas porque eres muy joven. Es 'Only The Good Die Young', de Billy Joel". El chico me dijo que cuando venía había oído esa canción y le había recordado a su amigo. El alma de su amigo no sólo le había apremiado a poner esa canción sino que además estaba con él mientras la oía.

Algunos dicen que en el Cielo hay música y al Espíritu le gusta usar la frase "Ahora estoy cantando con los ángeles". Así que hay una conexión muy poderosa entre la música y el más allá. El Espíritu también dice que la música eleva nuestras vibraciones y acerca nuestra alma a Dios. La canción favorita de Gram era el clásico de los años treinta "Dream a Little Dream of Me".

Poco después de su muerte, la oía *por todas partes*. Cuando sonó de repente en el Bertucci, que no es un restaurante silencioso, estalló a través de los altavoces y por encima de las voces de la gente. Toda mi familia se quedó pensando: *¿Acaban de poner la música? ¿Por qué tan alta?* ¿Y qué hay de raro en que la canción de Gram se oyera en el Bertucci? Pues que no creo que sea la típica canción italiana como "Volare" o "Tu vuò fà l'americano".

Otra de las maravillosas formas en las que nos habla el Espíritu es mediante la sincronía. Es algo muy parecido a la coincidencia pero ocurre cuando dos o más acontecimientos que parecen no tener relación se presentan juntos de forma significativa. Es una señal especial que llama nuestra atención y demuestra que estamos exactamente donde deberíamos estar en nuestro camino espiritual. Durante el primer año después de aceptar mi don y había acabado de empezar mi negocio, pasé delante de un quiosco lleno de decoraciones navideñas. Una era un dólar de arena con las palabras "¡Feliz Navidad, Theresa!" pintadas. También tenían un calendario del año nuevo con las palabras "Abuela te quiere" y la foto de una niña que, te lo juro, se parecía a mí. Lo tomé como una señal de que Nanny me estaba diciendo: *Vas por buen camino. No te preocupes, estoy aquí contigo. Te guío, te protejo.* Yo pensaba que estaba haciendo bien las cosas pero creo que Dios y Nanny querían que lo supiera también. La sincronía no pasa tan a menudo como las coincidencias en la vida diaria, así que es poderosa cuando ocurre. Otro ejemplo increíble de esto le sucedió a la coautora de este libro, precisamente cuando estábamos escribiendo este capítulo. Ella está adoptando un bebé y con frecuencia piensa en su futuro hijo cuando oye cierta canción en la radio. No es muy famosa así que, cuando la ponen, es como una sorpresa especial. Una mañana estaba afuera y oyó la música más bella y se dio cuenta de que venía de su iPhone. Estaban tocando su canción favorita a través de la aplicación Pandora a pesar de que estaba apagado y no había salvado la canción en su teléfono. Es más, acababa de revisar sus mensajes y habría necesitado varios pasos en el teléfono para sintonizar la estación que había puesto esa canción. ¡Eso es sincronía! El Espíritu le estaba diciendo que tuviera paciencia porque estaba donde debía estar y ellos estaban ayudándola para que las cosas avanzaran en el tiempo adecuado.

¿Qué hace que un Espíritu sea más fuerte que otro?

Aunque el Espíritu me dice que todos reciben los mensajes que deben recibir, entiendo que puede resultar frustrante o decepcionante que amigos o familiares tengan al parecer una comunicación más fuerte con el Espíritu que tú, tanto por su cuenta como a través de un médium. No me estoy refiriendo a cómo la conciencia limitada o las preconcepciones sobre cómo debería comunicarse el Espíritu pueden dificultar las cosas, ya hemos hablado de ello. Me refiero a la verdadera fuerza y claridad de los mensajes en sí mismos. Es una pregunta justa y he de admitir que en un grupo, o incluso en privado, algunas almas se comunican más tiempo y con más fuerza y/o más específicamente que otras. ¿Y a qué se debe eso? He aquí la experiencia que he tenido con esto.

En la comunicación del alma influyen varios factores. A veces un alma puede no tener la energía para hablar tanto o durante tanto tiempo como un alma mucho más desarrollada; podría incluso entrar y salir durante una sesión, mientras otras permanecen todo el tiempo. Como sabes, las almas están hechas de energía, así que imagina una bombilla de 100 vatios que brilla con más fuerza que una de 45 porque tiene más potencia. Una de las cosas que determinan la energía de un alma es su crecimiento. Mientras más evoluciona un alma en el Cielo, mayor será la fuerza con la que puede comunicarse con nosotros. Las almas más maduras también dan mensajes más detallados, debido a su crecimiento. Por último, cuanto más sanes *tú* aquí, sin tu ser querido, más fuerte será la comunicación del alma. Para nosotros esto puede parecer que mientras más tiempo haya transcurrido, mejor se comunica el alma, pero es mucho más que eso. Y, como dije, almas más avanzadas pueden acercarse con fuerza enseguida, lo cual a nosotros nos puede parecer inconsistente.

Otro factor es cuán abierto estás para escuchar ciertos mensajes. He tenido personas que me han dicho: "Llevo diez años viendo a médiums y nunca han mencionado ese tema. ¡Eres la mejor!" Pero esto no tiene nada que ver conmigo. Se trata de lo bien que tus seres queridos puedan comunicarse y lo receptivo que estés para recibir el mensaje. Puede que no hayas estado listo para escuchar cierto mensaje hace cinco o diez años, o que el Espíritu haya tenido que aprender algunas cosas en ese tiempo para poder comunicarte esa información. Además, mientras más muros construyas, más difícil será para el Espíritu validar su presencia. Puedo transmitir más mensajes y con mayor rapidez si tus seres queridos no tienen que estar constantemente reafirmando que son ellos. Mantenerse positivo acerca de los mensajes que oyes, ayuda. Si no estás relajado, no hay una corriente de energía positiva fluyendo entre nosotros.

Manejar bien las expectativas también tiene su función aquí. Si esperas saber de una persona específica —por ejemplo, que en una sesión se acerque la tía Jennie en lugar del tío Charlie—, o quieres recibir señales de tus ángeles y no de un abuelo al que nunca conociste, puede ser un problema. Mientras más pronto aceptes que vas a recibir el mensaje que necesitas de quien lo necesitas, mejor será el mensaje. Ése es el mensaje que el Espíritu te ha querido entregar desde el principio.

Algunos médiums dicen que hay un periodo de transición que puede ocurrir tras una muerte especialmente difícil —una larga enfermedad o un trauma— o cuando un ser querido no está listo para marcharse, lo cual puede provocar una demora en saber de él. Ése no es mi marco de referencia, pues creo que nuestras almas son ilimitadas y que lo que le presentas a tus guías será lo que recibas. Como nunca he experimentado a nivel personal un margen de tiempo que el Espíritu haya llamado periodo de transición, no tengo ningún motivo para hablar de ese tema con el Espíritu. Archiva eso en la categoría de "Cuando llegue a ese puente lo cruzaré". También me he dado cuenta de que las sesiones son más informativas si alguien es particularmente espiritual o intuitivo. Esto ocurre también porque el Espíritu no tiene que esforzarse tanto con esas personas. Sus sesiones cumplen con todos los factores que he mencionado: son abiertos, entienden, están sanando bien, sus seres queridos tienden a evolucionar a buen paso, etc.

Una de las sesiones más increíbles que he tenido fue con una mujer llamada Kristy que asistió a una sesión de un pequeño grupo en la casa de su prima. Su amiga, Jen, una maestra, había muerto a los treinta y cuatro años, y se presentó con firmeza y claridad. Habló de una nota que Kristy introdujo en un costado de su ataúd cuando la enterraron, de la boda de una amiga común, del reciente divorcio de Kristy e incluso del gracioso corte de pelo que Kristy llevaba. Entonces me mostró que los pulmones de Kristy estaban rosados y ese color es mi señal para cuando una parte del cuerpo acaba de curarse. En aquel momento, Kristy nos dijo que hacía poco había recibido un exitoso trasplante doble de pulmones por fibrosis quística. Jen también habló de que Kristy se sentía innecesariamente culpable por la operación que le salvó la vida porque Jen y otras amigas habían muerto de la misma enfermedad. Entonces el alma de Jen me pidió que le dijera a Kristy lo orgullosa que estaba de que ella hablara de la fibrosis quística y promoviera la donación de órganos y por una charla que había dado hacía poco sobre la enfermedad en una convención de enfermeras celebrada en el centro al que ambas acudían para curarse. ¡El alma de Jen dijo que *la donante del pulmón de Kristy* y ella estaban allí ese día! Entonces Jen hizo que la donante de Kristy se presentara y ella nos contó que lo había donado todo, incluyendo los ojos. También me dijo que Kristy tendría hijos (lo cual Jen ya le había dicho en sueños) y trajo también una amiga común, Christina, que había muerto esperando un trasplante. Christina le dio las gracias a Kristy por ayudar a cuidar a la hija que había dejado al partir.

Hasta aquel momento, la experiencia de Kristy en esa sesión había sido muy emotiva, y todo había sucedido de una forma muy rápida, fluida y cierta, como acabas de leer. Y por si todos aquellos mensajes no hubieran sido suficientemente poderosos, Jen *entonces* me dijo que Kristy había soñado que había ido al Cielo y había regresado, algo que Kristy confirmó. "Tuve un sueño en el que Jen se atribuía crédito por mi operación y yo flotaba sobre mi cuerpo observándolo todo durante algunos minutos", dijo Kristy. "Me sentí muy cálida y cómoda, y recuerdo sentirme decepcionada cuando desperté. En el Cielo también vi a algunas de mis otras amigas que habían muerto de fibrosis quística. Estaban juntas". La sesión presentó, uno tras otro, detalles sensacionales y claros como el agua.

¿Por qué fue tan impresionante la sesión con Kristy? Primero, ¡había mucho que decir! Y percibí que el alma de Kristy ya estaba abierta y sensible al Espíritu. No tuve que invertir mucho tiempo validando la presencia de Jen y empecé a entregar mensajes sobre la vida de Kristy y de lo que necesitaba oír de su amiga. La energía de Jen también era muy fuerte, por lo que todo se entendía con facilidad. El intercambio fue increíble. ¡Era como tener una buena conexión wi-fi que te permitía ver videos de YouTube sin esperar que se carguen!

Establecer límites saludables, al estilo del Espíritu

Después de una sesión, algunos clientes me han dicho que se han vuelto más conscientes de los mensajes y las señales del Espíritu. Puede que empiecen a ver las placas de licencias en los vehículos, señales en camiones, secuencias numéricas, u oír mensajes específicos en una canción que se relaciona con ellos o con algún ser querido que se ha marchado. También pueden recibir visitas más intensas cuando están dormidos. Debes reconocer estas cosas cuando suceden y creer en ellas; tú sabes identificar un momento asombroso cuando lo tienes. Mira lo que le ocurrió a mi representante Rich. Tuvimos una sesión durante nuestra primera reunión y el alma de su padre me dijo que mencionara los puros como validación, le encantaba un buen tabaco barato. Durante cuatro meses, Rich no pudo escaparse del fuerte olor a tabaco en su apartamento. A menudo se volteaba hacia su prometida, Michele, en medio de la noche y decía: "¿Puedes creer que alguien esté fumándose un puro a las tres de la mañana?".

Pero Michele no olía nada. Entonces él corría a la terraza e incluso hablaba con los vecinos, seguro de que encontraría al fumador, pero no fue así. El olor lo seguía incluso durante el día, en su automóvil, en su oficina y en el gimnasio. Finalmente, Rich aceptó que el olor era una señal de su padre y cuando le llega el aroma, aprovecha para contarle cómo le va la vida.

Porque todos tenemos almas a nuestro alrededor que nos consuelan y guían, puede ser sencillo conectar con ellos en las formas que te he contado. Algunos de mis clientes piensan que el Espíritu tiene que hacer una entrada espectacular, como una aparición, un ángel con alas sobre la cama, una visión mientras rezan. Sin embargo, es raro que tal cosa ocurra. Dicho esto, el Espíritu a veces *puede* presentarse con bastante fuerza. Como sabes, cuando empecé a canalizar al Espíritu de forma deliberada, tuve que poner ciertos límites de cuándo podía comunicarse conmigo y cuál sería su apariencia. Puede que quieras hacer lo mismo. Tienes el control. Si notas que el perro se siente acosado o no estás durmiendo muy bien, puedes decirle al Espíritu: "Sé que estás aquí pero por favor no te presentes ante mí o el perro". O si sólo quieres señales durante el día pero no por la noche, o ver al Espíritu pero no sentirlo, díselo. Sé tan específico como quieras, pero, por favor, no tengas miedo. Si sientes que es demasiado molesto en cierto momento o incluso físicamente incómodo, puedes también decirle: "Por amor de Dios, vete". O simplemente: "Por favor, deja de asustarme". Sé directo y te respetará tu espacio.

Mucha gente me pregunta si después de comunicarme con el Espíritu me siento débil o exhausta porque las almas necesitan usar mi energía para comunicarse. Esto pasa mucho en los programas de fantasmas. Pero a mí no me sucede. Especialmente, después de grandes eventos, me siento revitalizada y llena de energía. Me siento rejuvenecida cuando hablo con el Espíritu y creo que eso es porque me aferro bien a la tierra antes. Más bien, cuando *no* tengo sesiones la energía me agota y puede hacerme sentir nerviosa, por lo que es un alivio cuando transmito el mensaje. Además, sólo me comunico con almas que caminan en la luz de Dios, por lo que la vibración de esa energía es más clara y elevada.

Niños que ven personas muertas

El hecho de que nuestras mentes necesitan estar despejadas para que el Espíritu se comunique con nosotros —como ocurre cuando rezamos, meditamos o dormimos— es una de las razones por las que oímos hablar de tantos jóvenes que hablan con almas que han cruzado. Sus mentes están abiertas y libres. No se preocupan por pagar facturas, compartir un automóvil para ir y venir del trabajo o hacer malabarismos con dos trabajos. Lo que ocupa a los niños es ¿colorear y jugar a las casitas? Dichosos que son. Es ese tipo de mentalidad la que le facilita al Espíritu hablar con ellos. Tampoco tienen el filtro de lo que los adultos consideran bueno o malo, inapropiado o extraño. Piensa cómo suelen decir siempre lo que piensan. Nadie les dice que es raro o una locura hablar de ángeles, del Espíritu o de recuerdos de una vida pasada, como lo hacen a veces. Somos nosotros los adultos los que nos cerramos a lo desconocido de una forma rápida y llena de prejuicios.

Cuando un niño dice: "Veo personas muertas" y no está citando la frase de la película de Bruce Willis, escúchalo. Igual que cuando el niño dice que ve un monstruo, una sombra, un amigo imaginario o un fantasma. Si dice que están viendo al Espíritu o a un difunto ser querido, el mejor consejo es tener la mente abierta a lo que tengan que decir. No lo conviertas en algo demasiado importante y haz tus preguntas con sutileza. No interrogues a los pobres chicos, pero deja que sean *ellos* los que te cuenten lo que está pasando. Quieres asegurarte de que lo que el niño ve es real y que no se sienta mal en absoluto. En mi familia, nadie armó un escándalo por yo hablar con el Espíritu y ese apoyo implícito fue muy valioso. Otro punto importante es prestar atención al nivel de miedo de tu hijo. Siempre hay que hacerles saber a los niños más sensibles que no hay nada que temer y, si están asustados, dejarles claro que tienen el poder para decirle al Espíritu que se vaya.

Si todas las señales apuntan a que es un Espíritu de buena fe y tu hijo no tiene problemas con su presencia, puedes decirle algo como: "¡Qué bueno! Abuelo te está cuidando. Está en el Cielo ahora". Mostrarle una foto podría ayudarle a confirmar que es, efectivamente, el abuelo o alguna otra persona de tu familia. Si los niños son demasiado jóvenes para procesar lo que está pasando o si se asustan mucho, es posible también "apagar" sus habilidades. Puedes hacer esto a través de un sanador de confianza o un terapeuta especializado en niños intuitivos. Estos dones de niños probablemente vuelvan a aparecer en la pubertad y entonces podrán ellos mismos decidir si quieren desarrollarlos más o si no van a querer hacerlo nunca.

Durante una sesión con tres mil personas en un teatro de Charlotte, Carolina del Norte, una niña de diez años me cautivó al instante. Puedo llorar ahora mismo recordando esa historia. Había perdido a su hermana que tenía ocho años más que ella, y el alma de su hermana se acercó para decirme que se le aparece. La niña reaccionó con timidez cuando le pregunté si aquello era cierto. "No estás loca", le dije. "Tienes un don especial y hermoso de Dios. Debes disfrutarlo y aceptarlo. Recibe los mensajes de tu hermana. Ella quiere que sepas que está bien". Entonces su madre se echó a llorar y dijo que la estaban llevando a terapia y que incluso habían instalado cámaras de seguridad en la casa porque tenía mucho miedo de que la estuvieran vigilando. Si sus padres no hubieran confiado en lo que su hija veía y no la hubieran traído a vivir experiencias como la mía, puedes imaginar que le podrían haber diagnosticado a esta pobre niña alguna enfermedad mental como esquizofrenia o algo similar. El alma de su hermana también me dijo que iban a hacer algo especial para Navidad y la mamá dijo que estaban pensando en ir a Nueva York. Lo hicieron y estando allí organicé una sanación con Pat, que le enseñó protección, firmeza y a nunca tener miedo de lo que oye o ve.

Porque siento que mi don es genético, nunca me sorprende que haya niños en mi familia que tiendan a sentir al Espíritu. Cuando Victoria tenía unos ocho años, me dijo que no quería ir sola a su habitación y mucho menos dormir allí. Una noche me quedé dormida con ella en su cama pero muy pronto me despertó alguien que me daba toquecitos y me destapaba. Era el alma de un niño, mortificándome y burlándose de mí, pero no había por qué preocuparnos. Entonces vi a mi Nanny persiguiéndolo con una cacerola y diciéndole que nos dejara en paz. También mi sobrino y ahijado, Nicholas, el hijo de Lisa, vivió en casa de Nanny y Pop después de que éste muriera. Como ya he dicho antes, Lisa es muy espiritual y siempre me contaba sus propias historias sobre el Espíritu cuando era niña. Poco después de la muerte de Pop, Nick estaba jugando en lo que había sido el despacho de mi abuelo y dijo: "¡Hay un hombre malo con gafas que me gritó y me dijo que saliera de allí!" Cuando dijo eso, tuve un recuerdo de cómo había sido la habitación de Pop, su escritorio desordenado, un reclinable de piel. Todos supimos que era el alma de Pop. Era muy privado.

Jason, el hijo de mi hermano Mike, también vio a su abuelo cuando tenía tres años, pero al lado de su madre Corrinda. Jason nunca había visto al abuelo Lou, ni siquiera en foto, pues había muerto antes de que él naciera. Un día, Jason le dijo a mi hermano que había un hombre en la cocina con Mami. Mike entró para ver y sólo encontró a Corrinda. Jason no dejaba de señalar y decir: "¡Ahí está!", pero ni Corrinda ni Mike podían ver al abuelo Lou. Cuando Corrinda le preguntó cómo era, Jason lo describió diciendo que tenía el pelo negro, y cuando le enseñaron una foto de alguien con el pelo negro, Jason negó con la cabeza y dijo: "No, ése no es él". Entonces Corrinda fue a buscar una foto de su padre y cuando se la enseñó, Jason se quedó boquiabierto. "Ese es el hombre que me llamaba por mi nombre". Fue la única vez que Jason experimentó aquello. Por supuesto, Mike me llamó y me dijo: "Jason está viendo muertos en la despensa, y la culpa es tuya", ¡y me colgó! Les sugerí que le explicaran quién era el abuelo Lou, que había muerto y estaba en el Cielo, y Jason no lo volvió a ver nunca más ni a ningún otro Espíritu.

Pero ahora, pocos años después, Halle, la hija de ocho años de Mike y Corrinda, empezó a ver y a sentir al Espíritu, y ya te puedes imaginar quién ha vuelto. Hace poco recibí este largo y desconcertado mensaje de Corrinda:

Halle está viendo a mi padre en medio de la noche y despertándonos constantemente a las tres de la madrugada. Esta mañana me dijo que abrió los ojos y lo vio de pie en su cuarto, mirándola. Dice que se asustó mucho y que cuando se levantó para venir a nuestra habitación, ¡pasó a través de él! Le pregunté si le dijo algo y me dijo que no. Dice que a veces también nota que le hacen cosquillas en los pies. Necesito que duerma por las noches, ¡estamos agotados! ¿Tengo que quemar salvia por toda la casa o decirle al Espíritu que se vaya? Mike y yo también hemos olido humo en nuestra habitación. Por poco vuelvo por tercera vez a la tienda de colchones para quejarme de que un fumador había usado mi colchón, pero no siempre huele. Mi padre fue un fumador durante muchos años...

No hay duda de que Halle es muy sensible al Espíritu, así que le sugerí a Corrinda que quemara salvia blanca para limpiar la casa del Espíritu cada pocas semanas. (Personalmente, yo hago esto cada vez que un cliente se va de mi casa. Mi marido Larry dice que la salvia es el "insecticida para el Espíritu".) Corrinda hace lo mismo ahora y por la noche también reza para que el Espíritu no toque, no haga ruidos ni se presente antes sus hijos y le pide que vaya hacia la luz. Aunque Halle todavía no duerme muy bien, no ha vuelto a mencionar a su abuelo. Pienso que es una ayuda que ella hable con ellos antes de acostarse dándoles las buenas noches al abuelo Lou, a la abuela, y a todos sus amigos y les pida que no la toquen, ni hagan ruidos que puedan asustarla y que la protejan desde fuera de la habitación. En cuanto al olor a humo, Corrinda dice que desapareció un tiempo pero que ocasionalmente lo vuelven a oler.

A propósito de la salvia...

Los indios americanos han quemado salvia blanca seca para purificación y protección durante siglos y es algo que ayuda a limpiar cualquier negatividad de tu casa. Sé que no estás canalizando a un Espíritu negativo pero para mantener en su lugar cualquier actividad espiritual de tu casa, recomiendo quemar salvia blanca cada cierto tiempo. Para hacerlo, quema un ramillete de salvia seca en un plato hondo de cerámica y sopla la llama con cuidado hasta que salga humo. Empuja el humo hacia el techo con una pluma o un abanico. Empieza frente a la puerta de entrada y gira hacia tu derecha siguiendo el techo de toda la casa incluyendo armarios, áticos, sótanos y garajes si están unidos a la casa. Presta atención a los espacios oscuros, como la sala de la caldera, y también puedes echar un poco de humo debajo de la cama y por encima si no causa problemas a nadie para dormir. Haz todo esto mientras repites: "Sólo los Espíritus que caminan en la luz blanca de Dios son bienvenidos aquí. Por el poder de Dios todas las energías negativas deben irse". También me gusta añadir algunas afirmaciones positivas y pedir que nuestra casa sólo esté llena de sentimientos, emociones y pensamientos pacíficos. Deja quemar la salvia hasta que se consuma y si se apaga antes de que termines, quema un poco más y continúa. Deja una ventana un poco abierta en cada planta.

¿A mí? A mí me salen los Espíritus por las orejas

Aunque es posible que *tú* tengas que abrir tu conciencia a la presencia del Espíritu para poderlo experimentar, por ese lado yo estoy bien. Tus seres queridos no te están esperando en mi casa, aunque es posible que se presenten con anterioridad si tengo una sesión contigo ese día o esa semana. Aun así, el Espíritu siempre está a mi alrededor. Estoy recibiendo constantemente mensajes de mis difuntos seres queridos y de personas conocidas. También me he dado cuenta que en la medida que mi vida y mi negocio se han hecho más públicos, veo al Espíritu con más frecuencia que nunca.

No me molesta oír tanto a los muertos. No es que los oiga constantemente charlando, susurrando, riendo o subiendo y bajando escaleras. Mis luces no se pasan el día parpadeando como las de una discoteca. El Espíritu sabe cuándo estoy trabajando o a punto de hacerlo, y sabe cuándo darme espacio. Otras veces, capto una chispa de energía o siento una presencia, y puedo optar por prestarle atención o dejarla pasar. Es como estar en una ciudad llena de gente que te pasa por el lado y después de un tiempo no le haces caso. Pero siempre puedes saludarlos o detenerlos para preguntarles una dirección. Una vez, sin embargo, vi a un hombre asomado a la ventana de mi cocina que me asustó de verdad porque normalmente veo al Espíritu en forma de bruma o silueta. Supe que no era un ser humano, pero te aseguro que lo parecía. Llevaba una camisa de franela y se parecía al tipo que anuncia papel toalla en la televisión. Le hablé a mi primer cliente sobre él y me dijo que encajaba con la descripción de su difunto hermano. Y yo le dije: "¡Pues tu hermano casi me mata del susto asomándose así a la ventana!"

Como el Espíritu está siempre a mi alrededor con la esperanza de que yo transmita algún mensaje, su urgencia puede ocurrir en un momento bastante inconveniente. La primera vez que me arreglé las cejas con cera en Nordstrom, me lo hizo una mujer llamada Geeta, que desde entonces nos hicimos amigas. Cuando me puso cera caliente y pegajosa en la cara comencé a sentir al Espíritu alrededor mío. En mi mente yo decía, *Aléjate, Espíritu. Éste nos es un buen momento. Tengo cera en los ojos. No te voy a responder ahora.* Pero la energía insistía. Y entonces le dije al Espíritu que si realmente necesitaba que yo transmitiera un mensaje que me colocara la oportunidad en mi camino. En ese momento Geeta le dio vuelta a mi silla, me miró mientras la cera estaba a punto de caérsele de su pequeña paleta de madera y me dijo: "Alguna gente dice que yo soy psíquica". Geeta no sabía que yo era médium, y esto ocurrió unos cuatro años antes de yo tener el programa, así que lo tomé como la señal que había pedido. Aparentemente, su madre, su padre, su hermano y su esposo habían muerto —por cierto, ella tendría poco más de cuarenta años— y *todos* tenían un mensaje para ella. Después que ella llegó a conocerme bien, comenzó a desarrollar su intuición y la convirtió en un don de sanar. Ella es ahora una Maestra Superior en la técnica de sanar Reiki.

Debido a que el Espíritu está tanto alrededor de mí —no voy a mentir—, a veces lo he usado en mi propio beneficio. ¿No lo harías tú también? Como madre, ser médium siempre me ha funcionado para mantener a mis hijos bajo control. En realidad nunca sabía en lo que andaban, pero les decía que iba a mandar a mis guías con ellos cuando salieran ¡para que no se metieran en líos! Victoria y mi hijo, Larry, nunca pensaron en hacer algo malo porque probablemente pensaban que el Espíritu los iba a delatar. Incluso los llamé algunas veces para saber si estaban bien y les dije que mis guías me habían dicho que lo hiciera. Pero sólo estaba siendo una madre nerviosa, ¡el Espíritu no me había dicho nada! Ahora que son adultos, ya no lo hago. No creo que el Espíritu fuera a ayudarme a espiar a Victoria en clase o a mi hijo cuando está en un bar con sus amigos. El Espíritu probablemente piensa que mientras menos yo sepa, mejor.

También les he pedido a mis ángeles que me ayuden a encontrar un espacio en el estacionamiento del mall o cosas que he perdido en la casa. Me paso casi todo el día buscando cosas que he dejado donde no deben estar porque tengo la cabeza en otro sitio, y si no le pidiera al Espíritu que me ayudara, no podría hacer nada. Para obtener su ayuda, me siento con calma, me relajo y le rezo a San Antonio, patrón de las cosas perdidas, para que me guíe hasta donde haya dejado el objeto. Tú también puedes probar esto. Mi marido Larry siempre dice que yo puedo hablar con almas en muchas dimensiones, pero soy incapaz de encontrar las llaves en mi propia cartera. Cuando pido algo muy tonto, mis guías no me hacen caso. Pero una vez ordené ese maravilloso desinfectante de manos para cuando estoy de gira; como tengo que estrechar tantas manos, no quiero enfermarme. Olía tan bien —como a lavanda, manzanilla, eucalipto y salvia— que estaba impaciente por usarlo. Lo había comprado unos meses antes y la compañía decía que había llegado, pero no recordaba haber visto la caja. Así que le pedí al Espíritu que me guiara hasta ella, y me mostró los cheques comerciales de mi marido. Recordé haber puesto una caja larga y delgada sobre su escritorio que pensaba que estaba llena de hojas de depósitos del banco, pero cuando abrí la caja, ¡allí estaba mi desinfectante de manos!

También me preguntan a menudo si uso mis habilidades para juegos de azar o la lotería. No sean malpensados. Lo que yo hago es para el beneficio de todos los afectados. ¡Nunca haría algo así intencionalmente! Y, seamos honestos, aunque lo intentara, suelo estar demasiado dispersa como para reconocer lo que me están diciendo. Mi tía y yo una vez fuimos a las carreras de caballos en el Belmont Park por su cumpleaños y recuerdo haber oído al entrar los números diez y seis, que es mi cumpleaños, el 10 de junio. *Qué bien,* pensé. *El Espíritu también sabe cuándo es mi cumpleaños.* Mi tío me preguntó qué colores me gustaban para apostar por un caballo que llevara ese color y todos los colores que había escogido estaban perdiendo. No fue hasta que nos fuimos, que me di cuenta de que todos los caballos que habían ganado ¡llevaban la combinación de los números diez y seis! Hubo una vez también que fui a un spa con mi cuñada Corrinda. Fuimos a Mohegan Sun una noche, mi primera vez en un casino, y decidí jugar a la ruleta. ¿Puedes creer que todos los números que apostamos perdieron?

Para mí lo mejor de abrirte al Espíritu es que puedes hacerlo simplemente siendo tú mismo. No necesitas barajas de tarot ni bolas de cristal. Ni siquiera necesitas llevar un objeto con la energía de tu ser querido, como mucha gente piensa. Cuando en una sesión menciono un collar o un anillo que trajiste, no es porque su energía me atraiga como un imán. Es porque el Espíritu me pide que lo mencione. De hecho, una vez tuve una sesión por teléfono para una mujer que estaba rodeada de mucha energía de mujeres fallecidas, incluyendo a su mamá, su abuela, su tía y una prima. También tenía al abuelo y al padre en el Otro Lado. El caso es que el Espíritu me mostró una foto que tengo de Victoria llevando la ropa más casual posible: una gorra de béisbol, gafas de sol, un pijama de una pieza, llevando en la mano al periquito que le había regalado Gram, y unos collares de carnaval. Así que dije: "Sé que esto sonará raro pero percibo que llevas puesta una extraña mezcla de cosas: un pijama, una bufanda de seda, un sombrero de hombre, guantes, un rosario y joyas que no combinan. "¿Llevas puesto algo de cada ser querido fallecido con el que quieres conectar?". Silencio total al otro lado del teléfono. "Sí", susurró finalmente. Creo que estaba un poco avergonzada, pero ¡debo admitir que sentí alivio de que no se vestía así siempre!

5

DESPUÉS DE TU MUERTE, ¿QUÉ PASA?

Si eres de esas personas súper ocupadas o activas que tienen un dicho impreso en su taza de café que dice: "Descansaré cuando me muera", tengo noticias para ti: el más allá no es una larga siesta. Tal vez descanses un poco, pero vas a tener muchos sitios adónde ir, Espíritus que ver. Vas a avanzar por todas partes con la asombrosa facilidad y serenidad que caracterizan al Otro Lado, y no mucho tiempo después de que tu alma abandone el mundo físico, el Espíritu dice que rendirás cuentas por tus acciones y te quedarás un poco más de tiempo en el Cielo o te prepararás para reencarnarte con la mayoría de tus seres queridos. Sé que nuestras almas también se divierten porque al Espíritu le encanta reírse. Pero tu alma también tiene cosas que hacer mientras está en el Cielo y no flota simplemente en un estado típico de pos-fiesta en el Cielo.

El Espíritu no entra en muchos detalles conmigo sobre lo que ocurre después de la muerte, mayormente porque le he dicho que no necesito saberlo punto por punto. Creo que hay cosas que sabemos a nivel de alma que no tenemos por qué saber como humanos. Yo no viajo deliberadamente fuera de mi cuerpo a otros lugares, y nunca he tenido una experiencia cercana a la muerte, por lo que nunca he estado en el Otro Lado para poder contarlo. (Me encontré con Gram en una regresión a una vida anterior, pero a nuestro alrededor no había más que una bruma blanca; se sentía mucha paz y por mucho que me guste mi vida aquí, no quería irme.) Pero el Espíritu me ha contado algunos detalles geniales y yo también he captado algunas cosas interesantes cuando he canalizado difuntos amigos y familiares de mis clientes. Para mí eso es más que suficiente y espero también lo sea para ustedes. ¡Es difícil vivir esta vida a plenitud si siempre estás pensando en lo que vendrá después!

Dulce entrega

Mencioné brevemente en el capítulo tres lo que ocurre cuando te mueres, pero me gustaría profundizar un poquito más aquí. Cuando mueres, el Espíritu dice que tu alma sale a través de tu cuerpo o de tu cabeza. Me han dicho que luego entras en un túnel, lo cual probablemente ya sabes, pues la gente que ha tenido experiencias cercanas a la muerte nos valida esta increíble jornada. ¡Mejor ellos que yo! Nunca le pediré al Espíritu que me lleve a través de un túnel para experimentar el Cielo, ni siquiera para este libro. Algunos sobrevivientes de estas experiencias cercanas a la muerte dicen que tuvieron conciencia de pensamientos educativos mientras flotaban en una bruma que les hacía sentir que estaban en otra dimensión. De hecho es así como me siento cuando canalizo, así que tal vez una parte de mí está en el Otro Lado durante una sesión y yo simplemente no lo sé. Una vez que te liberas de tu cuerpo, cualquier sufrimiento o enfermedad que pudieras tener en el mundo físico desaparece inmediatamente. No importa lo trágica o dolorosa que haya sido tu muerte o si has sufrido mucho antes, quiero que quede claro que tu alma se desprende rápida y apaciblemente. Las almas de gente en sillas de ruedas me han mostrado que pueden bailar en el Cielo, y si una mujer murió de cáncer del seno y lo perdió cuando estaba aquí, el Espíritu me hace sentir que su alma está completa en el pecho. Como en el Cielo no tenemos cuerpos, no creo que literalmente tengamos piernas o grandes pechos, es simplemente la forma del Espíritu de decir que el dolor se queda en el cuerpo físico y que las almas se mueven con libertad en el Otro Lado. Tu alma puede sentirse momentáneamente triste por dejar atrás a sus seres queridos pero no estás abrumadoramente de duelo como lo están los que están en este mundo porque nuestra alma enseguida cobra conciencia de que volveremos a verlos.

Cuando llegas al más allá, te reciben las alegres almas de tus familiares y amigos que se marcharon antes que tú y que influyeron en tu vida aquí. En una sesión, cuando el Espíritu me muestra una persona a los pies de la cama con un brazo extendido, es mi señal para saber que un alma la recibió en el momento de su muerte. No te imaginas la cantidad de veces que un cliente me ha dicho: "Es una locura porque Mamá nombró a su hermano justo antes de morir"; o, "Cuando murió, estaba tratando de alcanzar a alguien que nosotros no podíamos ver". Te guían a una luz reluciente que es Dios, no importa cuál sea tu religión. Los judíos no van a una nube y los protestantes a otra. Algunos supervivientes de experiencias cercanas a la muerte también dicen que se sentían guiados por sonidos musicales, no una canción precisamente sino acordes, tarareos y vibraciones. Te reunirás con tu guía principal que te ayudó en tu camino espiritual en esta vida.

Luces, cámara, acción: ¡ésta es tu vida!

El Espíritu dice que la principal razón por la que estamos aquí es para aprender ciertas lecciones y, mientras lo hacemos, nuestra alma crece y se gradúa en distintos niveles de conocimiento. Esa es la razón por la cual, cuando llegues al Cielo, tu guía principal y tú mismo revisarán tu vida en la Tierra. Revisarás todo lo que has hecho, lo bueno y lo malo, y evaluarás cómo te aferraste al camino que eligió tu alma y las lecciones que estabas llamado a aprender durante tu estancia aquí. La revisión incluye vivir la vida a través de los ojos de personas a las que conociste en el mundo físico —sentirás su dolor, felicidad, miedo, mil cosas— y entenderás la cadena de reacciones que provocaron tus palabras o acciones. El Espíritu dice que esto pasa bastante rápido y lo compara con ver una película. Aunque nuestros cerebros apenas

113

pueden recordar cuándo sacamos al perro o mandamos un correo electrónico importante en el mundo físico, en el Cielo no tienes que preocuparte por recordar nada de tu vida porque emocionalmente lo revives. Cuando esto suceda, hablarás de cómo podrías haber pasado el tiempo de otra forma para que algunas personas no hubieran tenido que experimentar los sentimientos negativos que les infligiste. En nuestro mundo, las personas que no están conscientes de sí mismas pueden ser muy ingenuas respecto al efecto de sus acciones en los demás, pero en el Cielo, tienes una visión clara de toda la dinámica.

Aunque te consideren responsable por tus acciones y te evalúen basados en lo bien que hayas entendido y ejecutado tu rol en esta vida, no se te castiga por lo que hayas hecho mal. Los castigos crueles y juicios que te hacen sentir mal son cosas que nos hacemos los unos a los otros en el mundo físico. En cuanto a rendir cuentas en el Cielo por tus hechos pasados, me han dicho que Dios no es la figura de fuego y azufre que algunos piensan. Los guías y Él son compasivos y su amor es incondicional. Puede que se sientan defraudados pero por lo que el Espíritu me muestra, no creo que haya una condena eterna para la persona promedio que tenga faltas.

Ha habido almas que se han presentado para disculparse o asumir responsabilidad por sus acciones, y está claro que el alma ha pasado por una revisión de su vida. Puede que un cliente diga: "¡Mi padre nunca se sintió culpable de nada!". Pero en el Cielo, las almas sí deben hacerlo. El tiempo que le lleve a un alma llegar a este nivel de conciencia puede explicar por qué puede disculparse o hablar de algo que hizo mal en una sesión y no en otra, pues en un momento determinado tal vez no había crecido hasta tal nivel de comprensión. Una vez tuve una sesión con una chica cuyo padre había abandonado varias veces a la familia cuando ella era pequeña. No tenía ningún contacto con ellos, no mandaba dinero y actuaba como si nunca hubieran existido. Finalmente, el hombre se volvió a casar y tuvo más hijos. Cuando canalicé su alma, me pidió que le dijera a su hija: "Me fui porque en aquel momento no sabía cómo querer incondicionalmente. No te pido que me perdones pero sí necesito que sepas cuánto te quiero. Ahora que mi alma ha tenido que revivir lo que fue para ti no tener el padre que merecías y necesitabas que yo fuera, lo entiendo y lo siento mucho". Siguió explicando que no decía aquello para que su hija lo perdonara sino para que supiera que estaba arrepentido y asumía responsabilidad por sus acciones. Incluso ha habido almas que se presentan para decir que si pudieran volver ha hacer las cosas otra vez, cambiarían ciertas características de sus personas. Cuando un alma puede finalmente apreciar las cosas desagradables que le hizo a los que están en el mundo físico, con la ayuda de una revisión de su vida, no sólo sana y crece sino que puede empezar a consolar a los que ha dejado atrás.

Por supuesto, no todos los mensajes relacionados con la revisión de la vida son fuertes. Una vez canalicé a la madre de una mujer que fue la primera en presentarse en una sesión bastante concurrida. El alma estaba muy orgullosa y dijo: "¡Me abrí paso entre todas esas otras almas para que me oigan!". Eso sorprendió a su hija que había dicho que su madre era lo más cortés que había. ¡Parece que en el Cielo aprendió a reclamar lo que quiere!

Los planes de aprendizaje de Dios

Tengo la impresión de que en cada vida tenemos una lección principal que aprender, con algunas otras menores incluidas en la jornada. Éstas incluyen compasión, paciencia, amistad, altruismo, alegría, paz, amabilidad, bondad, fidelidad, autocontrol y amor incondicional. Para cada vida que vives, eliges y luego revisas con Dios y tu guía principal lo que esperas realizar y los retos que vas a encontrar en el camino. También eliges tu familia y tu cuerpo, los cuales pueden estar relacionados con tu lección. Haces esto sabiendo que te ayudará a alcanzar un nuevo nivel de crecimiento espiritual.

Tras revisar tu vida, sigues aprendiendo lecciones en el Otro

115

Lado, y llegado cierto punto, puedes hacer dos cosas. La primera opción es quedarte en el Cielo y seguir aprendiendo lecciones durante un tiempo allí, donde almas que fungen como maestras supervisan tu progreso. Una razón por la que un alma puede elegir quedarse es si una vida anterior fue muy dura y no está lista o ansiosa por volver. La alternativa es elegir un cuerpo y volver a este mundo para aprender nuevas lecciones a un ritmo más acelerado, lo cual hace que el alma avance más rápido de lo que lo haría en el Cielo. Es como cuando en la universidad puedes irte a estudiar al extranjero o hacer prácticas durante un semestre, o quedarte e ir a clase; la experiencia en el "mundo real" te enseña cosas que nunca podrás aprender en un aula. Tu alma puede conocer nuevas perspectivas al experimentar distintas religiones, etnias, trabajos y dinámicas familiares que te hagan adquirir un mayor reconocimiento y compasión por los demás. Lo bueno es que creo que no hay ningún reloj que limite el tiempo que tienes para aprender tus lecciones; puedes volver tantas veces como sean necesarias para volverlo a intentar.

La principal manera de aprender lecciones en este mundo es a través de acontecimientos que te obliguen a usar las cualidades que debes adquirir. Por ejemplo, tener alguna enfermedad puede enseñarte prioridades, tener un matrimonio difícil puede requerir de paciencia y autorreflexión, o que alguien te haya intimidado en la escuela cuando eras niño puede ayudarte a tener compasión por los demás. Creo que las personas aparecen en nuestras vidas para ayudarnos también a crecer y a aprender. Tus lecciones y propósitos también pueden estar relacionados con hacer que la sociedad avance de alguna forma, por ejemplo mediante acciones humanitarias, creaciones artísticas o científicas. O puede tener que ver con una misión espiritual que exija sacrificios o expandir ideas. Sea lo que sea, todos estamos aquí para aprender a ser mejores personas y almas hacia los demás. De la misma forma que necesitamos su orientación divina, inspiración e intervención, el Espíritu necesita nuestros cuerpos capaces y dispuestos a actuar en su nombre.

Puesto que elegimos nuestros cuerpos y las lecciones que nos llegan con esa vida, aquellos con ciertas imperfecciones —una incapacidad física, tal vez, un problema psiquiátrico relacionado con depresión o un trastorno obsesivo-compulsivo— lo han hecho para que su alma crezca de una determinada manera. Quisiera que mi cuerpo fuera un montón de cosas que no es: relajado en lugar de nervioso, medir 5'7" y pesar 120 libras en lugar de 5'1" y pesar... para qué decir. Pero lo que tengo me ha ayudado a aprender a ser agradecida y aprovechar al máximo lo que he recibido y a tener autocontrol con las deliciosas tortitas en forma de Mickey Mouse que hace mi madre. Espero que esto no suene a que estoy disminuyendo las enfermedades serias que enfrentan algunas personas. He tenido sesiones con muchas familias con niños paralíticos o que murieron muy jóvenes de una enfermedad y todos me dicen: "Ningún niño *elegiría* venir al mundo en semejantes circunstancias, Theresa". Pero lo hacen y tú también, aunque tu lección no se aclare hasta que llegues al Cielo. Eliges volver a esta vida cuando eres un alma, por lo cual la decisión no la tomas con las emociones de un ser humano sino como un alma que quiere acercarse más a Dios. Además, como tu alma es la que escoge tu jornada por algún motivo, sonrío cuando la gente que siente que está pasando un mal trago me pregunta: "¿Por qué Dios me ha hecho esto a mí?". Ni Dios ni tu alma elige tu lección con ingenuidad o venganza; es todo parte de tu lección. En el Otro Lado, no hay maldad, resentimiento ni ira. Sólo hay amor, porque eso es lo que Dios es.

Sé lo que estás pensando. ¿Y qué pasa con el libre albedrío? Basado en lo que dice el Espíritu, creo que las cosas que están predeterminadas en tu vida y te ayudan a aprender la lección ya han sido fijadas y tú completas el resto con tus propias decisiones. Puedes creer que lo que está predestinado incluye tu primer trabajo, conocer a tu pareja, tener un hijo u otras cosas que considerarías un hecho importante, pero no tienen por qué serlo. Si dirigir tu primera empresa no es parte de la lección que debías aprender, en ese caso es sólo una elección. De la misma forma, la

117

gente siempre me pregunta con quién está predestinada a casarse. El Espíritu puede decirte que está escrito que te cases pero no suele decir con quién vas a estar, o al menos eso no es lo que el Espíritu hace conmigo. También creo que puedes elegir *no* tomar ciertas decisiones, aunque estén ligadas a una lección, pero entonces te llevarán por otro camino y tendrás que aprender esas lecciones de otra manera. (Tus "instintos" pueden dejarte saber si estás a punto de dar un giro terrible. Lo que consideras que es el camino de menor resistencia podría ser simplemente, en términos espirituales, el mejor camino.) Pero si todo estuviera predeterminado no tendría sentido venir aquí, puesto que las lecciones a menudo son el resultado de las decisiones que tomamos. De modo que no podemos cambiar nuestro destino pero sí podemos cambiar cómo llegar a él. Lo bueno es que Dios, tus guías, ángeles y seres queridos siempre te ayudarán, si los dejas. Si no pides ayuda, no interferirán con tu propia decisión.

Dios te ha dado libre albedrío para hacer tu propia vida, pero cuando estás en buen camino, lo sabrás en el alma. Cuando me convertí en una adulta, llené mi vida con mucho amor y risas. Me casé con un hombre maravilloso, tuve hijos preciosos, pasé tiempo con mi familia y amigos, y tengo un trabajo que paga los gastos. Estas son las cosas que piensas y te han dicho que van a satisfacerte. Y no me interpretes mal, significan mucho. Pero no fue hasta que acepté mi don que mi alma se sintió completa. Por fin estaba en el camino correcto. Dios me había dado el lienzo, pero me tocaba a mí pintar un bonito cuadro y faltaba algo en el paisaje hasta que trabajé en lo que satisface mi alma. Es como si hubiera pintado los árboles, las colinas y el cielo pero hubiera olvidado incluir el punto central. Dios también te ha dado a ti un lienzo e, igual que yo, tienes que encontrar lo que va a hacer de tu cuadro una obra maestra.

Y ahora, para asegurarme de que no te vas a desviar *totalmente* y acabar pintando un enorme mono feo en medio de una escena de la campiña francesa, el Espíritu me ha dicho que tus guías te van a indicar "señales de tráfico" predeterminadas a lo

118

largo de tu vida. Su propósito será guiarte en una nueva dirección, una que esté relacionada con tu lección o con la persona que estés llamada a conocer. Por ejemplo, puede que veas a alguien con un brillante collar, o notes la manera en que un extraño se toca el pelo, que huelas una fuerte fragancia, y en la memoria de tu alma se levantará una banderita para recordarte que están llamados a conocerse y aprender una lección importante. Ambas almas se reconocerán y se atraerán la una a la otra a un nivel profundo.

Para las opciones del día a día, tus difuntos seres queridos también pueden intervenir, sobre todo cuando notas que por algún motivo alguien aparece en tu camino. Esto sucede a menudo cuando la gente empieza a salir con otras personas tras haber perdido a su cónyuge. En una sesión con una mujer, su madre se presentó y dijo: "He puesto a ese hombre en tu camino para que lo ames", y cuando se lo transmití, la mujer dijo: "¡Dios mío, sabía que había sido mi madre!" También conozco a un hombre que empezó a salir con otras mujeres seis meses después de que su esposa murió de un doloroso tumor cerebral. Su familia y amigos estaban enfadados pero la mujer encajó con tanta facilidad en su vida que tenía que ser el destino. Ella también había perdido a su marido más o menos en el mismo tiempo, vivían en la misma comunidad, a ambos les encantaba jugar golf, y hasta habían tenido casas de vacaciones en la misma isla sin saberlo. Hubiera apostado dinero a que la difunta esposa del hombre estaba haciendo de casamentera desde el Cielo. Las almas no son celosas; lo que quieren es que sigas adelante de una manera sana.

Apuesto a que ustedes, lectores destacados, están preguntándose si es posible identificar su lección o propósito ahora para aprovechar al máximo el tiempo que estén aquí. En la escuela de la vida, ¿quieres recibir clases extras para graduarte con honores? Muy bien, puedes tratarlo. El nombre que se le da a eso es búsqueda del alma y puedes hacerlo a través de la meditación guiada. Puedes incluso recibir ayuda del Espíritu. También puedes realizar la búsqueda del alma mediante el ejercicio de yoga, rezando, o en cualquier momento en que estés concentrado o tengas la mente clara y relajada. Piensa en lo que te hace feliz, lo que sabes hacer mejor y lo que has hecho para hacer felices a los demás y puede que tu lección aparezca. Y mientras tengas la atención del Espíritu, deberías también pensar cómo se identifica con tu lección la gente que hay en tu vida. Puede que pienses en ellos de una forma nueva y distinta y decidas relacionarte con ellos de forma que se beneficien sus almas.

¿Vas hacia arriba?

El Espíritu me enseña que tú entras en el más allá en cierto "nivel" o punto de crecimiento espiritual y que la evaluación de tu vida está basada en los criterios de ese nivel. Piensa en un nivel como en un grado del colegio, mientras más bajo sea, más lecciones tiene que aprender tu alma. A medida que un alma avanza, sube a nuevos niveles. Ocurre gradualmente y tienes que completar un nivel antes de subir o profundizar en el siguiente. No sé cuántos niveles hay en el Otro Lado pero, si estoy interpretando correctamente lo que me dice el Espíritu, creo que también hay muchos niveles dentro de una dimensión. Por lo que si has terminado una serie de lecciones en una dimensión, puedes moverte hacia una nueva dimensión donde hay nuevas lecciones que aprender. También puedes ascender en el Cielo para convertirte en guía, maestro o tener otros títulos (estoy segura de que hay más responsabilidades que las que conozco). Se parece un poco a cómo logramos distintos grados académicos en este mundo, desde un diploma básico de secundaria a grados más avanzados y letras que le siguen a nuestros nombres para ayudarnos a estar preparados para distintos tipos de trabajos.

Los niveles no son sólo "grados" de aprendizaje; también se refieren a la frecuencia de la energía. Así que cuando un alma crece, también eleva su nivel o longitud de onda. En el nivel más bajo del Otro Lado están las almas de aquellos que aprendieron muy pocas lecciones e hicieron mucho daño en nuestro mundo, como criminales y violadores. No permanecerán en ese nivel para siempre y tienen mucho que aprender allí, pero finalmente sus almas crecerán y subirán de nivel. En el nivel más alto del Cielo está Dios. Cuando canalizo almas, accedo a un nivel alto (pero realista) y logro que todas ellas vengan a verme allí. El Espíritu puede bajar un nivel pero no podrá subir uno si no se lo ha ganado. Por ejemplo, una vez tuve una sesión con una mujer que había perdido a sus padres. La madre era maravillosa pero el padre era un tormento, alcohólico y abusivo. El alma de la madre hizo que el alma del padre se presentara pero tuvo que reducir su vibración para hacerlo porque estaban en distintos niveles.

Probablemente has notado que utilizo los términos Cielo y el Otro Lado indistintamente y pienso que el Espíritu me permite hacerlo para que me sienta a gusto acomodando mi fe a otros aspectos del mundo espiritual. Para mí, el Cielo *es* el Otro Lado y casi todos vamos allí. También pienso así del más allá porque creo que Dios está en el Cielo y Él es la fuente de amor incondicional, paz abrumadora, luz reluciente y toda la creación. Pero porque existe el bien en el universo, sé que también tiene que existir el mal, así que si digo que hay un Cielo, presumirás que también hay un Infierno. Es aquí donde surgen mis propias interpretaciones del Otro Lado, basadas en lo que el Espíritu me ha mostrado y lo que he experimentado en las sesiones. Tómalo como quieras.

Aunque es posible que el Espíritu haga referencia a niveles bajos en el Otro Lado cuando canalizo, nunca ha utilizado la palabra "Infierno" conmigo. Ese podría ser el lugar en el que reside la maldad pura o podría ser la forma en que los bajos niveles se interpretaron en la Biblia porque, como he dicho, los niveles más bajos son a los que acceden las almas problemáticas al más allá de manera que el paralelo tenga sentido. Incluso a veces la frase "el *bajo* mundo" se intercambia con el "Infierno", lo que también encaja con lo que el Espíritu me dice porque si te refieres al "Infierno" en relación con los niveles más rectos y elevados que hay en lo alto, puedo ver cómo la gente pueda decir que el

"Infierno" está debajo del Cielo, porque los niveles más bajos están por debajo de los más altos. Si el Infierno es algo más que eso, no estoy segura de lo que hay allí o quién mora allí, porque no trato con Espíritus negativos como son los espíritus burlones (*poltergeists*) y sólo hablo con almas de bajo nivel cuando las de alto nivel son las que las traen. De todas formas, quiero que sepas que las almas que acceden a niveles bajos no reciben nada gratis y que ese tipo de compañía no es nada divertida para pasar el rato. Esas almas tienen que invertir su tiempo y su trabajo para mejorar. Además, siguen haciéndolo en el Otro Lado o reencarnándose, hasta que aprendan bien las lecciones, pues no puedo imaginar que la mayoría de las almas quieran estar eternamente en un nivel lleno de otras almas inferiores. Aquí nadie quiere vivir en un mal vecindario y apostaría a que lo mismo sucede con las almas en el más allá. Pero creo que puedes llevar a cabo tu aprendizaje con un espíritu apacible y con un Dios que ama y perdona. Ésta no es mi creencia religiosa, es sólo lo que el Espíritu me ha dicho. ¿Por qué un alma tiene que aprender lecciones en un lugar tortuoso?

Esto no es para que lo oigan todos. Hace algunos años canalicé a una chica que fue asesinada por el ex novio de su mejor amiga. La mató y luego se suicidó. La madre, el padre y dos hermanos estaban allí. Cuando el alma de la chica se presentó, dijo: "Theresa, a mis hermanos no les va a gustar esto pero voy a presentar el alma del chico que me mató". Así lo hizo y él se disculpó ante la madre de ella por su crimen. El alma del chico dijo: "Siento haberle arrebatado su más preciado tesoro". Los hermanos estaban locos de rabia sobre esto. "¿Por qué está ella con él?", querían saber. Pero ella no estaba *con* él. Ella había reducido su vibración hasta su nivel para lograr que se presentara y así consolar a su madre. La madre no sólo estaba sufriendo por la muerte de su hija sino que además se había enfermado preguntándose si aquel hombre sentía remordimientos por lo que había hecho. El alma del hombre siguió hablando y dijo que no sólo tenía que rendir cuentas por su terrible falta sino que tenía que soportar el dolor de la familia por la vida que había arrebatado. El mensaje también validó que el alma de la hija oye los pensamientos de su madre. No había traído el alma del chico por divertirse.

Como médium, he descubierto más de lo que jamás pensé que llegaría a saber sobre la vida y la muerte. Pero clientes que sufren como esta familia y almas arrepentidas de verdad me han enseñado mucho acerca del perdón y de lo esencial que es sanar nuestro dolor. Yo antes era una persona radical en ese sentido y, si me hacías algo, ahí terminaba cualquier tipo de relación que tuviéramos. Pero he mejorado. Pienso que es difícil profundizar, averiguar lo que no está bien y arreglarlo. Pero eso es exactamente lo que nuestras almas y aquellos que forman parte de nuestra vida necesitan que hagamos. Aprender a perdonar es como sacar la basura. Si no lo haces enseguida, empiezan a amontonarse las bolsas, a oler a cebollas cubiertas de chocolate y luego la limpieza que tendrás que hacer será mayor.

Cuando te llega la hora, te llega la hora

El Espíritu dice que el momento en que estamos destinados a morir está generalmente fijado, pero cómo llegar a ese punto dependerá de las opciones que tomemos. Nunca he oído decir que hay una fecha específica en la que tienes que marcharte, viene a ser más un espacio de tiempo. ¿Será de años, de semanas, de días? No lo sé. Pero cuando oyes hablar de accidentes extraños, o inesperados giros del destino, como un tipo que pierde su vuelo y el avión se estrella sin él y una semana después muere en un accidente de tráfico, a eso es a lo que me refiero. Y recuerda la historia de la periodista Jessica Ghawi, que se salvó de morir a manos de un pistolero en un mall de Toronto y escribió en su blog: "Esto me ha recordado que no sabemos cuándo ni dónde acabará nuestro tiempo aquí en la Tierra, ¿dónde y cuándo exhalaremos nuestro último suspiro?". Un mes después, en Aurora, Colorado, estaba entre los que murieron a tiros viendo la película de Batman *El caballero oscuro: la leyenda renace*. Hola, destino. En la otra cara de la moneda hay mucho de cierto en el viejo dicho "No era su hora", que fue lo que pensé cuando un hombre intentó suicidarse tirándose por una ventana pero vivió quince años más en una silla de ruedas.

Supongo que el Espíritu no es más específico sobre cómo vamos a morir porque tenemos libre albedrío, lo cual es otra razón por la que vivir cada día como quisiéramos que nos recordaran. Recuerdo canalizar a un chico joven que murió en Florida mientras hacía tonterías con sus amigos en un automóvil. Él iba en un vehículo mostrándoles las nalgas a los amigos que iban en otro; cuando perdió el equilibrio, cayó sobre el chofer que estrelló el auto. Aunque el chico que estaba haciendo monerías murió, mostrar las nalgas no estaba específicamente escrito en su plan de vida. No es que Dios estuviera pensando: *Bien, así es como todo termina. Te bajarás los pantalones, armarás un gran revuelo y le dirás adiós a la vida.* Creo que el chico estaba predestinado a morir en un determinado espacio de tiempo y optó por hacer algo que determinó que mostrar las nalgas sería su final.

Pienso, sin embargo, que nuestras almas pueden saber cuándo la muerte se acerca y ese aviso puede filtrarse en la conciencia. Mi primo Al tenía una enfermedad del hígado y mientras recibía tratamiento, me lo encontré en una fiesta. Me dijo que los médicos le habían dado un certificado de buena salud, pero yo sentí lo contrario. Unos días más tarde, se presentó en mi casa sin avisar para arreglarme el inodoro a pesar de que llevaba semanas detrás de él pidiéndoselo. Dos días más tarde, murió. Sentí que su alma estaba atando cabos sueltos y eso incluía mi trabajo de plomería. También conozco a una mujer cuyo padre cuidó de su mujer enferma durante muchos años difíciles. Una noche, el padre llamó a su hija y le dijo: "Por favor, ¿puedes venir a estar con tu madre? Tiene mucho dolor". La mujer estaba cocinándole la cena a sus hijos y preparándose para una reunión de trabajo el día siguiente. Siempre acudía al lado de sus padres pero aquel día, por primera vez en años, pidió que la disculpara. "Pasaré mañana por allá pero te llamo en veinte minutos. Cuando llamó, su padre le dijo que su madre estaba mejor, pero antes de colgar añadió: "¿Crees que hay un sitio para mí en el Cielo?". Y la hija le contestó: "Claro que sí. No hables así". Aquella noche el padre murió mientras dormía. Creo que su alma sabía que abandonaría pronto este mundo aunque su cerebro no lo supiera.

Entonces, si nuestro destino está escrito, ¿queda espacio para los milagros? ¡Absolutamente! Pero realmente pienso que los milagros sólo cambian la manera en que alcanzamos nuestro destino, sin cambiar el final propiamente dicho. Aunque lo normal es pensar que un milagro es algo que se sale de lo que tendría que ocurrir, yo pienso que el milagro es parte de tu jornada. El Espíritu me dice que rara vez ocurre un milagro y luego los que lo han vivido vuelven a su vida normal. Normalmente enseñan a otros lo que aprendieron o ayudan a otros o tratan de hacer o ser más que antes. De modo que Dios sabe que en algún momento de tu vida aquí, sobrevivirás lo imposible —ahogarte, un incendio, recibir un diagnóstico médico terminal— y la gente lo llamará un milagro, pero era realmente parte de un plan mucho mayor para que hables de él, escribas sobre él, cambies tu vida y corras la voz de lo que has aprendido.

Como médium cuyo trabajo implica conocer a muchas personas destrozadas, he descubierto que cuando se produce una muerte inesperada, como un accidente de tráfico, las familias y amigos conectados a los fallecidos están tan conmocionados, confusos y afligidos que no saben adónde dirigir su energía, por lo que buscan a quien culpar. Cuando esto sucede, el Espíritu siempre me insta a hablar de cómo tomamos decisiones en el mundo físico que nos llevan al momento de nuestra muerte. Durante un programa en Atlantic City, hablé con una chica que había perdido a unos amigos en un accidente automovilístico; cuatro murieron y cuatro sobrevivieron. Más tarde aquel día, durante el siguiente programa, vino nada menos que la familia de uno de los chicos fallecidos. (Cuando empecé a canalizar, me sentí confundida; ¡el Espíritu es un gran fan pero las almas rara vez vienen a más de un programa el mismo día!) En ambas sesiones, se presentaron las mismas almas para hablar de las acusaciones que tenían lugar entre las familias de los que murieron y de los que sobrevivieron. El abrumador mensaje del muerto fue: "Dejen de culpar a los sobrevivientes. Todos tomamos decisiones aquel día". El automóvil no era para ocho personas pero todos las personas en el accidente decidieron apretujarse. Las almas, además, me mostraban constantemente a los pasajeros cambiándose de asiento y los que vivieron sentían la culpa típica del sobreviviente. El tema del destino tampoco podía estar más claro: que unos murieron aquel día y otros vivieron, aunque todas tomaron decisiones que los llevaron a su destino.

Me gustó mucho cómo el Espíritu juntó a esas familias para que pudieran oír mensajes que los ayudaran en su ira y su tristeza. Por cierto, algo parecido ocurrió en un programa en San Diego. Supe que un joven había chocado su automóvil mientras conducía junto al auto que conducía su novia. El chico murió pero la chica sobrevivió. Una amiga de la madre del chico estaba allí sentada entre las primeras filas y el alma del chico me dijo que su madre estaba aún muy enfadada y culpaba a la novia por provocar el choque. Pero el alma dijo: "No fue culpa suya, fue un accidente". De repente, otra mujer se levantó en un palco a la derecha. "*Fue* un accidente", repitió. "Él está hablando de mi hija. Ella no hizo nada malo". ¡Era la madre de la novia! Proyectó su voz tan alto y clara que no necesitó micrófono. ¿Qué probabilidades había de aquel encuentro? Muy buenas, me parece, cuando el Espíritu quiere dejar algo claro.

Ésta no es tu primera vuelta

Aunque no puedas recordarlas de manera completa en tu consciente, el Espíritu me dice que hemos tenido varias vidas antes de ésta. Cuando llegas al Cielo, si tu alma decide reencarnarse, escogerá dónde, cuándo y quién desea ser en el mundo físico a fin de aprender otra lección y ayudar a los demás. Nos reencarnamos para que nuestra alma pueda crecer de manera de alinearse con la de Dios. Comprender, apreciar y vivir distintos tipos de vida puede ayudarnos a alcanzar el equilibrio espiritual.

Una forma de saber cosas de tus vidas anteriores es a través de la regresión que se hace bajo hipnosis. Este método ayuda a relajar la conciencia y permite el acceso a recuerdos de tus experiencias en el mundo físico. Tal como tu vida está llena de decisiones positivas y negativas que tienen un impacto en tu salud y psique, así fueron también tus decisiones y esos recuerdos están grabados en tu alma. Algunas personas hacen regresiones porque tienen curiosidad de saber quiénes fueron en otras vidas y conocer a sus ángeles y guías, algo que también puede hacerse por esta vía. Otros exploran sus vidas pasadas para averiguar por qué repiten ciertos hábitos o para ayudarlos a entender y curar miedos crónicos y fobias. Reconocer antiguos patrones durante una regresión nos ayuda a resolver esos problemas en nuestra vida actual.

También se ven, se comprenden y se resuelven problemas en tus relaciones actuales. Recuerdo una sesión con una cliente que me dijo que vigilaba obsesivamente a su hija cuando se acercaba al agua, sobre todo en su piscina. El Espíritu me dijo que en una vida anterior el hijo de once años de esta mujer se había ahogado y que su hija en esta vida se estaba acercando a esa edad. Por eso su alma estaba cada vez más preocupada; recordaba el incidente. Le sugerí que revisara su vida pasada con un hipnotizador y, cuando lo hizo, dejó atrás todos sus miedos, emociones y energía. Pat, que dirige regresiones a vidas pasadas, dice que puedes incluso tener una enfermedad sin causa aparente (el dolor crónico aparece a menudo) cuyas raíces se relacionan con cosas que te sucedieron en una vida anterior.

Debido a mi educación católica, me tomó tiempo aceptar que hemos tenido vidas pasadas. Yo pensaba que nos moríamos, íbamos al Cielo y eso era todo. Y cuando oía hablar de regresiones a aquellos que las habían hecho, me preguntaba por qué siempre sonaba casi demasiado dramático o fascinante para ser cierto. ¿Fuiste Amelia Earhart en una vida pasada? ¿Un guerrero troyano? Pero si lo piensas bien, todos tenemos una historia. Es cómico considerar tu vida de ahora, incluso la de tus amigos, y pensar cómo sonará eso en una narración de regresión a una vida anterior. *Te casaste con un soldado que era el amor de tu vida pero murió joven. O tu padre era un próspero hombre de negocios pero nunca conociste a tu madre. Más adelante tuviste tres hijos y uno murió en un accidente de tráfico. O no tuviste hijos pero te casaste con una persona famosa y tuviste muchas mascotas adorables que te llenaron en muchas maneras.* De repente ya no suena tanto como un acto de fe, ¿verdad?

La primera vez que Pat me hizo una regresión a una vida anterior fue para superar algunas fobias y me pareció alucinante. Supe que en otra vida fui un chico que buscaba a su hermano menor en una casa en llamas y cuando lo miré a los ojos vi a mi hija, Victoria; ella tuvo ese papel en aquella vida. Pienso que eso explica por qué siento una abrumadora necesidad de estar al tanto de ella más que de mi hijo. También fui una princesa secuestrada por piratas en un barco durante una tormenta. Allí me llevaban presa, me violaron y me asesinaron. Creo que esto contribuye a saber por qué tuve miedo de la lluvia durante tantos años, porque ¿quién le tiene miedo a la lluvia? Y para entender por qué no me gustan los espacios cerrados, me dijeron que fui una reina egipcia a la que enterraron viva con su marido. También fui una mujer médico y un jefe indio, lo cual explica por qué me siento tan atraída por la cultura de los indios americanos. Esto también me resulta interesante porque cuando miro una fotografía de un jefe indio con su tocado de plumas, puedo mirarlo a los ojos y sentir cierta familiaridad y afinidad, como si hubiera hecho lo mismo que él en algún momento.

Hace poco hice una regresión para aclarar por qué me dedico a lo que me dedico. Incluimos esto en el programa *Long Island Medium*, así que tal vez lo hayan oído antes. Pat hizo los honores y me llevó de vuelta a vidas muy trágicas. Supe que se me concedió este don porque superé todos aquellos acontecimientos sin perder la capacidad de amar incondicionalmente. En esas vidas, fui un oficial del Imperio Romano a quien mataron el día de la boda de mi hijo, una chica que estuvo en la cárcel por un crimen que no había cometido, un niño con un alma llena de alegría a pesar de su discapacidad, y una huérfana en Rusia. Esta última tuvo un impacto tremendo en mi alma. Después de que el hombre que administraba el orfanato me recibió , me quedé para trabajar con él y cuidar de otros niños. Superé mis dificultades y ayudé a otros más adelante. En esa vida, el hombre que administraba el orfanato es ahora mi hijo, Larry, y un niño que no quería marcharse cuando lo adoptaron es mi sobrino, Jason. Creo que esa conmovedora vida es una de las razones por las que me llevo tan bien con los niños y por qué las almas de los niños fallecidos dicen que les gusta canalizarse a través de mí. Si te interesa saber cosas de tus vidas pasadas, te aconsejo que lo hagas. Pero antes de ver a un especialista aprende todo lo que puedas sobre el tema para controlar tus expectativas y busca recomendaciones de confianza antes de elegir al hipnotizador.

Puedes también echarle un vistazo a tus vidas anteriores por tu cuenta y sin regresión: es lo que se llama *déjà vu*. Eso ocurre cuando recuerdas algo que tu alma hizo en una vida anterior. Suele ser un sentimiento familiar y aparentemente inexplicable: estás en una casa, ciudad, vecindario o en otro país al que nunca has ido pero todo te resulta familiar. Puede que no caigas enseguida en lo que está ocurriendo pero sabes que te sientes en calma y cómodo allí.

Puedes sentir un *déjà vu* con gente que nunca conociste pero no te resultan totalmente extraños. He estado muy unida a mi amiga Eileen durante veintitrés años y estoy segura de que vivimos otras vidas juntas. Estuvo a mi lado con su leal amistad cuando yo averiguaba mis fobias y mi don. Me pregunto si la ayudé en una vida anterior y si estar ahora a mi lado y ayudarme es parte de su lección, porque he confiado en Eileen en situaciones en las que no hubiera confiado en muchas otras personas y ella me entendió como muy pocas amigas lo hicieron.

¿Pero por qué no recordar de forma natural las vidas anteriores, sobre todo si pueden enseñarnos tanto de nosotros mismos? El Espíritu dice que eso sería un lastre; si tienes un pie en cada jornada, no sacarás el mayor provecho de esta vida. Esa también es la razón por la que olvidamos lo que pasa en el Cielo cuando nacemos, para poder vivir en el momento actual. Y puesto que lo importante a nivel espiritual es aprender lecciones, pienso que también puedes hacerlo mejor cuando empiezas de cero. Estás llamado a tomar decisiones por voluntad propia y cuando enfrentas la tentación, la negatividad o una injusticia de cualquier tipo, tus decisiones tienen un menor significado y no te esfuerzas tanto si recuerdas lo bien que estabas en el Cielo. Es como si necesitaras amnesia espiritual o te sería muy difícil priorizar entre lo que tenía importancia en el pasado y a lo que debes prestar atención ahora.

También pienso que la pérdida de memoria espiritual es como cuando no recuerdas el dolor de tener un hijo. Si lo recordaras, las mujeres pensarían mucho más antes de aumentar su familia. Pero pensándolo bien, ¿cómo olvidan las mujeres lo que se siente? Mi marido pasó por una intensa operación cerebral para extirpar un tumor y nunca olvidará aquel dolor. ¿Cómo puede él recordar lo que sintió cuando le abrieron la cabeza y yo no puedo recordar lo que es expulsar a un pequeño ser humano de mi cuerpo? La respuesta: porque la amnesia es parte del proceso de procreación, y olvidas por tu propio bien. Si lo recordaras, te enfocarías tanto en todos los detalles sangrientos que no podrías dejarte llevar en los momentos que ayudan a hacer bebés, para empezar, si entiendes a lo que me refiero.

Cuando tenía veintiocho años, mis guías me dijeron que ésta era mi última jornada en el mundo físico. Cuando muera, mi alma se quedará en el Cielo. Me entristeció un poco saber que no voy a volver, pero no voy a preocuparme por eso. A lo mejor seré un guía o haré otro trabajo que no requiera un cuerpo físico. Si ésta es mi última vuelta, no puedo quejarme. Ésta ha sido una vida muy buena para mí.

Cada cual cosecha lo que siembra

Para ser honesta, no sé en qué medida es el karma —las leyes de causa y efecto que se dice que dictan nuestras vidas— lo que determina nuestra buena o mala fortuna en nuestras muchas existencias. La gente que cree en el karma, aunque sea casualmente, piensa que la forma en la que tratamos a los demás, los errores que cometemos y los éxitos que tenemos causarán un impacto en esta vida y nos lo llevaremos con nosotros a vidas futuras cuando reencarnemos. Si algo parece injusto o difícil en esta encarnación, dicen que puede ser tu karma equilibrándose. El karma es el resultado de nuestras acciones positivas y negativas; implica que no podemos huir del pasado, especialmente cuando le hemos hecho daño a otros, y que todo regresará a nosotros en esta vida o en las futuras.

Solemos decir que el karma es un fastidio, pero también puede ser una bendición. El karma no se aplica sólo al castigo y recompensa sino que es otra manera de aprender lecciones, ejercer el libre albedrío en forma positiva y reforzar la conducta positiva. Tenemos la habilidad de corregir y cambiar cosas en nuestra vida cuando sospechamos que no vamos bien y nuestros patrones kármicos se ajustan en concordancia. Así que si le llevas sopa a tu vecino cuando está enfermo, el buen karma puede ayudarte a vivir una vida larga y sana; o si eres una esposa egoísta que nunca pasa tiempo con su familia, puede que tengas que cuidar de un marido enfermo cuando sea viejo. Por supuesto, puede que no pagues el precio del karma en esta vida. Puede que le hagas daño a tu hermano mañana y sepas lo que es estar a su merced dentro de dos vidas. Entonces, si crees en el karma, todos estamos aquí para equilibrarlo, corregir nuestros errores y disfrutar de los momentos que completan el círculo de nuestras buenas acciones. De lo que sí estoy muy segura es que el karma no es el resultado de Dios volviéndose contra nosotros. Él no te castiga causándote cáncer por haber chismeado. Enfermarse puede tener una razón pero no es la venganza de Dios.

También creo que estamos aquí para pagar favores ayudando a otros y enseñar con el ejemplo, lo que puede llevar intrínseco un karma positivo. No hay nada que me guste más que ser la que recibe una buena acción y luego se la extiende a los demás. Me recuerdan esas noticias sobre clientes de cafeterías que pagan la cuenta de la persona que está detrás de ellos en la cola. Y luego la siguiente persona paga por el tipo que tiene detrás y así la cola sigue durante tres horas y cientos de clientes. Siempre dicen que lo mejor no es el café "gratis" sino lo bien que se sienten haciendo algo bueno por un desconocido.

Conexiones del alma

¿Recuerdas que te dije que cuando te mueres te reciben almas que han sido muy importantes para ti en esta vida? Bueno, pues me han dicho que eso es lo que le sucede a la mayoría de la gente. Tu familia y amigos te esperan para reunirse de nuevo y luego entrar de nuevo en cuerpos físicos si el alma no decide quedarse en el Cielo. (He canalizado almas de bebés y niños que han reencarnado mientras sus padres seguían vivos, pero sólo ha sucedido unas pocas veces.) Según lo que sugiere el Espíritu, las personas en tu círculo inmediato son los que más viajan contigo a través del tiempo, como familiares y amigos, pero tus relaciones con ellos cambian según el propósito de tu lección y de tu alma.

Me imagino la vida y las personas que hay en ella como un episodio del programa de televisión *Saturday Night Live*, ¡y no lo digo sólo porque hacen maravillosas imitaciones de Larry y de mí! En el programa, los actores se ponen distintos disfraces, hablan con un montón de acentos, e interpretan un nuevo papel en cada escena en que actúan, y todas esas escenas componen un episodio completo. Los actores coinciden en la mayoría de las escenas pero no en todas. Esto es similar a la manera en que las almas de una familia y amigos reencarnan. Algunos le llaman a esto un grupo de almas, pero el Espíritu nunca ha utilizado ese término conmigo, así que a mí me gusta llamarlo círculo de almas, como un círculo de amigos o un círculo familiar, que mantienen un vínculo que no termina nunca. Son como un elenco que interpreta distintos papeles en cada una de tus vidas y la suma de esas vidas crea la experiencia total de nuestra alma en el mundo físico. Igual que en SNL, no siempre tienes el mismo papel en cada vida o escena, no siempre eres una madre o una esposa, por ejemplo. También realizas muchos "cambios de vestuario" con razas y cuerpos nuevos (mis guías siempre bromean de que sería aburrido volver siempre como el mismo tipo de persona). Como las almas no siempre eligen reencarnarse, puede que no siempre actúes en *todas* las escenas con los mismos actores, pero se te volverán a unir cuando ya no te reencarnes más y tu episodio haya terminado. Cuando nos saludamos al reunirnos en el Cielo, también me recuerda al final de SNL cuando todos los miembros del elenco se abrazan y se ríen. Parecen muy contentos de verse, como si hubieran pasado años y años.

La gente que no está en tu círculo de almas inmediato también aparece brevemente en tus vidas. Hay conocidos que pueden reencarnar contigo, pero no estoy segura del alcance de esto. Sí sé que las personas de tu círculo inmediato no aparecen como conocidos en otras vidas. Es así que tu marido en esta vida no fue tu carnicero en una anterior, pero puede ser tu primo en la próxima. Muchos clientes que ampliaron su familia con la ayuda de la donación de óvulos, de esperma o de la adopción también me preguntan sobre los círculos de almas puesto que todo o parte del ADN de sus hijos puede venir de un extraño. Pero el Espíritu insiste en que esas almas son tan parte de tu círculo como si vinieran de tu árbol genealógico; lo que importa no es la genética sino que su alma te eligiera como padre y haya estado conectada a ti en vidas anteriores. Tú escoges a tu padre y a tu madre antes de reencarnar y esa elección te ayuda a aprender o enseñar una lección o a crecer de alguna forma. Así que si tu querido padre te saca de tus casillas, la forma en la que decidas manejar su comportamiento es probablemente parte de algo más grande o incluso de una deuda con el karma. Lo bueno de esto es que tú, o ambos, saldrán beneficiados de esto a largo plazo.

Los círculos de almas también ayudan a explicar los vínculos o tensiones en las relaciones que experimentes en esta vida. Por ejemplo, la química que puedas sentir con un o una ex puede llegar a ser muy confusa cuando una relación se acaba. Tal vez te digas, *Pensé que teníamos una conexión profunda*. Y a lo mejor la tenían, pero ¡en otra vida! Y si no te llevas bien con alguien, como un jefe o alguien de la familia de tu cónyuge, también puede deberse a una experiencia previa. Sin embargo, las vidas anteriores no influyen en *cada* grieta y rincón de tus relaciones porque tienes voluntad propia y tienes que ser responsable de tus decisiones y conducta. No es buena idea utilizar una vida anterior para justificar comportarte como un canalla.

Antes de continuar hablemos de almas gemelas un momento. La mayoría de libros cursis y comedias románticas te hacen creer que tu alma gemela es siempre una conexión romántica o sexual, pero yo no lo veo así. Pienso que un alma gemela es alguien que completa tu ser y con quien te es muy fácil estar. Te sientes profundamente conectado a esa persona de forma visceral. Si queremos seguir con la metáfora de *Saturday Night Live*, sospecho que Tina Fey y Amy Poehler son almas gemelas, son tal para cual esas dos. Una vez tuve una sesión con una mujer cuya hermana había fallecido y su alma me hizo decir: "El día que morí, perdiste parte de tu alma". La muchacha pensó que era un poco raro que yo básicamente le dije que su hermana era su alma gemela, pero es muy natural. Muchos de nosotros sentimos que nuestra alma gemela más cercana es nuestro cónyuge o nuestra pareja, pero para mucha gente puede ser algún miembro de su familia o un buen amigo. También podría ser un niño. Tampoco importa cuánto tiempo esa persona pase en la tierra con nosotros. Puedes saber quién es tu alma gemela por el impacto que esa persona tiene o ha tenido en ti cuando ambos estaban aquí. Creo que mi prima Lisa es un alma con la que he viajado durante muchas vidas como familia o como amiga y yo absolutamente la llamaría mi alma gemela. Una termina las frases de la otra y cuando voy a coger el teléfono para llamarla, suena y es ella llamándome a mí. Pero no creo que yo tenga sólo un alma gemela. No sé si esto es típico pero me siento profundamente conectada a mucha gente en mi vida, incluyendo a Larry, a Pat y a mi mamá, así que no puedo nombrar a una sola persona. ¡Y no estoy diciendo esto para que no me maten!

6

DIOS Y SU HUMILDE MORADA

Desde joven he creído en Dios y sabía que vivía en el Cielo. Imaginaba que su casa era un apartamento de lujo. No fue hasta que empecé a canalizar muertos, a escuchar experiencias cercanas a la muerte y a hablar con Dios que mi imagen de todo aquello cambió por completo. En el capítulo anterior te conté lo que el Espíritu dice que hacemos en el Otro Lado, pero aquí quiero hablar de Dios, la oración y todo lo que contribuye a hacer del Cielo un lugar abrumadoramente magnífico, cómo se siente uno allí, cómo es y también las almas de sorprendentes invitados con las que podrías tropezar cuando llegues allí.

A estas alturas sabes que me considero una persona espiritual y que tengo una fe muy firme. No creo que tengas que ser una cosa o la otra. Sí, hablo con los muertos, pero también rezo y voy a la iglesia todos los domingos e invierto todo el tiempo y el dinero que puedo en mi parroquia y en otras obras benéficas. ¿En qué me convierte eso? ¿En espirirreligiosa? No tengo idea. Las etiquetas no son mi especialidad y me da la impresión de que tampoco es la de Dios. La última vez que hablamos me dijo que, en un final, mientras la gente crea en Él y tenga fe, eso es todo lo que importa.

Solía hacer referencia a Dios sólo si alguien me preguntaba por Él. Como médium he aprendido que los clientes tienen problemas con la religión, sobre todo tras la pérdida de un ser querido, y parte de mi trabajo es reconfortar a los que están de duelo de una forma que ellos puedan apreciar. Puede que no quieras oír hablar de Dios, pero si nos referimos a Él como el origen de la creación y a mí como una "trabajadora de la luz" tal vez te ayude a eliminar la intimidación o la presión que pueden conllevar las creencias organizadas. Pero últimamente me he dado cuenta de que hay más clientes que quieren saber de Dios y tienen preguntas sobre Él. Pienso que esto tiene que ver con un cambio universal en perspectiva que está teniendo lugar en lo que algunos han llamado un "cambio de energía". De un modo u otro, siempre me agrada hablar de Dios porque, recuerda, una de las razones por las que me llevó tanto tiempo aceptar mi don fue que tenía que hallar la forma de hacerlo sin dejar de lado mi fe. Así que si hay más gente que quiere hablar de Dios, será un placer.

Aunque no estoy aquí para convertir a nadie y no vas a encontrarme hojeando una Biblia, me gusta contar historias sobre la presencia de Dios y compartir los mensajes que me llegan directamente de Él. Espero que eso también ayude a la gente a confiar en que mi habilidad viene de un lugar precioso y divino. Cuando nos vemos por primera vez, los desconocidos suelen ponerse nerviosos por ver a una médium o por oírme hablar con los muertos. *¿Qué pensarán en mi iglesia? ¿Y si es una bruja?* En primer lugar, hay textos sagrados de distintas clases de fe que valoran dones espirituales como el mío de forma positiva, sobre todo si son usados como terapia, para sanar, enseñar y otros propósitos morales. Además, hay buenos y malos en todas las profesiones, médicos increíbles que salvan vidas y otros chapuceros que cometen negligencias; policías admirables que defienden las leyes y corruptos que aceptan sobornos. Con los médiums puede pasar lo mismo. Algunos conectan con Dios, Espíritus buenos y hacen cosas maravillosas con los mensajes que reciben, mientras que otros obtienen la información en lugares de los que no quiero ni oír hablar. Pero estoy segura de que Dios es mi fuente y confío en lo que me dicen las almas que caminan en Su luz.

El ABC de Dios

Empecemos con algunas cosas básicas sobre Dios. Lo primero es que está lleno de paz, es comprensivo, nunca juzga y protege. Es el creador de todas las cosas y del amor infinito e incondicional. Al morir, te encontrarás con Dios, pero no es un viejo de barba blanca como lo has visto en cuadros. Dios es una gran energía, parecido a nosotros que somos también energía antes y después de tener cuerpo, pero Él es mucho más poderoso de lo que jamás llegaremos a ser (si rodeo a personas, a mí misma o a objetos con la luz blanca de Dios en el mundo físico, en esencia los estoy rodeando con un pedazo de Dios). Como Dios no es una persona, no creo que sea Él o Ella, pero uso los pronombres masculinos cuando hablo de Dios porque es la forma más reconocida para referirse a Él. Igual que Dios, tus difuntos seres queridos no tienen un sexo (ninguna de nuestras almas lo tiene cuando están en el Cielo) pero se presentan ante mí con rasgos humanos, incluyendo el género, para poder reconocerlos.

Cuando cruzas al Otro Lado, tu energía se funde con la de Dios, así que más que "encontrarte" con Dios, te "unes" a Él o te "juntas" con Él. En la Tierra, nuestras almas son parte de la de Dios, pero es fácil sentirse desconectados de Él porque nuestros cuerpos y opciones pueden llegar a ser imperfectas y desafiantes. Pero en el Otro Lado, tu alma es literalmente parte de Dios. Imagínalo como un árbol de Navidad, donde un adorno puede ser espectacular por sí mismo (nosotros) pero también formar parte de un todo más grande y majestuoso (Dios). El Espíritu también me ha mostrado esta relación como una nube gigante y esponjosa que se separa en muchas más pequeñas.

Un Dios, muchas fes

Como he dicho, siento que sólo hay un Dios, sea cual sea tu fe. Y a pesar de que Dios y la religión se ven típicamente entrelazados, en realidad no son lo mismo. Dios es una energía positiva, pura y buena, y la religión es un conjunto de creencias y prácticas creadas para servir y adorar a Dios. Puedes usar la religión para seguir los caminos de Dios pero no veo a Dios alinearse con una fe o con otra. Me encanta que muchas religiones facilitan orientación ética y espiritual a sus comunidades y fomentan la caridad para aquellos que la necesitan. Lo que no me entusiasma mucho es que haya gente que crea que Dios prefiere una religión u otra y que, llevado a un extremo, esto haya provocado violencia, odio y condena entre aquellos que claman poseer la "verdad" sobre cuál Dios es el Dios. Son nuestros egos los que nos hacen creer que nuestro grupo o valores son los únicos aceptables que hay, y no es así. Este exceso de autoestima no sólo moldea algunas religiones, sino que también afecta nuestra forma de hablar de política, razas o incluso de nuestro equipo preferido en deportes.

El Espíritu nunca me ha dicho que Dios tenga favoritos pero *sí* me ha dicho que sólo hay un Dios y todos estamos unidos en Él. Durante el funeral televisado de la terrible matanza de niños en Newtown, Connecticut, me sorprendió cuántas de las religiones del mundo estaban representadas en el escenario y pensé en lo significativo que debió de ser para Dios. Hubo cánticos hebreos, referencias a Jesús, oradores musulmanes y bahaístas y creo que hasta escuché a alguien referirse a Dios como Gran Espíritu. Fue un acercamiento que incluía todas las fes, unidas bajo un mismo Dios, y ayudó a unir a la gente cuando más se necesitaban los unos a los otros. Puede que tengamos nuestras diferencias pero todos somos Sus hijos.

Si el nombre de Dios es demasiado religioso para que lo aceptes, el Espíritu me dice que Poder Superior también es una forma de llamarlo. Personalmente, me da igual cómo llamas a Dios. El origen de nuestra creación es la misma entidad, no importa cómo lo llamemos. Si tuviera que sintetizar la esencia de Dios y del Cielo, creo que se trata del amor y cómo estamos conectados unos a otros en nuestro mundo y en el más allá. Dios quiere que redescubramos un sentimiento común de unidad con Él para ayudarnos a sentirnos menos solos aquí.

Dios, ¿estás ahí? Soy yo, ¡Theresa!

Siento a Dios a mi alrededor todo el tiempo, pero sólo he hablado con Él en pocas ocasiones. Una de las conversaciones más conmovedoras que tuvimos fue cuando acepté mi don. Dudaba y vacilaba si era o no real y si podía asumir la responsabilidad de canalizar las almas para aquellos que estaban de duelo. Fue ahí cuando mis guías sacaron la artillería pesada para asegurarme de que ser médium es lo que estoy llamada a ser. Iniciaron una conversación con Dios.

Mientras canalizaba la más poderosa y relajante energía que había experimentado en mi vida, Dios me dijo básicamente que la gente estaba perdiendo la fe. Estaban decepcionados con la religión, sobre todo aquellas que la usaban de escudo o manipulaban sus intenciones para hacer cosas inmorales y desagradables. La religión nos estaba separando en lugar de unirnos. También me dijo que ahora menos gente que antes creía en Él y que hacía falta una nueva forma de restaurar la fe que no fuera predicando, regañando o tocando de puerta en puerta. Y es precisamente aquí donde yo encajo.

Dios me dijo que mi tarea era reconectar a las personas con sus difuntos seres queridos, ayudarlos a sanar y a aceptar la vida y, por asociación, Él esperaba que acabarían dándose cuenta de que hay más vida que la que vemos en ésta; en otras palabras, la creencia en un más allá con Dios. Comparado con un dogma estricto o un proselitismo religioso, dijo que mi don de canalizar sería una nueva forma de llegar a la gente con sus mensajes de amor y de unidad. Mientras te describo esto, el Jefe me lo muestra como un medidor de aplausos. Ahora hay menos gente "aplaudiendo", la metáfora del Jefe para dirigirse a Dios. Quiere que "aplaudamos" más, que creamos en él, le hablemos, le estemos agradecidos y hagamos buenas obras para Él.

Cuando Dios me dijo que la gente ha perdido la fe en Él, me hizo comprender lo frágiles que son nuestras creencias espirituales realmente. Si tienes una mala experiencia con un profesor, no pierdes de repente la esperanza en todo el sistema educativo, y si tienes un encuentro desagradable con un médico, no insistes en que todos los profesionales de la medicina son una basura. No. Encuentras profesores y médicos en quienes puedes confiar y con el tiempo te demostrarán que puedes contar con ellos. En cambio, la gente suele darle la espalda a Dios con mucha facilidad si la vida les juega una mala pasada. Créeme, entiendo que uno pueda enfadarse con Dios cuando pierde a miembros de su familia o la vida lo obliga a tomar decisiones difíciles. Mi corazón está con esa persona y, a mi manera, yo también he estado ahí. El mundo físico es difícil y a veces haces lo que puedes para mantenerte a flote. Pero sólo porque una religión, iglesia, líder o amigo te abandone, no puedes perder la fe en Dios y en lo que Él significa. Es como cortar y echar abajo un árbol de manzanas porque una de sus frutas está podrida.

¿Por qué a Dios le importa si tienes más fe? ¿Es por tu bien, o para poblar los niveles más elevados del Cielo, o para que lo adores mejor? La respuesta es tan sencilla y a la vez muy desafiante. Dios básicamente me dijo que las personas no se quieren y se respetan mutuamente como deben hacerlo y quiere que cambiemos eso. No es para Él poder controlarnos ni nada de eso, sino para que podamos tener una mejor vida en la tierra y sentir lo más posible el amor incondicional, la generosidad y la paz de Dios en nuestra vida diaria. En resumen, demostrar amor y compasión nos devolverá a nuestro yo más espiritual. Y no quiero poner palabras en la boca de Dios pero siento que no quiere que tengamos que esperar hasta llegar al Otro Lado para sentir un poquito del Cielo. Nuestra jornada aquí es suficientemente difícil ya sin echarnos encima el estrés y la tristeza adicionales que nos infligimos mutuamente.

En muchas ocasiones el Espíritu me ha dicho que estamos perdiendo los valores comunales que mantienen a nuestras almas conectadas en este mundo. Pequeñas acciones como aguantar la puerta para que otro pase, ayudar a un desconocido a llevar algo que pesa, tratar a aquellos que son distintos a nosotros como a iguales y preguntar a nuestros vecinos cómo están puede causar un gran impacto en nosotros y en el mundo en general. Dios quiere que seamos generosos, amables, agradecidos y devolvamos los favores. Es como cuando entras en el supermercado después de enfadarte con tu pareja y al salir la bolsa se rompe y todas las naranjas salen rodando, un desastre. Pero de repente un desconocido aparece de la nada y te ayuda. Mete tus cosas en una bolsa, te ayuda a llevarlo todo al automóvil y te cuenta un chiste que te hace reír. Tu humor cambia, vuelves a casa y haces las paces con tu familia. Todo eso porque una persona tomó diez minutos de su tiempo para hacer tu vida más fácil. De alguna forma, lo que creo que Dios quiere son más ángeles en la Tierra. Quiere darnos una razón más para sentirnos agradecidos por lo que hemos logrado y lo que Él nos ha dado en el mundo físico. Quiere facilitarnos que nos amemos y honremos a nosotros mismos para poder amar, honrar y ayudar de verdad a los demás. ¿Y no sería maravilloso que esto se integrara en nuestra manera de ser? Espero que estemos camino de lograrlo. Piensa en todos los desastres naturales que hemos sufrido en los últimos años: huracanes, tornados, inundaciones. No creo que Dios esté intentando destruir comunidades para que así nos demos cuenta de lo que de verdad importa (muchas de estas cosas las hemos provocado nosotros maltratando al medio ambiente), pero sí creo que está satisfecho con que si tiene que salir algo bueno de todos estos sucesos que cambian vidas enteras, es que tengamos que reconstruir nuestras comunidades y sus relaciones internas.

Cuando Dios habla, los clientes escuchan

Dios también ha acudido para conectar directamente con mis clientes, aunque una vez se presentó de tal modo que me fue imposible entenderlo al principio. No sabía nada de la mujer con la que tenía la sesión y era tan callada que tampoco habíamos hablado mucho antes. Una de las primeras cosas que le dije fue: "Siento la energía de un marido. ¿Has perdido a tu esposo?". Me dijo que nunca había estado casada, así que me olvidé del asunto. Pero la figura conyugal no me dejaba en paz, incluso insistía en mostrarme una alianza de oro muy sencilla. Lo ignoré y pasamos a otros mensajes, como por ejemplo que la mujer tenía un don espiritual similar al mío. Más tarde, durante los últimos quince minutos de la sesión, sentí una paz inmensa y vi la abrumadora luz blanca con los bordes dorados que siempre me deja patidifusa.

"Llámame loca si quieres, pero siento que Dios está presente", dije. Me sentía distinta a cuando conectaba con la energía de un marido normal y corriente; era como si estuviera por encima de tus seres queridos, por encima de un guía o de un ángel. Dios me dijo que le dijera: "Gracias por hacer mi trabajo". La mujer me dio las gracias por la sesión y no volví a pensar en el asunto. Unos meses después, estaba a punto de empezar una sesión con otra cliente cuando ésta me dijo: "He oído que usted hizo una sesión con la Hermana Mary Catherine que resultó una experiencia increíble". *¿La Hermana Mary?* Por lo visto, la otra mujer era una *monja*. Una monja con habilidades psíquicas, nada menos. Pero más que todo, la energía de marido ahora tenía sentido. Al principio no se sentía como Dios porque el Espíritu me hace sentir el lazo que esa persona comparte con el alma, pero las monjas se consideran esposas de Cristo. Además, me mostró una alianza. Y cuando no pudimos identificarlo, Dios recurrió a una presencia más obvia. Me sentí como una tonta por todo esto.

El hecho de que Dios esté logrando el máximo de mi vida aquí no quiere decir que este asunto sea acerca mí. Es acerca de

Él y acerca de ti. Tal vez yo me divierta con mi imagen —el pelo, las uñas, las joyas— pero soy quién soy y a Dios sólo le interesa que transmita sus mensajes. Considero que lo que yo hago es obra de Dios y sé que lo hago bien cuando ayudo a restaurar la fe que Él me ha dicho que ha disminuido en gran medida. Una vez tuve una sesión con un joven que había perdido a su padre, cuya alma me dijo que le encantaba cantar y que había sido un hombre religioso en el mundo físico. El joven asintió y añadió: "Yo también solía cantar pero dejé de hacerlo el día en que perdí a mi padre". Durante la sesión, el alma del papá me dijo que estaba muy orgulloso de su hijo por haber seguido sus pasos y haber entrado en el ejército. Sentí que el corazón del hijo se ablandaba con cada palabra. Cuando nos despedimos, pensé: *Si este muchacho arranca a cantar Cristo me ama, me defeco aquí mismo.* Unos segundos más tarde empezó a cantar, por primera vez en siete años. Era otro himno. Había recobrado la fe y su voz era poderosa. ¡Me alegro de que el SOS del Cielo lo ayudara! Como nota al margen, quiero añadir que soy una ferviente defensora del trabajo de nuestras tropas, así que decidí no cobrarle al muchacho por la sesión. De regreso a su casa, se le pinchó una rueda. Usó el dinero que se había ahorrado para comprar una nueva. ¡Yo creo que eso también fue cosa de Dios!

¿Qué hace un alma como la tuya fuera de un cuerpo como ése?

Me encantan las historias sobre personas que han tenido experiencias extracorporales o cercanas a la muerte que las han llevado al Cielo y de regreso a la Tierra. La principal diferencia es que las experiencias cercanas a la muerte normalmente suceden durante un acontecimiento traumático o durante una operación quirúrgica, mientras que las experiencias extracorporales pueden ocurrir mientras uno duerme, medita o sueña despierto; básicamente cuando el estado de su conciencia está alterado.

He encontrado que las historias sobre experiencias cercanas a la muerte son bastante consistentes pese a ser poco frecuentes. Casi todas incluyen atravesar un túnel, gravitar hacia la luz blanca y ver a seres queridos que han fallecido. Las almas de algunas personas quedan rodeadas al instante de un resplandor dorado. A otras las conducen a un pasillo muy iluminado y sienten un amor total y absoluto. He oído hablar de visitas a otras dimensiones, con vida mucho más inteligente que la nuestra. También hay almas que van de visita al más allá; otras no llegan muy lejos, sino que se encuentran con el Espíritu divino inmediatamente. Pat conoció a una mujer que había tenido una experiencia cercana a la muerte a los veinte años cuando su cuerpo tuvo un fallo multiorgánico. Dijo que su alma entró en un espacio negro como la noche y luego vio una ventana. Afuera, vio a un hombre y a una mujer. El hombre parecía una figura bíblica, vestido con una túnica y con una barba muy larga. El espíritu femenino llevaba un pañuelo en la cabeza y parecía de Europa Oriental. La mujer no reconoció a ninguno de los dos, pero entonces se sintió atraída hacia la luz que había al otro lado de la ventana. Casi había llegado hasta ella cuando se despertó.

A pesar de que sólo nombrarlas me pone los pelos de punta, las experiencias cercanas a la muerte son siempre positivas y refuerzan la vida. Muchas veces se da a una persona por muerta, hasta que el alma regresa y se considera un milagro. Cuando el Espíritu le dice a estas almas que han vuelto a sus cuerpos, a menudo se sienten decepcionadas ¿Quién puede culparlas? Dios creó un mundo maravilloso para nosotros aquí en la Tierra pero el Cielo es la perfección. Al igual que los milagros, creo que las experiencias cercanas a la muerte ocurren para que podamos regresar y contárselas a los demás aquí, en el mundo físico. Una experiencia cercana a la muerte también puede ser una voz de alerta para que reconsideres tu vida y hagas cambios. Yo nunca he tenido una experiencia cercana a la muerte pero durante las sesiones el Espíritu me dice si esa persona ha tenido una.

Algunas personas pueden tener experiencias extracorporales

sin que su salud haya sufrido daño alguno. Esto le pasó a Gram unas cuantas veces, aunque nunca llegó hasta el Cielo. Cuando Gram estaba embarazada de mi madre, recuerda que se desmayó a causa de la anemia y vio a su abuela, que había muerto. Iba a irse con ella pero oyó que su madre la llamaba y le dijo a su abuela que tenía que marcharse porque su madre la estaba llamando. Y se despertó. Muchos años después, Gram estaba tumbada en el sofá y sintió que su alma salía de su cuerpo. Cuando se lo contó a mi madre, mi madre le dijo que era posible que hubiera tenido una experiencia extracorporal, como la proyección astral, en la cual el alma se separa del cuerpo y viaja por ahí. Poco después, Gram estaba durmiendo una siesta y sintió que su alma se separaba de su cuerpo, está vez por la espalda, y supo lo que estaba pasando. "Oye, ¿qué es lo que estás haciendo?", se dijo. Y con eso, todo volvió a la normalidad.

Dios te dice: "Mi casa es tu casa"

Mucha gente habla del Cielo como el hogar de Dios pero también es tu inmaculada morada. El Cielo es de donde todos venimos y adonde todos regresamos, y muchas veces, cuando el Espíritu habla de gente que muere y viaja al Otro Lado, lo llama "irse a casa". Soy de las que devoro todos los programas sobre decoración y me encanta oír cómo es el Cielo ¡Dios es al parecer un decorador estupendo!

Aquellos que han tenido una experiencia cercana a la muerte o una experiencia extracorporal se quedan sorprendidos por su indescriptible belleza, su magnificencia, y la increíble intensidad del Otro Lado. Toda la luz, los paisajes, los colores y las sensaciones que encuentra el alma son, literalmente, cosa de otro mundo. Los que han experimentado el Cielo dicen que no hay palabras para describir las sensaciones y las vistas porque no tenemos nada parecido en la Tierra, así que nuestro vocabulario se queda muy corto (a Dios también lo describen como mucho más de lo que somos capaces de expresar). Nuestro lenguaje tampoco puede describir en todo su esplendor lo que los visitantes recuerdan del Cielo porque allí uno no sólo ve, siente, u oye, sino las tres cosas a la vez. Las ideas no se estudian, se "implantan". ¡Suena a película de ciencia ficción pero es porque no saben cómo describir de otro modo su experiencia! Puedo identificarme con su frustración con las palabras porque cuando hablo de cómo es canalizar, también me cuesta encontrar sustantivos, verbos y adjetivos para describir las sensaciones que siento y que sé que son verdaderas. Es como tratar de dibujar un arcoíris con un solo crayón.

El Cielo para nosotros no es sólo una escala entre una vida y otra, ni simplemente el lugar donde Dios, los ángeles y otras almas divinas viven. Es un lugar en el que nos sentimos íntimamente unidos a su amor perfecto e infinito. Y, porque Dios es amor, el Cielo es un lugar de amor. En el Cielo hay un sentimiento de aceptación universal, sientes que estás donde debes estar, que se te valora, que nunca volverás a sentirte juzgado ni culpado, ni sabrás lo que es la envidia, el miedo, el ego, la ira y otras emociones destructivas propias de la Tierra. La gente que ha tenido experiencias extracorporales habla de cómo se sienten invadidos por sentimientos de aceptación, perdón y un amor más poderoso que el que jamás podrías recibir de tu familia, tus amigos y tus mascotas en el mundo físico, porque es puro. Y a medida que creces y te vas acercando a Dios, la frecuencia de la energía se vuelve más intensa, igual que las sensaciones positivas. Aunque en el Cielo hay muchas dimensiones y muchos niveles, no sé si está sobre nosotros o paralelo a nosotros. Ése es otro tema de debate entre los médiums. Lo que importa es que el Espíritu está a nuestro alcance siempre que lo necesitamos.

Algunas de mis anécdotas favoritas sobre experiencias extracorporales describen el Cielo como paisajes de colores deslumbrantes con niños jugando, gente cantando y bailando y animales que campean a sus anchas. En la iglesia me enseñaron que las calles estaban cubiertas de adoquines de oro, las puertas eran de perlas y las paredes estaban adornadas con zafiros, esmeraldas, rubíes, amatistas, topacios y otras piedras preciosas. También creo que el Cielo puede presentar una apariencia distinta dependiendo de en qué nivel se encuentre uno y me pregunto si tiene características singulares para cada persona, según quién lo vea, cuándo y con qué propósito. Pienso en cómo distintos médiums interpretan los mensajes y el más allá de manera diferente porque los filtran a través de sus propias experiencias y prioridades. Es posible que nuestras interpretaciones del Cielo también estén hechas a medida.

¿Te acuerdas de Brian Murphy, a quien mencioné en el segundo capítulo y que se ahogó durante unas vacaciones familiares? El padre de Brian, Bill, se mantiene en contacto con el alma de Brian de un modo alucinante y Brian tiene mucho que contar acerca de Dios y del Cielo. Brian le ha dicho a Bill que Dios es un "punto brillante de luz, energía y amor que va más allá de lo que persona alguna es capaz de comprender". En muchas ocasiones, Brian se ha llevado a Bill y a su familia a hacer lo que Bill llama "viajes del alma" y que son como sueños emocionantes y surrealistas. Cuando al día siguiente se cuentan los sueños unos a otros, todos los miembros de la familia que han participado en el viaje recuerdan los mismos detalles. En uno de los viajes, el alma de Brian llevó a Bill al Cielo. Así es como Bill lo describe:

Atravesamos un edificio enorme parecido al Partenón. Nos cruzamos con ángeles, que tenían auras doradas y radiantes y que parecían estar rellenando informes. Luego visitamos la parte de atrás y había niños jugando junto a un riachuelo y una cascada. Todo eran cristales y piedras preciosas. El agua era cristalina y parecía como si ni siquiera estuviera allí. También oímos los cantos más hermosos pero no los "oía" fuera de mí, sino como si estuvieran dentro de mí y alrededor mío a la vez. No sabría decirte de dónde venían pero me hicieron sentir completamente a salvo y en paz.

A continuación Brian le mostró a Bill que en el Cielo hay distintos niveles y dijo que el propósito de nuestra existencia en la Tierra es tratar de vivir una vida que nos lleve más cerca del siguiente nivel y de Dios, que está en el nivel más alto. Brian también le explicó que él era un alma vieja y que había vivido muchas veces en el mundo físico y había alcanzado un nivel muy alto. Desde estos niveles altos es más fácil interactuar con la Tierra, y por eso Bill cree que Brian puede llevarlo a hacer esos viajes del alma.

Todos los años tengo una sesión con Bill y Regina, y Brian me ha dicho que hace poco fue a ver a Jesús para pedirle nuevas responsabilidades, como ayudar a cruzar a otros niños para que Dios no tenga que enviar a un ángel. Dijo que los ángeles son muy grandes y los niños muy pequeños, y que por eso a veces los ángeles les dan miedo. El Espíritu me dijo que Jesús se echó a reír y le dio a Brian el trabajo. Bueno, es cierto que esto último no tiene nada que ver con cómo son Dios y el Cielo, pero quería contártelo de todas maneras porque me parece genial.

Reza de corazón

La comunicación con Dios puede ser personal y poderosa. Si nunca has rezado, no quiero que te sientas intimidado. Rezar tiene que ser lo más natural del mundo porque Dios está en todos nosotros. Mientras que la meditación es escuchar a Dios, pienso que rezar es pedirle a Dios lo que uno desea. El Espíritu también se refiere a rezar como "alabar a un poder superior". Los distintos credos tienen varios rituales que acompañan a la oración y Dios los honra a todos siempre y cuando se realicen de todo corazón y con pura intención. Decir una Novena o rezar un Rosario no me hace más religiosa ni me acerca más a Dios que los demás. Y aunque también creo que Dios es la mayor fuente de salud y sustento, el Espíritu me dice que no pasa nada si prefieres dirigir tus oraciones a las almas de la fe, a los ángeles, a los guías o incluso a tus seres queridos. Como bien sabes ya, hay muchas almas al Otro Lado con poder divino y en contacto con Dios. Trabajan con Él y ellas también pueden "recibir la llamada", aunque creo que cuando le rezas directamente a Dios, Él es el único que te oye.

Durante mis oraciones siempre procuro practicar ciertos hábitos. Por ejemplo, pida lo que pida, lo hago con gratitud. Antes de pedir lo que desea mi alma, le doy las gracias a Dios por las bendiciones que me ha concedido. Tampoco utilizo las palabras "quiero" o "necesito" (por ese camino, ¿por qué no decir "Dame, dame, dame"?). Le pido a Dios que me ayude a ser paciente o que me dé fuerzas para sobrellevar una situación que me ponga a prueba. También le digo "Gracias", pues asumo que la respuesta a mi oración ya está en camino, en vez de decir "por favor", que suena más pedigüeño. Mostrar gratitud antes de recibir una bendición también implica que tienes fe en que Él te concederá lo que pides. Siempre rezo con mi mayor pasión posible para que Dios sepa la intensidad de mi necesidad y, finalmente, soy muy específica. No estoy segura por qué el Espíritu no sabe de manera intuitiva lo que queremos, pero la verdad es que no lo sabe. Es muy literal. Darle detalles específicos también me ayuda a entender lo que *yo* quiero y lo que no quiero, para así poder reconocer la respuesta a mis oraciones en cuanto la veo.

Por ejemplo, digamos que quieres conocer al hombre ideal. Tu oración no puede llevar el tono de: "Querido Dios, por favor envíame un marido", u "Oye, Dios, ¿puedes enviarme a un buen hombre?". En vez de eso, dile: "Querido Dios, quiero darte las gracias por mi familia, mi trabajo y mi perro... También quiero agradecerte que me presentes a un hombre alto, trigueño, guapo, sin barba ni bigote, con estabilidad económica, que me quiera y me respete...", etc. Puedes decirle todo lo que quieras. ¡Es alguien que sabe escuchar!

Si lo tuyo no es rezar, puedes mejor visualizar lo que deseas. Tal vez rezar te suene demasiado religioso, o en este momento no quieres hablar con Dios porque estás disgustado por perder a un ser querido. Visualizar tus necesidades es otro modo de enviar un mensaje al Otro Lado sobre lo que añoras, porque estás en un estado meditativo que te abre al Espíritu. También te estás concentrando en lo que tu corazón anhela con una intención muy clara, similar a cuando rezas. Para probar la visualización, siéntate en silencio en un estado meditativo y vacía tu mente. Rodéate de luz blanca y echa raíces en la tierra, como cuando estás meditando. Entonces, en el ojo de la mente, dibuja claramente lo que quieres.

Vamos a poner un ejemplo. Imagina que quieres tener más familia. Siéntate en silencio y visualiza hasta el último detalle ese maravilloso bebé: desde una gestación sin complicaciones a un parto corto y seguro, a la llegada del bebé y la transición a su nuevo hogar y a su familia. Usa todos los sentidos. Siente sus deditos cerrándose en torno al tuyo, huele su pelo, imagina su sonrisa, escucha sus gorjeos, saborea la piel de su diminuta frente con un beso. Repite la visualización todos los días.

En cuanto a mí, me gusta ser intensa y hago las dos cosas a la vez: rezo y visualizo para lograr un ardiente doble efecto. Cuando quiero que Victoria sea feliz en la universidad, por ejemplo, le pido a Dios que vele por ella y luego lo visualizo protegiéndola con su increíble luz blanca y a Gram sentada en su cama para tranquilizarla. La veo llegar a tiempo a clase, estudiando, divirtiéndose con los amigos, tomando decisiones correctas sobre chicos, sus estudios y cómo gastar su dinero.

Otra cosa: como Dios te dio libre albedrío, no puedes depender *solamente* de la oración y de la visualización sin hacer tu propio esfuerzo. Dios no es el genio en una lámpara y el Espíritu no usa trucos de magia para darnos lo que queremos. Otro ejemplo más: si quieres recibir apoyo en una reunión, tienes que prepararte bien. Lo que tendrías que rezar/visualizar es que la presentación que ensayaste surja de tu boca perfectamente con facilidad y elegancia y que todos te escuchen maravillados. ¿Ves la diferencia? ¡La verás cuando pongas en práctica estas técnicas!

Para terminar, es bueno que reces por tus seres queridos que han cruzado al Otro Lado. No te lo digo por ser católica; el Espíritu también habla mucho del tema. Las almas saben cuándo les estás hablando y tus oraciones les enviarán energía que les ayudará en su jornada en el Otro Lado. Dales las gracias por guiarte y reza para que sus almas lleguen al nivel más alto posible del amor y la luz de Dios. Ni siquiera tienes que ponerte a rezar: basta con pensar en ellos con cariño. Piensa que es un modo de "devolverles" todo lo que hacen por ti sin que lo sepas.

Las celebridades en el Cielo

He hablado mucho de Dios y de otros seres divinos muy conocidos pero también encontrarás celebridades en el Otro Lado. No debería sorprenderte mucho, pues son almas de humanos como tú y como yo. La revista *US Weekly* siempre ha dicho que "¡Las estrellas son como nosotros!" y he canalizado las almas para probarlo. Siempre leemos cosas como que "Llevan la esterilla de yoga" y "¡Nadan en la piscina!". Y aquí va otro titular: "¡Cruzan al Otro Lado!".

Lo más cómico es que muchas de las celebridades que he canalizado se han presentado de manera sorpresiva. No tuve que sentarme con un familiar vivo de una celebridad para que su alma se presentara. Las almas aparecieron brevemente en sesiones de otras personas por su propia voluntad, lo cual demuestra lo accesibles que son en el más allá. ¡Imagino que en el Cielo no hay cordones de terciopelo que las separen de los demás!

Ha habido músicos que han aparecido para decirme cosas muy interesantes. El primero fue Elvis. Estaba en una sesión con una mujer y el alma de su marido me dijo que su familia tenía un árbol de Navidad decorado con todos los adornos de Elvis. Entonces pregunté: "A quién le gustaba Elvis?" y la mujer contestó: "Mi marido estaba *obsesionado* con él". En ese momento oí una voz que dijo: "Elvis está muerto de verdad". Y vi un ostentoso traje blanco con pantalones de campana y un afeminado de pelo negro. La mujer probablemente hubiera deseado que su marido hubiera estado allí para contarle la noticia, pero como él también estaba en el Otro Lado, ¡ya lo sabía! También tuve una sesión con una chica en Howard Beach, en Nueva York, a quien le dije: "El alma de Michael Jackson está aquí y me dice que tienes una camiseta de su gira de 1982". La chica estaba anonadada. Era una gran fan de Michael Jackson. Me dijo que se había puesto la camiseta antes de venir pero que se cambió en el último momento. Entonces Michael se presentó y le dio las gracias por ser su fan. Debo mencionar que cuando vino a mí no apareció con un solo guante ni tenía el aspecto de sus últimos años. Las almas que han partido se muestran como tú las recuerdas o como a ellas les gustaría que las recordaras. Michael apareció de niño, lo cual interpreté como que siempre había sido un alma inocente.

Hay artistas que han venido a consolar a la persona para la que estaba haciendo la sesión. El rapero Tupac apareció para consolar a un joven cuyo mejor amigo había muerto a tiros disparados desde un automóvil en marcha, que fue también como murió Tupac. Una vez, el Espíritu me pidió que le preguntara a una chica que había perdido a su madre si le gustaba Whitney Houston. Primero vi el alma de la madre y luego vi a Whitney Houston, que llevaba unas gafas de sol y un pañuelo en la cabeza, como en su película *El guardaespaldas*. La chica me dijo que su madre no era la mayor fan de Whitney ni nada parecido y entonces el Espíritu me mostró a su madre en un automóvil con Whitney, las dos cantando "I Will Always Love You". Las dos reían y lloraban a la vez. Al oír aquello la chica suspiró. "Cuando veníamos hacia acá", dijo, "mis amigas y yo veníamos cantando esa canción, riéndonos y gritando histéricamente". No sólo su madre le estaba diciendo a su hija que estaba con ella en ese momento, ¡sino que también estaba en el Cielo con Whitney! La talentosa cantante se mostró a sí misma como quería que la recordasen: como una mujer fuerte y bella que se preocupa por su familia y por los demás.

Aunque siempre es notable cuando aparece el alma de una persona famosa durante una sesión, disfruté mucho canalizando a un presidente regio. En Queens, Nueva York, tuve una sesión con un tipo que llevaba barba, tatuajes y tenía cara de pocos amigos. De repente, vi el alma de Abraham Lincoln a su lado. Fue como un estallido. ¡Abraham Lincoln! Cuando le dije a mi cliente que Lincoln estaba con nosotros, el tipo casi enloquece porque no sólo era un gran admirador del decimosexto presidente, sino uno de esos que participa en actuaciones que reproducen escenas de la Guerra Civil. Lo raro es que desde entonces he oído de otras apariciones del Espíritu de Lincoln en Queens. No me preguntes por qué, aunque yo sé que Lincoln y su esposa eran muy espirituales, especialmente tras la muerte de su hijo William. Pero es posible que Abe Lincoln le tenga cariño a los barrios de Nueva York porque cuando murió, su cuerpo desfiló por las calles de esa ciudad en una marcha funeral camino a su lugar de descanso en Springfield, Illinois. O a lo mejor sólo le gusta pasear por la Avenida Arthur para asustar a la gente.

El Espíritu de una celebridad puede aparecerse porque sí. Una de mis estrellas favoritas fue tan tímido y encantador cuando se presentó que fue un ejemplo de cómo uno conserva su personalidad en el Cielo. Estaba secándome el pelo y a punto de recibir una llamada del productor de *The Tonight Show with Jay Leno*, cuando de repente, me pregunté si Johnny Carson estaba muerto. Le grité a Larry: "¿Johnny Carson se murió?" A lo que él me respondió: "¿Hablas en serio, Theresa? Claro que Johnny Carson está muerto". Volví a encender el secador y Johnny me dice: "Vas a ir a mi antiguo estudio".

Entonces Johnny me mostró un rápido video de un estrecho pasillo con fotos de antiguos invitados al programa. Cuando el productor de Leno llamó, le dije: "Oye, Bob. Tuve una visita de Johnny Carson y me dice que voy a ir a su antiguo estudio donde hay retratos en el pasillo". Pero Bob me dijo: "No lo sé, Theresa. Johnny Carson está muerto pero ahora estamos en un edificio nuevo. Él nunca grabó el programa en este edificio y no tenemos pasillos como el que describes". Entonces pensé: *Qué raro. ¡Pero bueno, no puedo acertar siempre en todo!*

Fui al programa de Jay Leno y todo estuvo bien. A la mañana siguiente tenía que salir en vivo en el programa *Access Hollywood* y, en cuanto entré en el estudio, vi un mural enorme de Jay Leno junto a un pasillo pero no avancé en él. Me estaban retocando los ojos y los labios y empecé a canalizar al hermano de la maquilladora que se había ahogado. De repente, el Espíritu me giró la cara hacia mi izquierda para mirar el teatro oscuro y vacío. ¿Y quién estaba allí? Johnny Carson, con un traje color canela y zapatos marrones, sentado y con los pies apoyados en un asiento. Estaba en el medio de una fila que estaba en el centro del teatro. Se lo conté a todo el mundo de esta manera: "¿Qué hace Johnny Carson *aquí*?". Uno de ellos me dijo que durante un año el programa *The Tonight Show* se filmó en el estudio de *Access Hollywood*. ¿Y ese mural que vi de Jay Leno? Si hubiera continuado en el pasillo, habría visto un mural de Johnny en el otro extremo.

7

TODO ES ENERGÍA

"Energía" es un término que suena a científico y que a los psíquicos les gusta mucho utilizar, pese a que no estoy segura de que muchos de nosotros tengamos cualidades de profesores o de gurús de tecnología. He conocido a muchos médiums y ninguno de ellos me ha dicho nunca: "Oye, en realidad yo realmente quería ser un físico pero sabía que hablar con los muertos me haría mucho más popular en las fiestas". ¿Nos hemos vuelto locos? Si me das un radiómetro, probablemente lo utilice como pisapapeles. Incluso cuando los niños en mi casa necesitaban ayuda con sus proyectos para la feria de ciencias el asunto se convertía en un esfuerzo colectivo en que Larry, mis padres y yo hacíamos nuestra parte. Y créeme cuando te digo que casi nunca era yo la que dirigía el esfuerzo.

Dicho esto, voy a hacer lo posible por explicar un poco más cómo la energía se relaciona con nuestro cuerpo, nuestra alma y con el más allá de modo que sea fácil de comprender. Hasta ahora, he hablado de que Dios es energía, nuestras almas están hechas de energía, y de que nuestras vibraciones energéticas se hacen más fuertes a medida que nuestras almas crecen y ascendemos a niveles superiores del Cielo. También he discutido cómo las almas con energía más fuerte se comunican de forma más clara y con mayor personalidad. Para continuar este tema, trataré de no ponerme muy académica ni metafísica, pero si alguien tiene cabeza para pensar esta cuestión con calma, que lo haga. Es posible que sea demasiado que procesar si todavía no has tomado café o si no has pensando en esto desde que estabas en secundaria.

¡Así que atiendan bien, alumnos! El centro de la lección de hoy es que todo es energía. Está en la esencia de lo que vemos, hacemos y pensamos. No sólo *somos* energía, sino que también *usamos* nuestra energía para decirle al mundo quiénes somos, qué es lo que nos interesa y quién aspiramos a ser. También creo que todo lo que existe en el universo está unido por una energía colectiva que conecta, fomenta y mantiene la vida y el más allá. Es una asombrosa corriente continua que mantiene el modo en que funcionan nuestros cuerpos, cómo evolucionan nuestras almas y cómo funcionan nuestras mentes y procesan las emociones. La energía nos une entre nosotros y con Dios, porque creo que la energía viene de Dios, el creador de todo.

¿No somos acaso una bola de energía?

Albert Einstein fue un hombre de grandes ideas y, como yo, de mucho pelo. Una de las pocas cosas que recuerdo haber entendido de él en la clase de Ciencias cuando era joven es su ecuación: $E = mc^2$. Básicamente nos muestra que la energía (E) y la masa (m) se pueden convertir la una en la otra. Es más, el famoso físico alemán dijo: "La energía ni se crea ni se destruye, solamente se transforma". Suena intenso y tal vez un poco confuso, pero creo que la forma más fácil de entender este concepto es pensar en el ciclo del agua. Existe una cantidad finita de agua en nuestro planeta y, aunque dicha agua puede cambiar de forma, nunca desaparece. Cae en forma de lluvia, parte la absorben plantas y animales, y parte se evapora de vuelta a las nubes para volver a caer. En algún momento el agua vuelve al aire a través de la muerte o los excrementos, y el ciclo se repite. El agua nunca se crea ni se destruye, simplemente cambia. Lo mismo ocurre con la energía. Cambia de forma pero no desaparece nunca.

Una de las maneras en que *E* puede cambiar es de energía

potencial a cinética. La potencial guarda relación con el modo en que un objeto almacena energía y la cinética es la energía del movimiento. Un depósito de gasolina tiene una cantidad determinada de energía potencial que el motor convierte en energía cinética; cuando se agota la potencial es que se te ha acabado el combustible (¡y también la suerte, si no hay ninguna gasolinera cerca!). O las baterías, que también tienen energía potencial cuando son nuevas o están recién cargadas. Si las pongo en un aparato de radio y subo el volumen, la energía potencial de las baterías se transforma en energía cinética para hacer funcionar los altavoces. Cuando ya no queda energía potencial, se han gastado las baterías.

Puedes usar y cambiar la energía que hay en ti y la que te rodea de varias maneras, igual que el agua, la gasolina y las baterías. El cuerpo y el alma son energía pero su forma es distinta. El cuerpo humano tiene mucha más energía que tu alma, que es más ligera y más pura. Volvemos a la metáfora del agua. El H_2O puede adoptar la forma de un cubito de hielo duro y sólido, o puede ser líquido o gaseoso cuando es vapor. El cuerpo humano es parecido en que su energía adopta una forma que ya no es densa sino ligera. No estoy diciendo que el cuerpo se disuelve en alma al morir, sino que tanto el alma como el cuerpo son energía, sólo que tienen una forma distinta.

Mucha gente se pregunta por qué necesitamos un cuerpo si somos energía tanto en el mundo físico como en el Otro Lado. ¿Por qué no escoger una forma de energía y mantenerla? Pues porque el cuerpo aquí tiene un propósito que está ligado al más allá. Lo usas para tomar decisiones libremente y necesitas de todas sus partes para experimentar el mundo físico. Necesitamos un cuerpo para movernos y también para sentir la clase de emociones que hace que cambiemos y tomemos decisiones. La negatividad, el dolor, la pena, la pérdida, tu cuerpo y tu mente desencadenan estos sentimientos para que podamos aprender las lecciones que dan crecimiento a tu alma. ¿Conoces esa canción que canta Kelly Clarkson, "Lo que no te mata te hace más fuerte?". Pues te ofrezco una mejor: Lo que no te mata le da más sabiduría a tu alma. Aprendes de situaciones difíciles y las usas para estar mejor preparado en el futuro. En el Otro Lado, el Espíritu dice que es mayormente arcoíris, así que tu alma no puede aprender cosas con el mismo impacto que aquí.

El modo en que tu cuerpo afecta tu alma, más su habilidad para superar reveses y guiarte a la autoconciencia, es un poderoso uso de la energía colectiva. Durante una sesión en Louisville, Kentucky, conocí a un chico de dieciséis años llamado Reese. Tenía fibrosis cística y había perdido a su padre de un infarto a los cinco años. Eran muy unidos. El papá se llevaba a su hijo a la oficina todos los días y, después de su muerte, Reese guardó su camisa negra, la última que su padre se puso en este mundo. Reese había atravesado un infierno de tubos de alimentación, hospitales, cirugías y funerarias. También había ido a terapia, porque la tristeza y la frustración acumuladas le habían provocado problemas de conductas agresivas que lo llevaban a pegarles a los hermanos. Cuando le pregunté a Reese cómo se llamaba, entendí su nombre como Grease. ¿Sabes lo que me dijo? "Primera falla. Te equivocaste". Mocoso insolente. Pero el alma de su padre vino a decir cuán orgulloso estaba de Reese y lo impresionado que estaba por lo mucho que hacía por su comunidad. (Luego supe que Reese tiene una lista de cosas que hacer antes de morir que incluye ideas de cómo hacerle más fácil la vida a la gente, por ejemplo llevándole comida a familias necesitadas y recaudando dinero para comprar regalos de Navidad a niños en el hospital). Después de la sesión, la madre de Reese me dijo que su hijo había superado la ira y había dejado de pegarle al hermano. "Sabe que su padre lo está observando", me dijo su madre, riéndose. "En su mente, su padre le está diciendo que se porte bien". Pero sin los desafíos físicos y emocionales que le hicieron tan dura la vida durante años, Reese no habría podido crecer. Las pruebas a veces nos parecen injustas en un momento dado, y no estoy alegrándome de que este pobre chico haya pasado tanto, pero sin ellas, no habría apreciado el valor de ayudar a otros ni de aliviar los pesares de otras almas en pena. Y ésa es una oportunidad significativa para un joven.

Habitar un cuerpo físico es una bendición en muchos sentidos porque Dios quiere que disfrutemos de nuestro tiempo aquí, solos y con los demás. No es un Dios Feroz empeñado en ser estricto, práctico y súper enfocado en aprender y alcanzar logros. Para empezar, le ha dado a tu cuerpo cinco sentidos que pueden traernos una felicidad asombrosa si nos detenemos a apreciarlos. Acariciar a tu perro, besar a tu pareja, comerte una porción de tarta de limón, oler una hortensia, ver cómo cae la nieve, escuchar la risa de un niño. Todas estas cosas constituyen un abrazo cálido para el alma. La alegría que siente tu cuerpo con estas experiencias también puede convertirse en energía cinética. Puede hacerte caminar con más alegría o hacerte sonreír de oreja a oreja. Dios también nos ha dado un planeta sagrado y necesitamos usar la energía de nuestro cuerpo para apreciarlo, respetarlo y protegerlo mientras estamos aquí. Siempre hablamos de cuidar del medio ambiente para nuestros hijos, pero como el Espíritu dice que nuestras almas reencarnan, hacerlo es de beneficio para nuestras vidas futuras también.

Otro modo en que puedes usar tu cuerpo es expresándote, usando tus dones, y mediante la esencia de tu alma. Los cantantes comparten físicamente sus almas utilizando el diafragma y las cuerdas vocales. Los escultores lo hacen con sus manos y los amantes de la moda en su modo de vestir. Mi marido Larry se expresa mediante los tatuajes de su cuerpo. Le encantan los animales y las aves. Su piel parece uno de esos afiches que se compran en la tienda de regalos del zoológico. Tiene un tatuaje del pez japonés *koi*, un símbolo de perseverancia y del hecho de que siempre está luchando para superarse y tener éxito en la vida; un dragón, que representa el modo en que protege a su familia; un águila que representa la libertad; y un gallo, que simboliza su espíritu de lucha y el modo en que se esfuerza por ser mejor y tener éxito a pesar de personas u obstáculos que se interpongan en su camino. Larry también tiene un tatuaje de una motocicleta

Harley-Davidson porque le apasiona esa moto en la que tanto le gusta montar. Y su nuevo tatuaje de 007 ilustra el sentido del humor de mi marido. ¡Es igualito al que llevaba Daniel Craig cuando parodió a Larry en el programa *Saturday Night Live*!

Envía tarjetas electrónicas amables

Las almas que han cruzado al Otro Lado no necesitan un cuerpo físico para transmitir su energía; me hacen sentir y notar las cosas a través de sus pensamientos, sus emociones y sus mensajes. Las vibraciones de tus pensamientos también son energía poderosa y puedes usarlos para manifestar tus ideas y atraer tus deseos. Hablar y escribir tienen los mismos efectos porque son acciones que también empiezan con pensamientos. Yo creo que la energía de nuestros pensamientos influye en nuestras vidas y en la de los demás y que también atrae las circunstancias y a personas que comparten nuestra forma de pensar. Nuestros pensamientos pueden determinar nuestro éxito, nuestra perspectiva de la vida y de las personas que nos rodean. El Espíritu oye tus pensamientos específicos y apasionados, ya sea durante la meditación, la oración o cuando te concentras en una idea, aunque no estés meditando de forma consciente sino simplemente sumido en tus pensamientos mientras conduces o corres en la estera mecánica. Si a esa energía le añades sentimiento, se hace más fuerte y se mueve más rápido.

Por transferir energía con cada una de tus interacciones, tienes que estar consciente de las emociones que surgen en tu mente y en tu alma. Los sentimientos negativos, como la ira, el odio o los celos y las envidias crearán una circunstancia tan rápida como la de un sentimiento positivo como el amor, la alegría o la emoción detrás de tus intenciones. Por supuesto, entre un extremo y otro hay una amplia gama de emociones —indiferencia, preocupación, duda— y esa energía también regresará a ti como un bumerán. ¿Te has levantado alguna vez con el pie izquierdo o has visto a tu pareja contagiarse de tu apatía o mal humor? Es como si el alma de la persona fuera una esponja de cocina, grande y absorbente. ¿O has comenzado el día de mal humor, pero te sientes mejor inmediatamente después de tomarte un café con un amigo que cuenta cosas cómicas? Si una actitud funesta puede transferir la misma energía y a la misma velocidad que la risa o la amabilidad, es conveniente estar atento a los cambios de humor y elegir bien a las amistades.

Cuando enfocas tus intenciones llenándolas de energía, las conviertes en acciones que crean tu realidad. Tus pensamientos se convierten en acciones y por ende se crea una reacción. Este resultado puede tener repercusiones infinitas, buenas o malas. También creo que mantener una energía optimista ayuda a que la vida sea mucho más fácil. Si tu energía es fuerte y equilibrada, las cosas irán más a tu favor y tu alma se sentirá más realizada. Cuando tu energía es disfuncional y está fragmentada, tu curso se bloquea o se perturba y enfrentarás más desafíos. Tu energía aquí también afecta tu alma en el más allá porque tu vida se evalúa en base a si tus acciones (impulsadas por tus pensamientos) tuvieron un efecto positivo a adverso en los demás.

Cuando buenos curanderos sanan a alguien, transfieren toda clase de energía a sus clientes. Usan energía termal o calor, que es la manifestación física de la energía de Dios que fluye a través de sus cuerpos (las manos de algunos curanderos se ponen rojas y muy calientes). También sanan con la energía del pensamiento, utilizan su mente para llamar a tus guías y ángeles y luego combinan la energía de estos seres con la suya para ayudar a curar el problema. Piensan en el problema físico o emocional y en su solución. Esos pensamientos e intenciones dirigidos ayudan a fomentar bienestar. Y, como el pensamiento contiene mucha energía, pueden curar en su propia casa o en la distancia. Funciona igual y con la misma velocidad y eficacia.

De tu lenguaje corporal también se desprende energía porque éste resulta del pensamiento. He tenido clientes que rebosaban emoción, ya fuera amargura, miedo, vulnerabilidad o tristeza.

Transferían energía simplemente por el modo en que cruzaban los brazos, se mordían el interior de las mejillas o no me miraban a los ojos. No hace falta tener un don espiritual para sentirlo o para que te afecte.

Siempre le atribuimos a nuestros cerebros la capacidad de transformar nuestros pensamientos en palabras y acciones, pero muchos pensamientos empiezan en el nivel del alma. En el Otro Lado, nuestras almas hablan a través del pensamiento y estamos conectados energética e infinitamente a esa parte de nosotros. He descubierto que a veces mi cerebro no es confiable, así que espero que mucho de lo que digo venga de un lugar mucho más instintivo. Pero apuesto que tú también has tenido momentos de euforia en que te has sentido sorprendido de llegar a una conclusión especialmente profunda o poco característica y te has hecho la pregunta: *¿De veras que eso salió de mi boca?* Esos momentos a menudo empiezan en el alma.

Eleva tus vibraciones

Toda energía tiene una vibración, pero cuando se trata de entender cuál es la vibración de *tu* energía, ayuda pensar en un ventilador de techo y en sus aspas. Cuando no está funcionando, verás cinco aspas inmóviles. Ocurre igual con tu vibración de ser humano porque eres energía sólida y pesada. Cuando enciendes el ventilador, las aspas comienzan a desaparecer y la vibración/velocidad es muy rápida, como si las aspas fueran un solo movimiento. Así es la vibración del Espíritu. Es mucho más rápida que la nuestra porque las almas son muy ligeras y pueden moverse más rápido.

También sé que la frecuencia en el Otro Lado es distinta porque puedo sentir el cambio cuando las almas salen de esa dimensión y cambian sus vibraciones para estar entre nosotros. Debido a este cambio de energía, tengo que elevar mi vibración cuando las canalizo y en mi vida diaria. Un modo de hacerlo consiste en elevar mi integridad espiritual practicando el perdón, la compasión y juzgando menos a los demás.

Elevar las vibraciones no es sólo cosa de médiums. Debe ser algo que tú también trates de hacer. Te ayudará a conectar mejor con tus seres queridos y te beneficiará en tu vida cotidiana. La energía de cada persona tiene una vibración que cambia dependiendo de quién está a tu alrededor, tu estado de ánimo y los alimentos y sustancias que introduzcas en tu cuerpo. Todos deberíamos aspirar a vibrar lo más alto posible. Cuando elevas tu vibración, los efectos se notan en el cuerpo y en la mente. Mientras más positiva sea tu vibración en el mundo físico, más lecciones habrás completado y aprendido y, como resultado, tu alma se eleva. Todo va de la mano.

Pat me enseñó muchas formas de elevar tu vibración aquí y ahora, entre ellas la gratitud, la risa, la música, la oración, la meditación y la danza. Estas actividades positivas también atraen buena energía hacia ti. También puedes elevar tu vibración con visualizaciones optimistas y ejercicios de respiración. Rodearte de un color que te guste —en una habitación en la que pases mucho tiempo o poniéndote una camiseta de colores vivos— puede animarte y cambiar tu vibración. No es casualidad que yo me sienta de mejor humor cuando llevo zapatos color amarillo-canario, bailo al ritmo de *Train*, les gasto una broma a mis hijos o agradezco los amigos que tengo e incluyo una oración y una meditación en mi día. Es una bendición total elevar mi vibración. ¡Un ascenso instantáneo!

Las vibraciones aumentan con el positivismo y cuando la tuya se eleve, fíjate bien que te sentirás más sensible hacia los demás y hacia tu ambiente. Es posible que comiences a sentir si alguien tiene dolores o enfrenta un problema, físico o emocional. Creo que por eso mi marido Larry llora con tanta facilidad desde que acepté mi don. Se ha vuelto más empático de tanto acompañarme a las sesiones y de asistir a mis programas. Percibe las emociones de la gente de un modo más intuitivo y con mayor intensidad que antes, y le resulta natural hacer bien a los demás porque ve el efecto que eso tiene en nosotros aquí y en el Cielo. Se le caen unos lagrimones enormes con los anuncios de televisión de la Asociación Americana Para la Protección y el Cuidado de los Animales (ASPCA), entabla conversaciones emotivas con los más improbables personajes (¡la más reciente con el bajista de heavy metal Rudy Sarzo!) y cuando oye a un niño cantar ópera en competencias de talentos deja marcas de humedad en el sofá. Hace poco conocimos a Oprah Winfrey en una fiesta de Discovery Communications, Inc. (propietaria de TLC, donde se transmite *Long Island Medium*) y Larry le contó que había llorado "como un bebé" durante el programa en que se despidió de la ABC. Oprah, que es como es, le apretó la mano con cariño. Estoy segura de que la vibración de Harry se ha elevado muchísimo, ¡a menos que se esté volviendo un blando con la edad!

Atracción instantánea: la energía y los objetos

He visto la energía y el Espíritu pegarse a los objetos personales como si fueran papel transparente de envolver. Objetos de tela (ropa, mantas, bufandas) y objetos sólidos como joyas, especialmente las piezas con gemas, atraen y conservan energía hasta mucho después de que la persona ha dejado de ponérselos. Muchos clientes traen objetos a las sesiones, pero no necesito tocarlos para sentir energía; el Espíritu me dice cuándo debo mencionarlos y lo que debo decir. Para validar su presencia, el alma de un ser querido me pidió que dijera que una mujer llevaba las cenizas de su madre en un collar. Yo no habría podido saberlo de otro modo; era sólo una cadena de plata con un colgante. Personalmente, me conforta conservar los objetos de mis seres queridos, y con ellos su energía, cerca de mí. Me pongo mucho el anillo de bodas de mi Gram, sobre todo para ocasiones especiales, como los partidos de *lacrosse* de mi hijo o las competencias de gimnasia de Victoria. Echo mucho de menos a Gram,

166

así que me gusta llevarla conmigo a todas partes. Cuando siento su energía, siento su presencia.

Como la energía no se puede destruir, puede permanecer como una impresión o vibración en objetos inanimados. Cuando compro cosas nuevas para la casa, en especial antigüedades y joyas de segunda mano que tienen historia, siempre saco la salvia y los rodeo de la luz blanca de Dios. La madera también atrae energía, por eso me esmero más con muebles y espejos. Incluso cuando compro cosas nuevas, como electrodomésticos, los rodeo de salvia y de luz, porque es posible que ese objeto haya estado en un almacén con mala energía, o que se le haya pegado una energía desagradable de alguna de las personas que lo ha manipulado. ¡Créeme cuando te digo que la mala energía no la quieres ni regalada!

El ejemplo más loco que recuerdo de un objeto aferrado a una energía es una mesa de madera de mi amiga Marie, que se movió al otro extremo de la habitación cuando fui a visitarla. Estoy segura de que te suena haberlo visto en el programa. La mesa perteneció a los abuelos de Marie. Marie y sus amigos solían jugar en ella cuando eran niños. Le hacían preguntas a la mesa y le decían que diera un golpe para decir que sí y dos para decir que no. ¡Y lo hacía! La abuela de Marie era muy espiritual y, en cierto momento, sintió que a su nieta de dieciocho años iba a sucederle algo malo. Le dijo a su familia que ya no quería usar más la mesa, ni siquiera para jugar, porque sentía que le iba a decir quién iba a morir. Su nieta efectivamente murió poco después y nunca volvieron a usar la mesa.

La mesa de Marie estaba guardada en el sótano de su hermana y la sacó por primera vez en treinta años para enseñármela. Fuimos a ver si la mesa se movía para nosotros igual que se movía para la familia de Marie cuando ella era niña. Le eché salvia, la protegí con la luz de Dios y le pedí cosas buenas para todos los afectados. ¡Si iba a ponerle las manos encima a ese mueble, primero tenía que asegurarme de que su energía había sido purificada!

Marie, su madre, su hermano Michael y yo nos sentamos en

los cuatro lados de la mesa y pusimos las manos encima. La mesa vibró. Luego les pedí que levantaran las manos apenas unos centímetros (no quería que la gente que estaba viendo el programa pensara que la movíamos nosotros). Justo entonces la mesa empezó a deslizarse lentamente y a *elevarse ligeramente*. Luego se movió a toda velocidad hacia Michael. No habíamos movido ni empujado la mesa con las manos, no había ningún tipo de hilo atado a la mesa para apartarla de la cámara y el piso de casa de Marie estaba perfectamente nivelado. ¡Nunca había visto nada parecido! Marie dice que tanto ella como otras visitas han intentado que la mesa vuelva a moverse pero nadie lo ha conseguido desde entonces.

Entonces, ¿qué clase de energía hizo que la mesa se moviera? A mí ni me preguntes. Sabía que el alma de la abuela de Marie estaba presente para protegernos, pero no sentí que ella ni ningún otro Espíritu movieran la mesa. Era una energía que no reconocía y que estaba *en* la mesa. Tampoco sentí que fuera energía negativa. Tenía mis dudas sobre si transmitir o no la escena porque pensé que nadie se la creería. Pero ¿sabes cuántos correos electrónicos recibí después diciéndome: "Cuando era pequeña teníamos una mesa como ésa"?

8

ENERGÍA NEGATIVA:
PROHIBIDO EL PASO

Si has saltado a esta página esperando encontrar una sarta de historias de horror sobre posesiones, objetos encantados y encuentros como los que salen en algunos programas de televisión y películas, las próximas páginas te van a decepcionar. Es más, es posible que este sea el capítulo sobre negatividad que menos te asuste al leerlo en un libro acerca de gente muerta. La razón es que no trabajo con el Espíritu negativo y, si lo tengo cerca, no le hago caso y mucho menos me pondría a interactuar con él. Tengo una manera de actuar similar a como lo hago con personas destructivas: opto por no entrar en contacto. Pero no puedo ignorar el hecho de que la gente negativa y el Espíritu negativo existen y es posible que te estén dando lata, así que quiero compartir mis ideas, mis vivencias y mi opinión sobre el tema. Que no me guste la energía negativa no significa que no tenga una opinión sobre ella.

En el capítulo anterior hablé brevemente de cómo lo negativo atrae a lo negativo y lo positivo atrae a lo positivo en términos de transferencia energética. Pero es importante ver también cómo estas vibraciones se manifiestan en las personas, en las situaciones y en el Espíritu en tu vida. El Espíritu quiere que te rodees de influencias positivas y pases menos tiempo en situaciones negativas. Creo que es porque lo positivo beneficia el crecimiento del alma y al Espíritu se le da muy bien ver el conjunto y no sólo la gratificación instantánea. ¡Si no hubiera ventajas a largo plazo en ser positivo, el Espíritu sugeriría que nos alegrásemos comiendo bocadillos de ternera con queso al estilo de Filadelfia cada vez que estamos tristes o estresados!

Cuando estás de buen humor y te esfuerzas por elevar tu vibración todo el tiempo, lo natural para las almas buenas que han ido hacia la luz es que tu energía positiva las atraiga. Te rodearán, te guiarán y te protegerán porque vienen de Dios, quien también es bueno. Pero cuando eres miedoso, destructivo o disfuncional, entonces tu hogar y tu vida pueden ser lugares muy cómodos para que el Espíritu negativo prospere. Las almas negativas son inmaduras y están deseando alimentarse de tu miedo y de tu vulnerabilidad, tal como lo haría una persona engañosa, egoísta, cruel o de la que no te puedes fiar. No sorprende a nadie que a esos niveles de energía tan bajos tampoco les fuera bien en el mundo físico. Sus almas tienen mucho que aprender antes de poder avanzar al Otro Lado y pueden pasarse mucho tiempo tratando de llamar tu atención y desviarte de poner en práctica tus mejores intenciones. Un buen amigo te aconsejaría que te protegieras de la gente negativa estableciendo límites, irradiando positivismo, no obsesionándote con los malos momentos, y viendo la vida como un vaso medio lleno. Pues del mismo modo tienes que protegerte de ese inescrupuloso Espíritu.

Personas que necesitan personas positivas

Estoy consciente de que mantener una buena actitud no es fácil, especialmente cuando estás ocupado, estresado, de duelo o todo eso al mismo tiempo. Necesitas hacer un esfuerzo para establecer y mantener una buena actitud, pero vale la pena. Me recuerda a cuando mis dos hijos llevaban aparatos dentales y los ajustes más minúsculos en sus dientes torcidos produjeron al final unas sonrisas preciosas. Después de quitarles los aparatos tuvieron que llevar retenedores para que los dientes no volvieran a torcerse. De igual modo, pequeños cambios de perspectiva pueden tener un gran impacto, y rodearte de positivismo es como un retenedor para el alma.

Mira alrededor y te apuesto a que no tendrás problemas para encontrar ejemplos de cambios de actitud que te han hecho la vida más fácil y más divertida. A mí me pasa todos los días en el estudio de nuestro programa. No le impongo muchas reglas al equipo de *Long Island Medium* cuando viene a mi casa, pero una de ellas es que se dirijan a todo el mundo por su nombre y le deseen los buenos días. Esto marca el tono para el resto del día y hace que resulte agradable ir a trabajar. No siempre me despierto con una sonrisa, pero los pequeños gestos como éste mejoran mi estado de ánimo.

Tu actitud en torno al tiempo meteorológico es un detalle que también puede afectar cómo te va a ir el día. La lluvia, por ejemplo, puede ahogar una actitud alegre en un abrir y cerrar de ojos. No tienes que tenerle fobia, como le tenía yo, porque causa atascos, te encrespa el pelo y ensucia los pantalones blancos. Pero ¿sabes qué hago yo para que no me deprima? Pienso en el paseo que me voy a dar en cuanto salga el sol. En situaciones más graves, como la muerte de un ser querido, no voy a restarle importancia a tus sentimientos diciéndote que deberías superarlo con un buen paseo. Tu proceso va a ser distinto del mío o del de cualquier otra persona y la recuperación puede llevarte tiempo. Pero cuando te enfrentas a cualquier situación, una actitud positiva hasta con las cosas molestas y más insignificantes, por ejemplo el mal tiempo, te permite prestar más atención a lo que de verdad importa. El clima inestable deja de estar en la lista de cosas de qué preocuparse.

Muchas veces sólo anticipar a una mala persona o una situación difícil puede crear energía negativa en ti mucho antes de que se produzca. Conozco a una mujer que una semana antes de ver a su suegra ya se siente indispuesta. Le da dolor de estómago, se pelea por tonterías con su marido y va por la casa hecha una fiera sólo porque espera sentirse atacada por las críticas de su suegra. Pero al amargarse antes de tiempo, la mujer transfiere sus expresiones negativas a familiares y amigos y, en cierto sentido crea su propia realidad. Le sugerí que en vez de ir por ahí echando humo, visualizara a las dos familias pasándola bien juntas y que se imaginara soportando con elegancia los insultos de su suegra. Esto le envía un mensaje al Espíritu sobre la clase de guía que ella necesita. También puede ser práctica y prepararse para la visita pensando en posibles respuestas a la suegra. Lo cierto es que los demás pueden ayudarnos a ser felices, pero nuestra felicidad no es responsabilidad de ellos, sino nuestra.

El Espíritu a menudo sugiere un buen ejercicio para aquellos que cargan con energía negativa relacionada con la muerte de una persona, pero yo creo que puede aplicarse realmente a cualquier situación. El ejercicio consiste en imaginar a tu ser querido fallecido de pie delante de ti diciéndote lo siguiente: "Visualiza que me tienes delante con una maleta abierta a mis pies. Por favor, pon todo lo negativo que cargas relacionado con mi muerte en ella, ciérrala y dámela con mucho cariño. Me corresponde a mí, no a ti, cargar con ella".

La próxima vez que te enfrentes a una situación estresante, te recomiendo que pruebes esta visualización: pon todo lo que desearías poder decirle y hacerle a esa persona en una maleta grande, ciérrala (¿se podrá cerrar?) y entrégasela con amor. Pasamos demasiado tiempo cargando el equipaje de otros y es hora de ponerles las maletas en la puerta.

Por qué las entidades negativas no me asustan

Igual que no dedico mucha energía a las personas negativas tampoco dedico mucho tiempo a preocuparme por un Espíritu negativo. Siento que mientras menos miedo les tenga a estas entidades y menos las reconozca, menos interactuaré y conectaré con ellas. Me gusta pensar que, como resultado, nunca me he encontrado con demonios, *poltergeists* u otros seres malignos que se arrastran por los tejados o se apoderan de la gente que parece no poder ignorar su presencia. Pero no lidiar con ese Espíritu malo no significa que dude de su existencia. No viví el Holocausto ni la Hambruna de las Papas en Irlanda pero no pongo en duda que *ambos* hechos ocurrieron de verdad.

Creo que tienes más control sobre el Espíritu negativo de lo que dicen los libros, las películas y los programas de televisión. Siempre me sitúo y me protejo bajo la luz de Dios, uso salvia con regularidad y cuando canalizo, pido lo mejor para todos los presentes y para las almas que van con Dios. Es cuando no te proteges y te dejas llevar por la negatividad que pienso que ésta se multiplica. Si tu cama se mueve sin razón aparente, puedes ponerle fin con salvia y mediante la oración, o puedes fomentarlo con cierto nivel de fascinación. Si tu gato se desliza por el suelo como si le hubieran pegado una patada, puedes buscar un sacerdote y un médium para librarte de la molestia que lo ha causado, o tus amigos y tú pueden provocar a la energía para que lo haga otra vez. ¿Me entiendes?

No hace mucho, hice un programa en Las Vegas y conocí a un motociclista huraño y bigotudo y el Espíritu me dijo que tenía habilidades como las mías. Le pregunté si era verdad y me dijo: "No, no es lo mismo. Yo sólo veo el mal. Enciendo la televisión y puedo ver quién es un pederasta, o veo las noticias y sé si alguien ha cometido un asesinato. No entiendo cómo tú sólo ves energía positiva cuando yo sólo veo negatividad". Hay un par de cosas que quiero comentar acerca de esta conversación. La primera, yo también puedo ver una investigación en el programa *Dateline* y saber quién es el asesino, pero para mí el asunto no termina ahí. De manera intuitiva busco el bien que pueda surgir de la situación. A lo mejor después de la muerte de la víctima su familia se une más, o la noticia nos crea más conciencia sobre el control de las armas de fuego. Entonces hago una oración breve por la víctima y para que su familia sepa que su ser querido se encuentra en paz. Es decir, hago un esfuerzo consciente por elevar mi vibración para ayudar a mitigar un suceso negativo, por el bien de todos.

La segunda es que entregar mensajes curativos del Espíritu positivo es una elección. Durante el programa que vio el motociclista, todo lo que entregué fueron mensajes positivos; ni noté ni sentí nada negativo, aunque el motociclista dijo que él sí. De hecho, canalicé a una joven asesinada por su novio que había dejado atrás a su hijo. Es evidente que lo ocurrido fue negativo, trágico y horripilante pero el Espíritu no me dio detalles espantosos ni escabrosos. En su lugar, el alma de la chica vino a decirle a su familia que aceptaba toda la responsabilidad por haber salido con un hombre del que ellos siempre desconfiaron, y a pedirles que dejaran que las autoridades se encargasen de castigarlo y que ellos se concentraran en cuidar de su hijo. Reconfortó a sus familias haciéndoles saber que estaba bien y aceptando que ella misma se puso en una situación peligrosa para que ellos no se sintieran culpables por su muerte.

Por lo tanto, no estoy diciendo que no hay energías negativas, porque es imposible que exista el bien sin el mal. La gente toma decisiones terribles todo el tiempo, algunas de ellas bajo la influencia de entidades negativas. Pero puedes controlar cuánto dejas entrar en tu vida y en tu alma. A propósito, el Espíritu también sugirió que le dijera al hombre del Espíritu negativo que podía cambiar la información que recibía si él quería, pero el hombre se limitó a mirarme como diciendo: "Se dice fácil, señora, pero hacerlo es otra cosa". Y está bien porque ciertamente no tengo la última palabra sobre el tema, pero aquel encuentro me hizo pensar en cómo todos tomamos opciones conscientemente para enmarcar una situación dentro de una luz positiva o negativa y cómo esto puede afectar nuestro bienestar.

Energía positiva y negativa en tu casa

Como quiera que todo lo que tocamos contiene cierta cantidad de energía positiva o negativa, nuestras casas y el terreno en el que están construidas no son una excepción. Como el Espíritu es energía, también permanece aquí. Las casas antiguas tienen más energía y Espíritu que las nuevas porque tienen más años y han adquirido más historia, más actividades, más acontecimientos y más gente que ha pasado por ellas. Las de nueva construcción también tienen energía, posiblemente por la tierra o porque tus seres queridos difuntos se acercan a pasar la tarde.

Si el Espíritu se queda por tu casa, la gente asume de manera inmediata que está encantada, que es energía negativa, pero no tiene que ser así. Porque un alma puede cogerle cariño a un edificio o a una propiedad, es posible que elija permanecer en la casa, pero lo más probable es que el alma esté haciendo una visita desde el Cielo y que no esté ahí todo el tiempo. Conozco a un hombre que a veces ve el alma de un tipo que fue dueño de su casa. La primera vez, el alma le dijo que no tuviera miedo y le explicó que él construyó la casa y que le gusta ver que otras familias la disfrutan tanto como la disfrutó él. Si el hombre no estuviera lidiando con un alma tan comunicativa sería muy sencillo asumir que su casa provoca miedo porque la verdad es que no todo el mundo tiene a un muerto visitando en la sala y en casi todas las películas en que sale un Espíritu, es malo. Pero esta alma no quería hacerle daño a nadie y el hombre siempre puede decirle que necesita su privacidad. Sospecho que al alma también le gusta estar en casa de este hombre porque es un señor encantador. ¿Habría preferido que la casa hubiera tenido un dormitorio más o un clóset extra? Seguro, pero un Espíritu bueno tampoco le hace daño a nadie.

A veces, cuando entro en una casa, el Espíritu me cuenta qué había en el terreno antes de construir la casa —una granja, un cementerio o lo que sea— y si la energía que todavía reside en ella es positiva o negativa. Durante una sesión privada, el Espíritu me dijo que la dueña de la casa estaba muy preocupada por tres árboles que había mandado a tumbar en su traspatio. Temía haber afectado el terreno porque al pie de los árboles había lápidas y la compañía que contrató para tumbar los árboles había retirado todo. Temía que las almas allí enterradas se enfadaran y amenazaran la paz de su casa, pero unas cuantas se presentaron para decirle que como no había sido culpa suya que retiraran las tumbas y tampoco iba a construir sobre el terreno, no tenía nada de qué preocuparse. De hecho, les gustó su sinceridad y sospecho que la ayudarán a mantener su casa segura de ahora en adelante.

Las casas que han tenido emociones positivas y negativas muy intensas pueden conservar esa energía pero no tiene que ser para siempre. Una vez hice una sesión para una pareja en su casa. Acababan de reformarla y la sentía positiva. Pero mientras la recorría, se me presentaron destellos de paredes manchadas de sangre e incluso sentí un pequeñísimo sabor de sangre en la boca. También vi a un sacerdote de pie en una esquina. Al principio todo esto me sobresaltó un poco pero estaba allí para hacer mi trabajo y no quería asustar a la pareja contándoles lo que había visto y sentido, así que continué con la sesión. ¡Debí haber imaginado que el Espíritu no iba a ignorar el peso grande que tenía todo aquello! Durante la sesión, el Espíritu me dijo que el marido era muy agarrado, me mostró una cinta amarilla que rodeaba la casa y me contaron que allí había muerto gente brutalmente. Compartí la información con la pareja y la esposa me confirmó que compraron la casa a precio de ganga porque una familia había sido asesinada en ella y nadie la quería. Destriparon la casa e hicieron que un sacerdote la bendijera y el Espíritu confirmó que ahora estaba libre de energía mala. Pero aunque habían tumbado casi todas las paredes, el espacio todavía conservaba la impresión para mí. Sin embargo, no pude sentir ninguna amenaza, el sacerdote se había llevado toda la energía palpable.

Tienes que saber que la energía y el Espíritu que *tú* llevas a tu casa puede ser lo más importante. Si tu hogar es feliz o denso, examina tu vida antes de culpar a los antiguos propietarios o al alma de una anciana difunta que juras que merodea por el ático. Coge la salvia y empieza a frotar. Lo mejor de la salvia es que no sólo sirve para el Espíritu. Desintegra cualquier tipo de energía negativa. Cuando estoy de un humor raro o después de haber tenido visitas molestas en casa, me gusta usar la salvia mientras repito una afirmación positiva como: "En esta casa sólo hay espacio para la paz, el amor, la alegría y la felicidad. No hay sitio para pensamientos, emociones o sentimientos negativos. Por favor, váyanse hacia la luz".

Cómo enfrentarte a un Espíritu negativo

Casi siempre que alguien me dice casualmente que su casa está "hechizada" por un espíritu aterrador, resulta que en realidad el espacio está ocupado por un alma buena a la que nadie le había explicado los límites. Es como el hotel donde grabamos el programa, el Padre Hotel, en Bakersfield, California. Allí, el alma de una niña me dijo que ella y otro Espíritu velaban por el lugar y que les gustaba cantar y bailar en los salones. No eran almas negativas, pero armaban un alboroto y, a menos que te gusten los ruidos sin explicación, podían provocar mucho miedo. Es menos frecuente que un alma negativa perturbe o merodee con los vivos de una manera mala, en cuyo caso, es importante llamar a un médium o a un sacerdote para que se encargue de resolverlo eficazmente.

Como nunca he encontrado una molestia negativa, rebusqué entre las historias de Pat algún ejemplo. Hace años ayudó a un alma malvada y agresiva a cruzar al Otro Lado. Estaba asustando a una niña de diez años que vivía en la casa que él había ocupado durante muchos años. Pat empezó a conducirlo a la luz y él se resistía con tanta energía que, lentamente, la iba empujando hasta que se dobló hacia atrás. Separó las piernas para afianzarse mejor. No le dolía pero era incómodo y al final ella ganó. Pat lo llamó cobarde y él se rindió. Pat había llevado a un médium que podía ver y escuchar al alma, y el alma le dijo que tenía miedo de conocer al creador por las cosas malas que les había hecho a sus propios hijos y porque ahora estaba asustando a una niña. Al saber que era vulnerable, Pat llamó al alma de su madre y ella vino a buscar a su hijo y lo ayudó a cruzar.

Al final, lo que logró que el alma negativa cediera fue que Pat y el médium no tuvieron miedo. Como he dicho antes, el miedo es tu peor enemigo, en tus tratos con vivos o con muertos. Bill Murphy, el padre del pequeño Brian, el niño que se ahogó y del que ya he hablado anteriormente, me dijo una cosa muy interesante. Ha notado que la gente que sale en la televisión diciendo que en sus casas y en sus vidas habita un Espíritu malo tienen algo en común:

Una de las cosas más interesantes que he aprendido de ver este tipo de programas negativos sobre demonios y el mal es que los que padecen este problema parecen tener la casa llena de parafernalia religiosa: imágenes, estampas, ángeles, crucifijos, de todo. No estoy hablando de muestras de fe sino de trastos que uno guarda porque tiene miedo. El miedo es un sentimiento negativo que genera resultados negativos, por lo que creo que muchos de los problemas con los que se tropiezan se alimentan de su reacción de miedo. Si tu miedo al mal supera tu fe en Dios como ser todo poderoso, sospecho que el Espíritu negativo se alimenta de eso.

Si alguna vez te sientes incómodo o tienes miedo y sospechas que tiene que ver con el Espíritu, rodéate de un globo de la luz blanca y protectora de Dios y repite: "Éste no es tu espacio. En nombre de Dios, márchate". También te sugiero que reces un padrenuestro como oración protectora universal, independientemente de la religión que practiques. Repite cualquiera de las dos hasta que la sensación haya desaparecido. Es esencial que no tengas miedo mientras lo haces. Trata a una entidad exasperante con la misma determinación que usas con un vendedor ambulante que se niega a abandonar tu puerta. Recuerda que si sientes algo que te parece ominoso, sabrás si viene de un sitio malo por los mensajes y pensamientos que recibas. La energía truculenta te dirá lo que tienes que hacer, mientras que un alma que viene de visita desde el Cielo te ofrecerá dirección y consejo. La dirección es hermosa y cariñosa, y te alentará a seguir determinada dirección. Además, las almas que han ido hacia la luz son consideradas y te informarán de su presencia con señales, coincidencias y otros gentiles saludos. Su propósito no es asustarnos y si les decimos que se marchen o se vayan, la mayoría lo hará.

El Espíritu insiste en que, aunque exista el mal en todos los universos, el bien es mucho, mucho, mucho mayor. Sin un poco de negatividad, el libre albedrío no tendría nada a que oponerse y nuestras almas carecerían de oportunidades para evolucionar. En la épica batalla del bien contra el mal —en el universo, en tu alma, entre las madres de la organización de padres de la escuela de tu hijo— el amor *siempre* lo conquista todo.

¿Te apetece visitar una cárcel espeluznante o una triste casa vieja? A mí tampoco

A menudo la gente me pregunta si he tenido experiencias negativas en manicomios abandonados, antiguos burdeles o posadas mal conservadas. Pero ¿qué tipo de vacaciones piensan que tomo? Como norma general, no visito lugares donde sé que han ocurrido cosas brutales o deprimentes, como por ejemplo la casa de Charles Manson o el escondite de Sylvia Plath. Dado el trabajo que hago y lo que siento, ¿por qué iba a querer yo pasar mi tiempo libre en sitios así? No se prestan para una tarde de descanso.

He disfrutado visitando sitios históricos más positivos. De pequeña me sentía atraída por la casa de Teddy Roosevelt en la orilla norte de Long Island. Se llama Sagamore Hill, tiene amplios porches y vistas increíbles del Sound. Es muy apacible y en su interior siempre me sentía intrigada. Los muebles, especialmente en uno de los dormitorios, me resultaban muy familiares. Recuerdo haber visto una mesa y haber pensado: *Eso no está bien aquí. Antes ahí había una lámpara.* Como en aquel entonces no le prestaba mucha atención a mi don, también recuerdo haber visto a una sirvienta poniendo manteles individuales en la mesa y ahora sé que era el Espíritu. También podía verme sentada en uno de los escritorios, escribiendo con instrumentos de plumas de la época. No sé si significa que mi alma vivió en esa casa o en una *similar* a finales del siglo diecinueve, pero es una idea que me resulta divertida.

También visito accidentalmente lugares históricos cuando estoy de gira, porque suelo actuar en locales antiguos donde la energía es riesgosa. Estuve en un viejo teatro en Albany, Nueva York, donde vi el alma de una mujer en un palco que me dijo: "Yo morí aquí". Gracias por informármelo, pero no quise saber los detalles. En otra ocasión sentí un golpecito en el hombro antes de una actuación y cuando me volví, no había nadie. Oí la risa afable de un hombre. Luego dijo: "A *él* también lo toco todo el tiempo. Mira a tu izquierda". Me volví y vi a un fornido guardia de seguridad, muy sumido en sus pensamientos. Le conté lo que me había pasado y me dijo: "Sí, siento golpecitos en el hombro. ¡Nunca se lo había dicho a nadie!". Por último, tuvimos una actuación en Filadelfia donde mi iPhone comenzó a tomar fotos por su cuenta. Una de las fotos era tétrica. Parecía una versión distorsionada de mi cara o que había otra cara encima de la mía. ¿Era energía positiva o negativa? No lo sé, fuera lo que fuera, la pasó muy bien burlándose de mí. Pero yo no tenía miedo porque sé que tanto mis invitados como yo estamos todos protegidos.

Entre la espada y un lugar celestial

Siento que sólo canalizo almas que ya están en el Cielo. Que yo sepa, nunca he trabajado con una atascada "alma en pena" como médium profesional. No obstante, me han comentado que de vez en cuando un Espíritu atormentado no quiere abandonar el mundo físico cuando su cuerpo muere e insiste en quedarse aquí. Algunas de las energías que se quedan son negativas pero la mayoría son almas buenas que se han extraviado, están confusas y/o perdidas. Es como si el Espíritu tuviera estrés posttraumático y las almas no supieran qué hacer.

Con la energía trabada, el alma se niega a cruzar por algún problema que no ha resuelto y que ha dejado huella en su consciente. Es posible, por ejemplo, que el alma no se haya dado cuenta de que su cuerpo está muerto. También puede ser el alma de una persona que ha muerto trágicamente y quiere contar su versión de los hechos, así que se queda hasta que lo consigue. Algún Espíritu en pena cree que sus actos en el mundo físico fueron tan imperdonables que no quiere enfrentarse a Dios. Esto último puede ocurrir con víctimas de suicidio a causa de sus creencias religiosas en vida (no porque su muerte fuera inexcusable). Otras almas se quedan porque están esperando a un ser querido, como un hijo a su madre, o un cónyuge a otro.

Puede que esto te dé la impresión de que se puede elegir entre quedarse o ir hacia la luz pero más bien es como si, al morir, el alma fuera hacia la luz a menos que esté confundida o decida no ir. Las almas en pena necesitan ayuda de seres superiores o de gente en la tierra para cruzar al Otro Lado, como los médiums que han asumido esa misión. Recuerdo que Pat me contó la historia de cómo ella y otros médiums trabajaron con un hombre que había sido asesinado. Su alma dijo que alguien había hecho que pareciera un suicidio. El alma se había quedado porque quería que su familia supiera que no se había suicidado. Quería contar su versión de los hechos. Después de muchas entrevistas con su alma y de comunicarle sus mensajes a la familia, el alma dijo que tenía que ir hacia la luz porque tenía trabajo que hacer. Pat y sus compañeros la ayudaron.

Algunas víctimas de suicidio se quedan trabadas, pero no es porque no las admitan en el Cielo. Te digo ahora mismo que la mayoría de las almas de suicidas que canalizo están en paz, pero algunas se niegan a cruzar porque se preocupan sin necesidad. El suicidio no forma parte del viaje que Dios preparó para nosotros, nadie está destinado a ponerle fin prematuramente a su tiempo de aprendizaje aquí. Pero creo que nuestros guías evalúan el suicidio caso por caso. Por ejemplo, acabar con tu vida porque sufres una enfermedad mental, un dolor físico insoportable o te enfrentas a una adicción difícilmente se puede considerar "optar por una salida fácil". Sin embargo, eso es lo que las almas temen porque han crecido con creencias religiosas que las condenan a ellas y a su tragedia. Pat me contó cómo ayudó a cruzar a un chico que había huido de la luz porque creía que Dios estaría enfadado porque se había quitado la vida. El alma siguió a una compañera de instituto con habilidades de médium y, cuando se negó a cruzar, formó un círculo de oración con otros compañeros y le dijo al chico que se podía ir, que no sería condenado. Y así fue.

No me corresponde a mí decir lo que discuten los guías con estas almas cuando repasan sus vidas, pero el Espíritu me cuenta que tendrán que explicar por qué han abandonado el mundo tan pronto. Entonces, como todos nosotros, tendrán que rendir cuentas por las lecciones que no han aprendido y por las decisiones que podrían haber tomado. Luego, en otra vida futura, tendrán que repasar esas enseñanzas. También tendrán que experimentar el dolor de aquellos a quienes han dejado atrás, igual que hacemos todos. Yo he comparado vivir en el mundo físico con una beca o pasar un semestre en el extranjero: es una forma de aprender lecciones en la capacidad del mundo real. Si tú abandonas estos programas antes de tiempo tienes que rendir cuentas a tus profesores sobre lo que perdiste. Lo mismo ocurre en el Cielo cuando uno se quita la vida. Pero no hay castigos ni te pegan con una regla por suicidarte, en caso de que te lo estés preguntando. Es más, acaso el desafío mayor sea que las almas que se marchan antes de tiempo se arrepienten, sienten remordimientos y tienen que aceptar lo que su suicidio significa para el crecimiento y el Karma de su alma (las almas no se ponen "tristes" como nosotros pero los reveses siempre dejan huella). Además de rezar por tus seres queridos fallecidos, te animo a que reces por las víctimas de suicidio, aunque no conozcas a ninguna. No es que necesiten nuestras oraciones para poder redimirse ni nada parecido. Debemos usar nuestra energía positiva para rezar por ellas porque nuestros pensamientos de aliento les dan a sus almas más fuerzas para crecer y evolucionar.

9

TRES PALABRAS DE PESO: SALUD, DUELO Y CURACIÓN

Por muy asombroso que sea el Espíritu a la hora de comunicarse con risa y personalidad, mis clientes siempre lloran al conectar con un ser querido. ¿Cómo no iban a hacerlo? Durante una sesión te sientes íntimamente conectado con aquellos que han cruzado y sus mensajes tienden a señalar tres temas que llegan a todas las almas. Me refiero a la salud, el duelo y la curación, que aparecen en todas mis sesiones porque el Espíritu dice que la manera en que manejes cada uno de ellos tendrá un impacto sobre tu tiempo aquí y en el más allá.

La salud, el duelo y la curación están más conectados entre sí que lo que puedas imaginar. Algo causa que el cuerpo de tu ser querido deje de funcionar: un accidente, una enfermedad o un trauma (salud). Esa persona fallece y tú lloras su pérdida (duelo) y creo que la efectividad con que hagas esto puede influir en tu bienestar físico, mental y espiritual (curación). Siempre tendrás un periodo de duelo tras la muerte de tu ser querido, pero es importante que tu cuerpo y tu alma se recuperen de esa pérdida. Si no te curas, siento que el estrés, el malestar emocional y el trauma que llevas dentro pueden contribuir a que te enfermes. Tu dolor puede también afectar el crecimiento de tu alma si no le das salida, porque la carga te impide desarrollarte en esta vida y puede extenderse hacia la próxima.

Por eso quisiera hablar de varios aspectos de la salud, el duelo y la curación, porque son temas vitales en nuestra vida y para nuestras almas. Aunque no estés llorando a un ser querido en este momento, has comprado este libro por una razón, y yo no creo que haya muchos accidentes en nuestro mundo. Tal vez hayas estado llamado a leer esto hoy, regresar y releerlo en otro momento o marcarlo para pasárselo a un amigo. Sea lo que sea, apuesto a que es exactamente lo que el Espíritu ordenó.

La salud: ¿Por qué? ¿Por qué? ¿Por qué?

Si tuviera un céntimo por cada vez que pregunto: "¿Por qué tiene que pasar esto?" cuando un ser querido se enferma o fallece, Gram no tendría que volver a dejarme monedas. Creo que una de las cosas más difíciles de aceptar cuando uno está pasando por una situación dura, de ésas que te cambian la vida, sobre todo cuando está relacionada con la mortalidad, es que no todas tus preguntas tienen una explicación. ¡Ni siquiera yo tengo todas las respuestas y eso que tengo línea directa con el Cielo! Pero a medida que te vas reponiendo, uno de los mejores regalos que puedes hacerte es darte permiso para aceptar que hay cosas que no debes saber hasta que puedas preguntarlas en el Otro Lado. Hasta entonces, repite conmigo: "Lo sabré cuando llegue allí". Pero sí quiero compartir contigo lo que el Espíritu dijo sobre la salud y la enfermedad para que puedas digerirlo de modo que le encuentres significado. Es posible que incluso guarde relación con algún problema de salud que estás enfrentando en este momento.

Por lo que me cuenta el Espíritu, nos enfermamos o contraemos enfermedades para que nosotros, y/o las personas que nos rodean, aprendan de la situación. A menudo pienso en Michael J. Fox y cómo nunca había oído hablar de Parkinson hasta que él reveló su enfermedad en público, ni tampoco sabía nada del cáncer de páncreas hasta que vi a Patrick Swayze luchar contra él. Es probable que estos actores no hubieran hablado tanto ni hecho tanto por esas enfermedades si no las hubieran padecido y no se hubieran esforzado tanto personalmente por hacer progresar su causa. Una enfermedad también puede enseñarte disciplina, paciencia o gratitud. Es decir, lecciones que ayudarán a crecer a tu alma. Cuando mi marido Larry se recuperó de su tumor cerebral benigno sintió que la dura prueba le había ayudado a aprender a vivir más el momento, a valorar de verdad nuestra familia, y a no dejar nunca para mañana las cosas que quiere hacer hoy, ya sea dar una vuelta en motocicleta o aventurarse en un nuevo negocio.

Yo también siento que los reveses emocionales, los traumas y las pérdidas —incluyendo las que experimentamos por el dolor de perder a un ser querido— pueden contribuir a una mala salud. A menudo, para reparar el problema de salud, ayuda admitir esto y curarse primero de lo que te ha hecho enfermar. No soy médico pero he conocido a mucha gente con problemas de salud como hernias, adicciones y fibromialgia que empezaron o empeoraron por la ansiedad, la ira, la tristeza y demás emociones negativas. Para ellos, resolver sus problemas les ayudó a aceptar la curación viniera de donde viniera, ya fuera mediante medicamentos, cirugía, curanderos o acupuntores. Sus sistemas inmunológicos pudieron concentrarse en combatir la enfermedad una vez eliminados los síntomas provocados por el estrés.

Desde el punto de vista espiritual, a mí me enseñaron que a muchos de nosotros se nos dan opciones que traen la oportunidad de aprender una lección o cambiar algo para mejorar y eso puede resultar en que el cuerpo sane. Muchas veces, si reconoces y liberas el dolor, o te permites perdonar una situación dolorosa, puedes revertir la enfermedad. O es posible que no estés dispuesto a que se te pase un enfado o buscar el tratamiento adecuado, y eso puede provocar que empeores o incluso que fallezcas. Por ejemplo, durante una sesión privada, el Espíritu me dijo que el hermano de una mujer padecía una diabetes terrible y que era posible que tuvieran que amputarle el dedo gordo del pie. Dijo que se podía corregir pero que iba a tener que tomar determinados pasos para iniciar su curación. Se podría decir que este mensaje fue su "punto de opción".

Me encanta cómo el Espíritu nos aconseja y luego nos deja tomar decisiones sabias y libres. Por muy maravillosa que sea tu vida, yo creo que siempre habrá algo de lo que estás arrepentido, por lo que el Espíritu quiere que tomes todas las decisiones informadas que puedas, especialmente cuando se trata de tu salud, pues puedes llevarte las enfermedades físicas y emocionales a una vida futura. Y aunque el momento de nuestra muerte por lo general está predeterminado, el destino no es excusa para comer comida basura, apoltronarse en el sofá o correr riesgos innecesarios como saltar al vacío sin paracaídas. La razón por la que estamos en este mundo es para aprender de nuestras vivencias. Puedes elegir no cuidarte y no aprender y acabar enfermo, dolorido e infeliz, pero eso es contraproducente para tu propósito, porque habrías pavimentado tu camino para el sufrimiento. O puedes llevar una vida feliz, sana, productiva y evolucionada espiritualmente en el tiempo que se te ha designado para el crecimiento del alma. ¡Yo tengo muy claro con qué opción me quedo!

Por eso no tiene mucho sentido culpar a Dios por "llevarse una vida demasiado pronto". No es como si Él, de forma arbitraria, interrumpiera una existencia sana y feliz, como si blandiera uno de esos matamoscas que parecen raquetas de tenis. Recuerda que nuestra muerte es una decisión acordada entre el alma, los guías y Dios. No importa si la persona que fallece era buena, piadosa o un ejemplo a seguir; en la mayoría de los casos el Espíritu me dice que la muerte llega cuando esa alma en particular, *no el humano*, decide marcharse, aunque el alma luche para quedarse cuando le llega la hora de cruzar. Me han dicho que lo mismo ocurre con niños que se enferman o mueren jóvenes. Sus almas han aceptado enfrentarse a la enfermedad por el bien de su crecimiento o por los seres queridos conectados a ellas. Una vez tuve una sesión con un padre que quería que su hijo fuera un gran jugador de béisbol, pero el niño desarrolló una leucemia que no le permitió hacer todo lo que su padre esperaba de él. El niño murió a causa del cáncer y durante la sesión el alma se acercó para decirme que su papá estaba llamado a aprender sobre las expectativas y el amor incondicional gracias a las limitaciones a las que se enfrentó el alma de su hijo.

Mi primo Keith y su esposa Meagan también están aprendiendo de los desafíos que enfrenta su hija. Tienen dos niñas, pero Meagan perdió un hijo a las ocho semanas de embarazo. Cuando Meagan quedó encinta de nuevo, esta vez de su hija Alexa, a los dos los embargó la alegría, pero a las ocho semanas al bebé le diagnosticaron ceguera en el ojo izquierdo y el derecho corría peligro. Alexa es el bebé más feliz del mundo pero su condición ha añadido mucho estrés al matrimonio de sus padres. Inicialmente, Alexa necesitó cirugía, luego tenía que ir al médico tres veces por semana; ahora va a fisioterapia y terapia para la vista cuatro días a la semana. En esta situación, percibí que la lección ligada a la niña es para los padres, que a pesar de las dificultades actuales, les está enseñando a recordar por qué se enamoraron. También están aprendiendo a sentir gratitud por los tres hijos maravillosos que tienen y por la increíble red de apoyo con la que cuentan. A propósito, la hija mayor, Sophia, ha empezado a ver el alma de un niño y varios arcoíris en la sala de la casa y antes de acostarse. El Espíritu dice que es el niño que perdieron y que los arcoíris significan que hay luz al final del túnel.

Aunque no se puede "culpar" a Dios por la muerte de alguien, enfadarse con Él es parte natural del proceso de duelo y Él lo sabe. No se ofende porque sabe que parte de lo que los humanos hacemos cuando lloramos a alguien es buscar algo o a alguien a quien responsabilizar. Si enfadarte te hace sentir mejor, adelante. Pero debes saber que Él estará allí cuando estés listo para seguir donde lo dejaste. La paciencia de Dios es infinita, como se suele decir. Me recuerda a cuando me enfado con Larry o con los niños. Por muy frustrada que parezca, nunca me divorciaría de él ni abandonaría a mi familia. Compartimos unos lazos muy fuertes que siempre nos mantendrán unidos. Pues lo mismo ocurre cuando nos enfadamos con Dios. Puedes gritar y patalear todo lo que quieras pero no hace falta que abandones tu fe para hacerte oír.

El duelo se vuelve más soportable, te lo aseguro

Todos tenemos que pasar por un período de duelo y es posible que sea lo más duro que tengas que hacer jamás. Puede que hayas perdido mucho más que a un padre, porque Papá también era tu mejor amigo. La muerte de una vecina que era como la hermana que nunca tuviste. También puedes sufrir el impacto de las cosas que tras la muerte de un ser querido quedaron para que resolvieras tú solo: cocinar, llenar el depósito de gas, programar el termostato, cuidar de los niños. Es posible que te sientas en shock y aturdido, enojado con todos y repitiendo aquello de "y si yo hubiera...", y "qué habría ocurrido si..." sumido en la niebla y acaso preguntándote si vale la pena continuar. Como si eso fuera poco, tienes también que lidiar con condolencias de mal gusto, cuando lo único que quisieras es que te digan simplemente que lo sienten, que ofrezcan ayuda, que traigan algún plato de comida y que compartan alguna anécdota sobre ese ser querido que explique por qué ellos también lo querían. Y aún así, raras veces esas cosas ayudan, porque lo único que de verdad quieres es a tu madre o a tu cónyuge y nada de lo que alguien pueda decir o a hacer va a traerlo de vuelta. Lo entiendo perfectamente.

Como médium, he visto cómo a mis clientes les cambia la vida cuando comprenden tres cosas importantes. La primera es que los seres queridos fallecidos siguen interactuando contigo en este mundo aunque ahora en una forma distinta. El Espíritu le dijo a uno de mis clientes: "Yo no estoy triste porque no he perdido nada. Sigo contigo de otra forma", lo cual es un gran consuelo. La segunda es que el alma tomó la decisión de abandonar esta vida temprano para crecer. La tercera es que puedes aprender a reconocer cuándo tus seres queridos tratan de aproximarse y así podremos responderles.

Una parte de tu persona siempre estará de duelo por tus seres queridos, pero el Espíritu me asegura que la curación, superar ese estado, no sólo es posible sino necesario. Lo más difícil de oír es que dar pequeños pasos todos los días en esa dirección es una elección personal. Estarás de duelo por los tuyos el resto de tu vida pero puedes recuperarte al mismo tiempo. Mi madre, que ha estudiado mucho sobre el duelo y la pérdida de un ser querido para poder establecer grupos de apoyo en nuestra iglesia y ayudar a las familias a planificar las misas de difunto, me dice que muchas personas no saben esto. Es posible que pienses que si te sientes mejor le estás siendo desleal a esa persona que ya no está. Pero siempre echarás de menos a tus seres queridos y ellos lo saben. El Espíritu me dijo que lo que ellos quieren es que disfrutemos de la vida sin ellos.

Mi madre dice que no bastan los años para aliviar el dolor; lo que de verdad ayuda es encontrar gente y herramientas que nos ayuden a sobrellevar una pérdida y a mirarla desde otra perspectiva. Al final, volverá a aparecer el placer de salir con amigos y dejar que otros nos den su apoyo. Durante sus estudios, mi madre observó a un profesor hacer un ejercicio que era muy sencillo de aplicar. El profesor le pidió a una mujer que sostuviera un cubo mientras él cargaba con otro. Le dijo a la mujer que metiera en el cubo todo lo que había sentido durante el proceso de duelo: rabia, soledad, tristeza, y todo lo demás. Entretanto, el profesor llenó su cubo de simpatía, comprensión, compasión y otros recursos que podía utilizar para que la mujer se sintiera mejor. Pero le dijo a la mujer que el cubo de ella llevaba tanto tiempo lleno que no tenía espacio para ninguna de sus herramientas. A medida que pasó el tiempo y la mujer fue recuperándose de las emociones que cargaba en su cubo, encontró espacio para lo que el profesor podía ofrecerle. Me gustó mucho esta metáfora y me recuerda por qué los grupos de apoyo durante el período de duelo son tan importantes cuando la estamos pasando mal. Dan información, consejo y los recursos necesarios para superar la fase de duelo. Nos permiten compartir nuestras tribulaciones con gente que sabe lo vacío y lo lleno que puede estar el cubo.

Quiero que sepas que todo el mundo se siente así alguna vez.

Yo lloro a mis difuntos a diario. Cuando Gram falleció, lloraba a todas horas, sola en el auto o cada vez que veía una foto suya en un álbum o sobre la repisa de la chimenea. Pero la primera Navidad sin Gram di pasos para aceptarlo y honrar su memoria. Después de poner la mesa, puse una foto suya en el sitio que siempre ocupaba en la mesa. La foto había sido tomada dos semanas antes de su muerte, y Gram está preciosa y feliz. Durante la cena, le hablábamos a la foto como si fuera ella. En cierto momento, mi madre le preguntó: "Oye, Gram, ¿te gustaron las albóndigas?".

Esto le dio a todos permiso para nombrarla, para echarla de menos todos juntos y reconocí que siempre iba a ser parte de nuestra familia. Nos ayudó a normalizar su ausencia y a reconocer que nunca la olvidaremos.

¡No se preocupen! ¡Todos están bien!

Cuando mis clientes están de duelo, a menudo me resulta interesante oír que su mayor preocupación no son ellos mismos sino cómo estará la persona que acaba de fallecer. *¿Está mi esposa pasándolo tan mal como yo? ¿Se siente mi hijo solo o asustado en el Cielo?* Algunos clientes me han dicho que dedican horas de fervientes oraciones para asegurarse de que sus seres queridos están sanos y felices en el Cielo porque están seguros de que sus almas deben estar tan tristes como ellos. Pero les recuerdo que las almas no se sienten tan descorazonadas como nosotros porque todavía nos acompañan y saben que volverán a vernos. También yo les aseguro que las almas fueron recibidas por caras conocidas y que fue un reencuentro feliz.

Este miedo emocional con frecuencia viene acompañado del temor de que la persona sufriera físicamente en sus últimos momentos de vida en la tierra, porque para nosotros la muerte suena y parece una cosa terrible. Pero el Espíritu me promete que lo que ves y sientes durante esos últimos instantes es simplemente que el cuerpo se apaga. En el momento en que la vida empieza a terminar, ya sea con la primera punzada de un infarto o con el disparo de un asesino, el alma sale del cuerpo y ya no hay sufrimiento. El alma abandona este mundo con elegancia y dignidad. ¿Te acuerdas de las antiguas telenovelas, cuando un actor veía luces blancas y brillantes de un automóvil que se le acercaba y de repente ¡*bam!*, fin del episodio? Así es como yo imagino que fue para una persona que no sabía lo que estaba pasando y falleció al instante, sin sufrir ni padecer al cruzar. Pasa mucho en los accidentes de tráfico. Una vez canalicé una chica que estaba andando por la autopista. Un coche la atropelló y tractores y otros vehículos arrollaron su cuerpo. La familia se la imaginaba tirada en el asfalto, sufriendo mientras su cuerpo recibía un impacto tras otro. Pero su alma dijo: "Sé lo que vieron cuando identificaron mi cuerpo, pero mi alma ya se había ido".

Recuerdo a un hombre al que un automóvil atropelló y arrastró su cuerpo, y su alma también dijo que había muerto al instante y que no había sufrido.

Las almas tampoco sufren en los cuerpos de aquellos que padecen Alzheimer, demencia o están en coma o en estado vegetativo. Con el Alzheimer y la demencia, el Espíritu dice que lo que ves no es un alma sufriendo sino luchando contra las limitaciones del cuerpo físico. Por otro lado, el Espíritu dice que el coma y los estados vegetativos pueden suceder cuando al alma aún no le ha llegado el momento de abandonar este mundo, así que seguirán viviendo así el tiempo que les quede en caso de que no se recuperen. Pero en esos casos el alma está bien. De hecho, he canalizado almas en estos estados porque es como si el cuerpo durmiera y el alma tuviera toda la energía del mundo. El caso más conmovedor fue cuando tuve una sesión con una mujer cuyos padres vivían juntos en una institución de ancianos. Llevaban años enfermos y el padre se hizo cargo de la madre, que tenía una demencia terrible. Como suele pasar, fue el cuidador, el padre, quien falleció primero y la madre siguió con vida aunque prácticamente incapaz de comunicarse. Durante la sesión, canalicé al padre, quien le dijo a su hija: "Llevo semanas sentado a los pies de la cama de tu madre, llamándola, pero no viene. ¡Es muy testaruda!".

Entonces escuché al alma de *la madre* responder: "¡No soy testaruda! ¡Es que no estoy lista para irme!". Los dos continuaron diciéndose cosas un buen rato, a pesar de que la madre no estaba muerta. Pero después de un rato noté que la madre iba haciendo las paces con la idea de cruzar. "No te preocupes", le dijo el alma del padre a su hija. "Cuando tu mamá cruce, mi alma estará allí para recibirla". Cuatro horas después, la madre falleció. Increíble.

Y ya que estamos tratando preocupaciones corporales, quiero mencionar una más. Los clientes me preguntan qué le pasa a un alma cuando el cuerpo no se recupera tras una tragedia o es imposible enterrarlo por la misma razón. En estos casos el alma sigue en paz porque nuestros cuerpos no son más que un cascarón. De hecho, los cementerios son para nosotros, no para nuestros seres queridos. Allí es adonde vamos para recordarlos, pero puedes hacerlo igual desde la cima de una montaña o desde tu casa. Siguen aquí por nosotros. Es igual que cuando el alma se presenta en su propio funeral, cosa que suelen hacer. Pero van porque nosotros estamos allí. Y si acudes a una sesión, es posible que te confirmen su presencia describiendo cómo era el ataúd, quién fue a las exequias, si le arreglaron el pelo y qué llevaban puestos en el último adiós. Una vez un alma me dijo que la habían enterrado con botas de leñador. Pero ¿quién usa esas botas a estas alturas?

Ayuda del Cielo para sanar

Cuando estás de luto por el fallecimiento de una persona, es muy común que te des cuenta de lo corta y bella que es la vida. Es posible que te empieces a cuidar más, que vayas a ver a un nutricionista, que tomes vitaminas, vuelvas al gimnasio, pruebes medicinas alternativas. Es bueno que sepas al hacerlo que tus seres queridos no tienen la capacidad de curarte o de mejorar tu salud a menos

194

que ya tuvieran ese poder en el mundo físico. Sólo la energía de Dios puede sanar a través de la oración o de un curandero espiritual y eso requiere fe y concentración. También creo que puedes ayudar a avanzar el proceso cambiando tu forma de pensar, elevando tu vibración y teniendo fe en un poder superior.

Lo que sí *pueden* hacer los seres queridos es velar por ti y hacer que te encuentres con las personas o circunstancias adecuadas que te ayuden a mejorar tu salud si así se lo pides. Pueden poner en tu camino al médico o al amigo adecuado, alguien que sabrá exactamente qué necesitas para sentirte mejor. Conozco a una mujer que le rezó a su abuela porque padecía de una dolorosa enfermedad pélvica y a la mañana siguiente recibió un correo electrónico de una vieja amiga que casualmente mencionaba al cirujano que por fin puso fin a su calvario. También creo que mis abuelas, Gram y Nanny, han intervenido muchas veces por la salud de mi familia pero una de mis favoritas es cuando Gram ayudó a Victoria a curarse de una lesión deportiva.

En noviembre, en su penúltimo año de secundaria, Vic se rompió el ligamento anterior cruzado, el ligamento lateral interno y el menisco de la rodilla izquierda. Los médicos llaman a esta lesión la triada de la desdicha porque se tarda una eternidad en recuperarse. Victoria no sólo iba a tener que ver desde el banco todas las competencias en las que solía participar, sino que los observadores de talentos universitarios no iban a poder evaluarla y ella necesitaba escoger universidad aquel mismo otoño, lo cual añadía aún más estrés a la situación. Mi hermano, que es fisioterapeuta, le sugirió a Victoria que fuera a ver a un especialista que, en vez de recomendarle cirugía de urgencia, que es lo que recomiendan la mayoría de los médicos, le dijo que iba a tener que reconstruirle el ligamento anterior cruzado, pero que el ligamento lateral interno podía curarse solo. El menisco estaba destrozado y no iba a saber qué hacer con él hasta el momento de la cirugía. Fijamos la fecha de la operación para el seis de enero, el día de la Pequeña Navidad, una tradición irlandesa que celebra el fin de las fiestas; también se conoce como el Día de la Epifanía, una fiesta cristiana que celebra la presencia física de Jesús como hijo de Dios. Por supuesto, yo lo interpreté como una señal. Así mi hermano tendría tiempo de darle terapia física rehabilitadora a Victoria dos horas al día, cinco días a la semana; Pat tuvo tiempo de hacer una cura y Gram tuvo tiempo de darle un codazo a Dios para que también contribuyera y nos guiara a todos en aquel proceso.

El día de la cirugía, nuestra familia estaba nerviosa y confiada. Tras sólo una hora en el quirófano, el cirujano nos dijo que había terminado porque lo único que había tenido que hacer era reconstruir el ligamento anterior cruzado. El ligamento lateral interno se estaba curando y el menisco se había sellado solo y estaba normal otra vez. Poco después, volvimos para la revisión y el médico nos mostró cómo había tenido que reforzar el ligamento anterior cruzado con un tornillo por un lado y un botón por el otro. ¡Un botón! Sé que los médicos los utilizan pero para mí era una señal de buen augurio porque Gram era costurera y coleccionaba botones y ahora mi hija lleva un botón cosido en la rodilla. Sabía que Gram me estaba diciendo que había contribuido a la recuperación de Victoria, un poco como dejando la marca del Zorro, la Z que dejaba cuando había salvado el día. *También* debo mencionar que mientras le contaba la historia a mi coautora Kristina y llegamos a la parte del botón, las luces se apagaron. Nos reímos un instante y exclamé: "¡Gram, enciende la luz!". Y se encendieron. Miré el reloj, eran las 6:09 de la tarde y la fecha en que abuela falleció fue 6/09. Una obvia validación.

Otra cosa que nuestros seres queridos pueden hacer desde el Cielo es alertarnos si vamos a tener problemas de salud o a correr peligro, aunque sólo permito este tipo de cosas en una sesión si la advertencia puede prevenir una mala situación o servir de consuelo más adelante. En cuanto a la salud de mis clientes, el Espíritu los guiará a la sanación diciéndome que les haga un "examen físico". Es ahí cuando examino el cuerpo de la persona y observo lugares en su interior que necesiten atención médica. Si veo manchas rojas en una zona determinada, son mis símbolos de cáncer y enfermedades severas que no están siendo tratadas o cuyo tratamiento necesita otro enfoque. También pueden significar que esa persona se está aferrando a emociones o situaciones negativas, así que le pido al Espíritu ideas para solucionarlo. Si veo manchas rosadas es que la persona tiene una condición que no es de vida o muerte y ya el Espíritu está haciendo todo lo que puede para resolverlo. También puede ser algo leve, como una alergia a algún alimento que uno puede sanar solo.

Lo curioso es que a veces tengo delante a una persona que está muy enferma, pero no veo nada porque o bien el Espíritu ya está haciendo todo lo posible para sanarla o bien el cliente ha decidido que no hay nada más que hacer. Una vez tuve una sesión con una mujer que tenía un cáncer muy avanzado, etapa 4, y no vi ninguna mancha. La mujer me dijo que los médicos habían hecho todo lo que estaba en sus manos y que había decidido vivir el tiempo que le quedaba sin recibir más tratamiento. También tuve una sesión con un hombre que tenía cáncer de páncreas y cuya imagen estaba lejos de ser la de un hombre saludable. Pero no tuvo problemas en que le hiciera un examen físico. Esta vez fue el Espíritu quien me dijo que muy pronto entraría en remisión. Me llamó a los pocos meses para confirmarme que sus médicos le habían dicho que, oficialmente, estaba en remisión.

Al Espíritu también le gusta alertar a los clientes sobre cuestiones de seguridad, aunque no siempre en la manera que yo espero. Durante una sesión privada con una madre, el Espíritu me dio detalles muy específicos sobre el tipo de automóvil que conducía su hijo. Me dijo su nombre y apellido y que nunca se ponía el cinturón de seguridad. "¡Siempre le digo que se lo ponga!", contestó la madre. La mujer le contó a su hijo lo ocurrido durante la sesión porque pensamos que era una advertencia sobre un posible peligro. Poco después de la sesión, el chico murió en un accidente de tráfico. No llevaba puesto el cinturón, pero sólo porque se lo había quitado un momento para recoger algo del suelo. La razón entonces por la que el Espíritu nos habló del cinturón era para que su madre no se atormentara tras la muerte de su hijo preguntándose si podía haber hecho algo para evitarla. En otra ocasión el Espíritu me dijo que la hija de una mujer estaba embarazada, aunque la madre insistía en que era imposible porque su hija tenía dieciséis años y todavía no estaba sexualmente activa. Pensé que tal vez me había equivocado, pero me llamó a los cuatro meses para decirme que su hija iba a tener un bebé, pero había reaccionado bien ante la noticia porque yo ya se lo había dicho. Percibí que el Espíritu le dio la noticia por adelantado para que apoyara a su hija de una manera que tal vez no habría hecho si hubiera recibido la noticia de sorpresa.

Sanar: haz lo que puedas para seguir adelante

Siempre me impresiona cuando el Espíritu nos conduce a la curación porque si alguna vez le has pedido a un médico respuestas concretas sobre un tema de salud complicado, ¡no siempre te dan la respuesta correcta al principio! Pero cuando un cliente me dice que ha sanado *emocionalmente* después de una sesión, aún me quedo más impresionada porque es algo muy subjetivo. Uno no puede ver cómo se borra una cicatriz emocional del mismo modo en que ve cómo se borra una cicatriz física. Aún así, una y otra vez, la cura que ofrece el Espíritu a menudo en una sola sesión, es más efectiva que años y años de terapia. ¡Y lo digo yo, que respeto mucho a los terapeutas!

En el capítulo cuatro mencioné a mi amiga Geeta, que es esteticista y maestra de reiki (no, no hace las dos cosas a la vez pero, ¿verdad que sería fabuloso que te librara de la depresión al mismo tiempo que te hace la cera en el bigote?). Durante toda su vida, Geeta sentía que el Espíritu le enviaba mensajes, aunque no sabía cómo interpretarlos o si guardaban relación con su propósito en la vida, o qué lecciones se suponía que tenía que aprender de esta vida. Una vez, cuando vivía en Trinidad, fue a rezar a un templo y el *trishul* de acero —una lanza de tres puntas asentada en hormigón— empezó a "temblar como una hoja azotada por el viento", me dijo. Cuando Geeta la tocó, cesó de temblar. Ver una estructura sólida temblar sin razón aparente para mí es motivo suficiente para sospechar que es cosa de Dios o del Espíritu, pero Geeta le ha encontrado un significado aún más profundo. Dice que, según la tradición, el *trishul* es un arma que se usa para destruir la negatividad y que estaba a la derecha del *lingam*, un falo estilizado al que se le venera como símbolo del dios Shiva. "Normalmente se usa la mano derecha para bendecir a alguien, así que creo que el universo me bendijo, destruyó toda la negatividad, y empezaron a fluir cosas buenas a mi vida, sólo que en aquel momento no me di cuenta", me dijo. El *trishul* tembló dos domingos más y tres semanas después Geeta se trasladó a Nueva York, donde las cosas empezaron gradualmente a cambiar de manera muy positiva.

Desde entonces ha tenido muchas visitas mientras duerme de su padre, su madre y su hermano que habían muerto. Una era sobre aceptar las cosas que nos molestan, y cuatro semanas después su marido falleció. También soñó que estaba en las puertas del Cielo y su tía, que había muerto un año antes, le dijo que volviera a la Tierra y le contara a todos que estaba en paz. Geeta ha visto al Espíritu en forma de luz, como esferas en fotos familiares y pequeños destellos de luz en el techo del balneario donde trabaja. Creyó que esto último eran reflejos de sus joyas pero cuando apagó todas las luces, seguían ahí.

Cuando conocí a Geeta, estaba muy triste y estancada por la muerte de su marido, pero después de hablarle del Espíritu y de la intuición durante un año, supe que ella tenía un don que había que perfeccionar y que tal vez pudiera cambiarle el estado de ánimo. Le sugerí que conociera a Pat, quien le presentó a una maestra de reiki que conocemos. Geeta estudió con ella y desde entonces ha curado a muchos y a sí misma. Es más positiva y siente que sus valores están en consonancia con su forma de ser. Cree que existe una conexión de amor infinito que te une a tu familia, que nunca muere y que te mantiene unida a ellos para siempre. Lo más increíble es que su evolución ha inspirado a su hija, Crystal, a aprender reiki también y, aunque la relación entre madre e hija tiene un pasado convulso, ahora están muy unidas. Su hijo, Tyler, siente la presencia de su padre y disfruta hablar con Geeta sobre las emociones que nos conectan con el más allá.

Otro gran ejemplo de una pareja que recibió una curación profunda después de una sesión es una que hice en Zorn's, un restaurante de Long Island donde venden pollo frito sin piel. Fue parte de mi programa, pero los efectos curativos se produjeron después de que las cámaras dejaron de filmar. Lo curioso es que, cuando entré, había una mujer que me reconoció y quería una sesión espontánea con tanta ansiedad que me seguía a todas partes. Pero el Espíritu me señaló a una pareja que acababa de salir del partido de baloncesto de su hijo y que había llegado a picar unas *frituritas* de pollo y papas fritas antes de cenar.

El padre del marido había fallecido tres meses antes y la pérdida había dejado al hombre muy mal. No quería ver a nadie, bebía mucho y se negó a salir de vacaciones o simplemente a pasarla bien con su adorable familia. Había trabajado trece años con su padre, hasta que éste se jubiló, y luego había comenzado un negocio similar al que tenía su padre. Los fines de semana salían juntos a pescar y habían hablado de irse en un crucero por el Caribe con sus familias para celebrar los ochenta años del padre y los cincuenta del hijo, que eran el mismo mes. El padre murió antes de que pudieran irse de viaje, así que la familia celebró su cumpleaños sin él. En la celebración, todos compartieron las increíbles señales que llevaban viendo desde su muerte: las luces se apagaban y se encendían, encontraron un viejo recibo de 1978 en el piso con la firma del padre, aparecían monedas en los sitios más insospechados. El hijo en su duelo hallaba una explicación para todo. Incluso cuando la familia encontró quince dólares en monedas debajo de su automóvil en un estacionamiento, el hombre le dijo a su esposa que no era una señal. "Hablas como una loca cuando dices esas cosas", le dijo a su esposa. Su padre continuaba tratando de decir que estaba presente, pero el hombre no quería aceptarlo. Hasta que los conocí en Zorn's.

Tropecé con ellos el día después de la fiesta de los ochenta años del padre. Le dije al hombre que el alma de su padre quería que supiera que era un buen hijo y que estaba muy orgulloso de él. El padre dijo que lo quería mucho y que estaba en un lugar mejor. Aunque esto impresionó a la esposa, el marido vacilaba y parecía estar un poco asustado. Lo que pienso que lo convenció fue que se presentó el alma de la abuela de la mujer y validó su aparición diciéndome que, cuando era niña, la mujer había entrenado para los juegos olímpicos. La mujer se echó a reír y me dijo: "¡Me sobran sesenta libras! ¿Tengo acaso pinta de atleta olímpico?". Yo no podía notar que había sido atleta, pero sí había entrenado para ser clavadista olímpica. Mientras hablábamos, la mujer empezó a oler perfume Chanel No. 5 y a cigarrillos, olores característicos de su abuela. Cuando terminamos de grabar el programa, me acerqué a la mujer y le dije: "Tu suegro quiere que sepas que le has salvado la vida a su hijo". Esto la dejó de una pieza porque la semana en que murió, el padre le había dicho textualmente: "Te quiero mucho. Salvaste a mi hijo". Se refería a cómo había ayudado a su marido a montar el negocio de nuevo después de haberse pasado unos años sin trabajar.

Antes de la sesión, la depresión del marido era muy difícil para la mujer y para la familia. Pero una semana después despertó de su niebla. Los niños recuperaron a su padre, que ha dejado de beber y de recluirse. Reservó un viaje fantástico al Cabo y le dijo a su esposa: "Ya no estoy de luto porque sé que Papá está en un lugar mejor". Y lo decía en serio. Ahora cree que el alma sigue viviendo después de la muerte y la familia toma decisiones sabiendo que el padre sigue con ellos y los protege desde el Otro Lado. "De la noche a la mañana cambió por completo su manera de ver la vida", dijo su esposa algún tiempo después. "¡Y sólo nos costó los cinco dólares y dieciséis centavos que pagamos por aquellas frituritas de pollo con papas fritas!"

Increíbles historias como ésta son muy gratificantes, aunque pueden también dificultar mi trabajo. ¡Me afectan muchísimo!

Usualmente puedo echar a un lado mis sentimientos cuando tengo una sesión, porque siento las emociones y los sentimientos del alma que se comunica conmigo. Además, ¿quién va a querer ver a una médium blandengue que se pasa todo el tiempo llorando? Pero a veces no puedo contenerme, especialmente cuando tus seres queridos me dicen lo mucho que la experiencia ha significado para ti y lo mucho que te ha ayudado a seguir adelante.

Una sesión en la que me fue difícil no echarme a llorar fue con una mujer llamada Melanie. Cuando canalicé a su marido, Leon, la conexión entre ellos me sacó lágrimas. El hombre había muerto después de haber sufrido una cortada en el pie con un ancla en un lago artificial cerca del golfo de México, a pesar de haber tratado la infección con antibióticos. Antes de venir a verme, Melanie recibía señales frecuentes de que el alma de su marido estaba cerca. Por ejemplo, no cesaba de ver el número sesenta y siete, el número de su camiseta cuando jugaba fútbol en la Universidad de Northwestern, y lo había visto acostado a su lado en la cama una noche pero no se lo contó a nadie. Durante la sesión, el Espíritu le concedió el don de la curación al confirmarle que las señales eran reales y que era Leon tratando de estar cerca de ella. El Espíritu entonces me permitió intercambiarme con el alma de Leon. Nunca antes lo había hecho y debo decir que fue *alucinante*.

Mientras Leon ocupaba mi lugar, mi alma flotaba por encima de la sesión y veía a mi cuerpo interactuando con Melanie. Al mismo tiempo, el alma de Leon estaba en mi cuerpo, así que cuando yo hablaba, lo hacía como su marido. Sigo confusa sobre quién era quién pero el alma de Leon dejó muchas cosas claras. Dijo que ciertos sonidos que emitió su cuerpo al morir eran en realidad su alma que intentaba volver a la tierra, que es algo que preocupaba a su mujer. También validé que en su funeral ella le había susurrado un chiste entre ellos sobre su color de pelo. Su alma habló sobre un árbol memorial que su madre plantó junto a un columpio y él alardeó que el morado era su color favorito ("Los hombres de verdad prefieren el morado", me dijo). Su alma también mencionó un osito de peluche hecho con su ropa, una doble validación. No sólo Melanie había llevado a su hijo mayor a un taller para que hiciera un osito futbolista en honor de su papá, sino que una amiga de su madre le dijo que en secreto estaba haciendo tres ositos de peluche para los hijos de Melanie con la ropa de Leon. Una de las últimas cosas que le dije a Melanie cuando estaba habitada por el alma de Leon fue: "Quiero que sepas que volverás a amar y yo mismo voy a escoger a alguien que te querrá y que estará ahí para nuestros hijos". Más tarde, Melanie me confió que al final de muchos días largos y difíciles hablaba con Leon en voz alta sobre lo mucho que le aterraba pasarse el resto de su vida como madre soltera. Luego se sentía culpable por decirlo. Pero después de la sesión, supo que Leon quería hablar de lo que a ella le preocupaba porque sabía que era su gran oportunidad para decirle lo que necesitaba escuchar.

Quizá lo más increíble de todo es lo que ocurrió el día del funeral de Leon, por la mañana. Melanie se despertó con náuseas y se preguntó si estaría embarazada. Se hizo cuatro pruebas y todas confirmaron que lo estaba. Melanie tenía cinco meses de embarazo cuando la conocí pero sólo tenía cuatro semanas cuando se dio cuenta de que estaba encinta. También sé que va a tener un varón. El alma de Leon me dijo que ella verá sus rasgos en el bebé y que buscara una marca de nacimiento, que es la prueba de que Leon abrazó el alma del bebé antes de que viniera al mundo. También dijo que si Melanie dejaba de ver o sentir a Leon es porque su alma habrá vuelto a nacer en el bebé. "De un modo u otro, en cuanto lo cargues sentirás algo diferente en este bebé", le dije. Me contó que tenía pensado ponerle Leon como segundo nombre al bebé. «Yo no dudo que Dios me dio este bebé para consolarme", me dijo. "Es una razón más para levantarme de la cama todos los días".

Al día siguiente de canalizar a Leon recibí un correo electrónico de Melanie que me hace sentir agradecida por mi don y por la capacidad de aliviar el dolor de la pérdida de un ser querido y propiciar la curación. He aquí parte de su nota:

No hay palabras suficientes para agradecerte por hacer el día de ayer una realidad para mí. Desde el instante en que Leon murió, mi mundo entero se detuvo. Perdí toda esperanza, fe y consuelo. No pasaba un solo día sin que rezara para que de alguna manera se me diera la oportunidad de [volver a conectar con él]... Gracias a mi experiencia y la sesión, ahora tengo la total seguridad de que Leon está conmigo, ahora más que antes... Leon era mi vida. Había sentido que jamás volvería a conocer la felicidad, que jamás volvería a estar en paz con mi vida. Hoy soy diferente porque Theresa y su equipo me dieron esa oportunidad. No había vuelto a dormir desde la noche en que Leon murió pero anoche dormí como un bebé. Hoy me desperté y no me sentí el corazón tan pesado. Me desperté sabiendo que Leon está aquí, conmigo y con nuestros hijos. Me desperté con la certeza finalmente de que estaré bien... No tienes ni idea lo que esto ha significado para mí, mi familia y mis hijos. Siempre seré la persona y madre que estaba llamada a ser gracias a ti. Porque ahora puedo decirlo. Has cambiado mi vida y... te lo agradezco de todo corazón.

Créeme que nunca olvidaré a Melanie ni al alma generosa de su marido. Ay, no... Ya empiezo otra vez ¿alguien me presta un pañuelo, por favor?

10

EL ESPÍRITU TIENE LA ÚLTIMA PALABRA

No soy exactamente tímida a la hora de decir lo que tengo en la mente. Me gusta hablar y, si me haces preguntas sobre comida, la familia o cualquiera de las Kardashian, descubrirás que me sobran las opiniones. A veces me pregunto si el hecho de que me guste tanto vociferar es la razón por la que Dios me concedió este don. ¡Tal vez sabía que nunca me faltaría el aire para comunicar los mensajes del Espíritu! Y aunque *yo* hablo hasta por los codos, tus seres queridos difuntos me ganan. Cuando el Espíritu canaliza a través de mí, nunca faltarán temas de conversación.

Como has visto, el Espíritu es generoso ofreciendo palabras de consuelo, paz, orientación y validación de que está con nosotros. Y creo que lo hace porque constantemente, en oraciones y con pensamientos, le repetimos lo mucho que echamos de menos a nuestros seres queridos fallecidos, y lo mucho que nos gustaría que estuvieran aquí con nosotros. Así que cuando envían señales en una sesión, lo que están haciendo es responder a tus peticiones y necesidades. Pero *también* me he dado cuenta de que empaquetados en los mensajes principales de curación y validación hay significados secundarios mucho más sutiles que a veces no reconozco en ese momento.

Tiene sentido para mí que los pensamientos del Espíritu tengan significación desde varios ángulos porque lo mismo ocurre con muchas cosas en la vida. ¿Cuándo has leído un libro, tenido una conversación, oído una historia y has visto una película y le has sacado un solo mensaje a todas? Nuestras experiencias en el mundo físico tienen demasiados matices para que eso sea posible. Además, no todo el que viene a verme está triste, por lo que la comunicación con el Espíritu no puede tratar solamente de cómo superar el duelo. Algunas personas acuden a mí porque quieren ponerse al día con sus seres queridos o recibir validación de que van por el buen camino. Pero no importa lo que el Espíritu quiera que tú sepas, siempre nos está diciendo más de lo que parece.

En conclusión, quiero dejarte con diez lecciones increíbles que he aprendido durante todos estos años canalizando al Espíritu. Algunas constituyen los principales mensajes que transmití, pero muchas fueron conmovidos matices que a mí me resultan una gran verdad. Espero que tengan la misma resonancia para ti en muchos niveles también, no importa dónde te encuentres en tu vida.

#1: Las pequeñas cosas que son importantes para ti, también lo son para tus seres queridos.

Cuando el Espíritu valida su presencia con referencias específicas que a mí me es imposible saber, no sólo está diciendo que su existencia es "real". También te dice que por muy ocupado que ese ser querido esté en el Cielo, nada le hace olvidar los momentos y los recuerdos que hicieron su vida en el mundo físico aquí contigo tan especial. Por ejemplo, cuando hice un programa en Orlando, tuve una sesión con una mujer cuyo marido se había ahogado en un lago. Era atlético y sabía nadar, lo cual hizo su muerte difícil de entender, pero su alma estaba predestinada a abandonar este mundo en ese momento. Cuando canalicé al hombre, su alma se presentó para confirmar que él todavía está por aquí al reconocer que su esposa está haciendo un edredón en memoria suya con pedazos de sus viejos uniformes militares de campaña y que cuando venían a la sesión en su automóvil, su hija había estado hablando con ella sobre hacerse maestra de niños con necesidades especiales.

Estas validaciones fueron muy dulces pero no eran nada comparado con lo que ocurrió a continuación. Su alma me mostró un área de agua y un bote salvavidas, por lo cual pensé que estaba haciendo referencia a cómo había muerto, ahogado en un lago. Pero la amiga de la esposa me corrigió: "*Mi* marido me puso a mí el apodo de bote salvavidas. Él también falleció. Nuestros maridos eran mejores amigos", me explicó.

El hombre que se ahogó trajo entonces el alma de su amigo; estaban juntos al Otro Lado. El hecho de que el marido recordara el apodo cariñoso de su mujer y que se lo recordara a su amigo para poder así conectar con ella fue algo que me hizo sonreír. Son estas referencias íntimas y especiales —desde bromas y conversaciones privadas a cosas de las que uno se acuerda cuando está solo— las que nunca dejarán de ser importantes para los seres queridos, aun cuando ya se han ido, porque para ti siguen siendo importantes.

Otra historia que demuestra la atención al detalle del Espíritu tuvo lugar durante una gala para recaudar fondos para el equipo de gimnasia de Victoria. Sentí que un alma me daba un golpecito en el hombro y me decía: "¿Podrías, por favor, decirle a mi esposa lo bella que está? Lleva una blusa azul". Me di la vuelta y vi a una mujer con una blusa azul. Me acerqué a ella y le pregunté: "¿Usted perdió a su marido?". Me dijo que sí. "Él me pidió que le dijera lo bella que está", le dije. Por supuesto, todos en la sala se sintieron impactados por ese gesto de ternura. Pero al terminar la gala, la mujer me dijo que el mensaje de su marido tenía más de un significado. "Estuvimos casados veinticinco años, hasta que se fue", me dijo. "Acabo de empezar a volver a salir y cuando veníamos hacia acá le dije a mi hija: 'Espero que Papá no se enfade conmigo por estar saliendo con otro hombre porque lo que más me gusta de mi nueva pareja es que siempre me dice lo bella que estoy. Durante veinticinco años, tu padre nunca me lo dijo'". Pero en aquella gala, su alma por fin se lo dijo. Y al decirle a su esposa lo bella que estaba, el alma de su esposo le dijo lo que necesitaba oír para dejar de preocuparse y poder cambiar el modo en que veía su nueva relación. No estaba sustituyendo a su marido con otro hombre, sino viviendo su vida como una mujer a la que habían amado y a quien iban a volver a amar. Y reiterando mi punto, el mensaje del Espíritu se refería a un sentimiento íntimo, específico y persistente que había sido una constante durante la vida matrimonial de aquella pareja. Siempre digo que no tengo por qué identificarme con el mensaje y tampoco me importa si otros lo entienden o no, lo importante es que le llegue a la persona a la que va dirigido.

#2: No dudes cuando tus seres queridos están tratando de conectar.

Cada uno conecta con sus seres queridos de un modo distinto y no hace falta que seas médium para saber que ciertas señales como las luces que parpadean o las apariciones en el dormitorio son más fáciles de reconocer que otras. Pero como sabes, ver un alma en sueños puede ser una forma de conectar de la que al despertar no estás tan seguro. ¿Era de veras el alma de tu difunta hermana a pesar de que estaba vestida como Cleopatra? ¿Era el alma de tu hijo, aunque no dejara de hablar de los Medias Rojas de Boston y no te diera ningún mensaje importante? Es un debate que me recuerda la famosa frase: *Si se te aparece un alma en sueños y no hay ningún médium que valide su presencia, ¿ocurrió de verdad?* Pero hice mi mejor sesión cuando el Espíritu me dijo que las apariciones al azar en sueños pueden ser una forma de conectar y que el alma está contigo en ese momento. En ella, canalicé a un joven que había muerto por causa del uso de drogas que habían agravado una patología cardiaca que tenía. La pequeña habitación estaba llena de familiares y amigos. Deduje por sus mensajes que algunos de sus parientes estaban conectando con él con facilidad y otros no. Entonces me habló de una chica que había soñado que él se arrodillaba ante ella y le pedía matrimonio. Los dos eran grandes amigos, pero no pareja, así que a ella el sueño le pareció que no tenía sentido. Pero el alma del chico dijo claramente que esa noche estaba conectando con ella en su sueño tonto, aunque claramente no le estaba proponiendo matrimonio en el más allá. Su alma entonces se arrodilló delante de mí, igual que hizo con ella durante el sueño, para validarlo. ¡Qué romántico!

#3: Los muertos no necesitan invitación.

El Espíritu espera los grandes eventos con tanta ilusión como tú. Vacaciones, reuniones familiares, bodas, fiestas de graduación... Tus seres queridos están ahí contigo en espíritu. Cuando canalicé el alma de un hombre que se había suicidado, me dijo que a pesar de que tenía que aprender unas cuantas lecciones en el Otro Lado, sacó tiempo para armar un lío con el micrófono en la boda de su hermana. También tuve una sesión con una familia completa, cuyo ser querido se presentó para decir que tenía planeado asistir a una graduación de kindergarten y lo validó mostrando que la niña llevaría el pelo recogido en trenzas. ¿Y quién sabe si el Espíritu se presenta en el nacimiento de tu bebé? Puede que hasta traiga a tus mascotas. En un salón de bingo en Long Island tuve una sesión con una mujer cuya madre llevaba muerta veinte años. Mientras aún vivía, a la hija le dijeron que no podría tener bebés, por lo que compró un perro Labrador negro al que llamó Sammy. Después que la madre murió, resultó que los médicos se habían equivocado y tuvo un bebé, y siempre se preguntó si la madre lo sabía. El perro también acababa de morir. Durante la sesión, el alma de la madre se presentó y dijo que sabía todo acerca de su preciosa nieta y que Sammy, el Labrador, estaba con ella en el Cielo.

#4: Te oyen hablando contigo mismo.

Las almas se comunican mediante el pensamiento, así que cuando quieras hablar con tus difuntos seres queridos, no hace falta que montes un gran espectáculo para llamar su atención. Ni siquiera necesitas hablar en voz alta. Puedes comunicarte con el Espíritu y con Dios en silencio, proyectando el pensamiento y los sentimientos, y ellos te oyen. En una gala benéfica para el Club Social de la Juventud en Hicksville, tuve una sesión con tres hermanos (dos chicas y un chico). Sus edades fluctuaban de principios de la adolescencia a principios de los veinte, pero ya habían perdido a sus padres. Cuando canalicé las almas de los padres, validaron su identidad con mucha ternura. El padre no paraba de decirme John-John, que era el nombre del padre y el del hijo. El chico también llevaba puesto el brazalete de su padre, que llevaba inscrito el nombre de John, y la familia vivía en John Street. La madre, que había muerto diez años antes, también validó su presencia recordándole a la hija pequeña cómo solían pasar la mano por una manta amarilla que tenía el borde de satén amarillo. Pero lo que de verdad me llegó al corazón fue cuando el alma de la madre le dijo a la hija pequeña: "Sé lo mucho que te esfuerzas por recordar mi voz o mi forma de abrazarte. Quiero que sepas que estoy contigo cuando piensas en esas cosas". La mamá no sólo le estaba diciendo que su alma estaba junto a ella cuando la necesitaba, sino que podía sentir la energía de los pensamientos de su hija. Bastaba con eso para llamar su atención.

De manera similar, conozco a una mujer que perdió a su marido, que sólo tenía treinta y tres años y, dos años después de su muerte, su estado de ánimo estaba por el piso al acercarse las fiestas de Navidad. Hacía mucho tiempo que no rezaba pidiendo una señal, pero aún así el alma de su marido sabía que necesitaba que la animaran. Un día, camino al trabajo, se quedó atrapada en un atasco y vio que el automóvil que tenía delante llevaba dos calcomanías en la ventana trasera. Una era de los Jets de Nueva York, el equipo de fútbol favorito de su marido, y la otra decía:

"Vive, Ríe, Ama", que es lo que él había hecho grabar en el anillo de boda de ella. Al ver las palabras juntas se echó a reír por primera vez en meses. "Él debe de haber sabido el estado de ánimo en que yo estaba porque realmente me impactó con esas señales", me dijo ella. "No me cabe la menor duda de que me estaba diciendo que me quería, que estaba conmigo y que estaba haciendo todo lo que podía para ayudarme, y yo ni siquiera tuve que pedírselo".

#5: El Espíritu no quiere que lo sepas todo.

Cuando te encuentres en una situación difícil o confusa, es bueno que acudas a Dios, a las almas de la fe o a tus seres queridos en busca de respuestas. Pero si no te llega ninguna, puedes sentirte aún más perdido. Cuando esto me pasa a mí, confieso que he pensado: *¿De qué me sirve tener contactos allá arriba si nadie me escucha?* Pero entonces recuerdo que el Espíritu les dice a mis clientes que el hecho de que sus oraciones no siempre sean respondidas no significa que nadie los escucha. La triste realidad es que a veces el resultado de una situación no se puede cambiar o hay una frustración que puede estar llamada a enseñarte una lección a ti o a alguien en tu vida. Pero en ese momento tu no lo sabes, así que la reacción natural es sentirte solo, abandonado, o muy, muy enojado.

También hay temas que el Espíritu no quiere discutir. Algunos médiums aceptan preguntas durante o al final de una sesión pero cuando un cliente me dice que quiere preguntar algo, primero le pido al Espíritu que me dé un "sí" o un "no", antes de que la persona termine su pregunta. Y sólo si es un "sí" lo permito. Si el Espíritu me dice que no, ésa es mi señal de que no quiere involucrarse en la respuesta, o no estamos listos para oírla, o el alma del ser querido no está lista para comunicar. Por ejemplo, al Espíritu no le entusiasma hablar de la muerte inminente de alguien que está vivo. Tampoco le gusta dar detalles específicos sobre el año o la fecha en la que algo puede ocurrir, pues podría alterar cómo vas a vivir tu vida hasta entonces. Es posible que el Espíritu diga el mes, pero podría ser este año o dentro de cinco años y prefiere mantener ese cronograma lo más vago posible. Conozco a una mujer que vio a dos médiums muy conocidos y los dos le dijeron que iba a comprarse una casa nueva en junio, y ambos sintieron que iba a ser en junio de aquel año. La mujer y su familia estaban muy emocionados y esperaron el mes de junio con impaciencia, pero junio llegó y pasó sin casa nueva. No sé si los médiums se equivocaron o si el Espíritu se refería a junio de otro año. Lo que puede haber sucedido es que los dos médiums tuvieran la impresión de que iba a ser "pronto", pero esa es una sensación subjetiva. Si el Espíritu me hace sentir que un evento ha pasado hace poco, significa que ha pasado en los dos últimos años. Una diferencia de dos años no significa gran cosa para un alma porque la eternidad es muy larga y dos años no son nada para él. Pero ¡para una familia deseando recuperarse de un duelo desolador, dos años se hacen eternos! Así que he aceptado que el tiempo no significa lo mismo al Otro Lado. Nosotros usamos relojes y calendarios para marcar eventos y poner orden en nuestras vidas, pero el Espíritu no tiene fechas de entrega ni ochenta y tres cosas que resolver antes de las cinco de la tarde.

#6: La mayoría de los mensajes son sólo para ti.

Aunque el Espíritu transmite mensajes para grupos grandes y he recibido correos electrónicos de espectadores que me han escrito para decirme que les había llegado al corazón algo de lo que había dicho en la televisión, me sorprende que la comunicación del Espíritu sea usualmente muy específica.

El mejor ejemplo de esto ocurrió cuando canalicé la misma alma para dos hermanas en dos sesiones consecutivas. No me di cuenta de que estaban emparentadas cuando les di el día y la hora de la cita porque no suelo preguntar los apellidos. Pero cuando canalicé al padre de la primera mujer, su alma me dio un mensaje y me dijo: "Ése es para la *próxima* sesión". La otra hermana estaba esperando en el automóvil y yo no tenía ni idea. Así que cuando la segunda mujer entró para su sesión, le pregunté cómo era que conocía a la mujer que la había precedido. "Siento la presencia de una figura paterna", le dije, "y no estoy segura por qué sigue aquí. Normalmente el Espíritu se va al mismo tiempo que el cliente". Fue entonces que supe que las dos mujeres eran familia y que lo único que tenían en común estas hermanas era la persona que habían perdido. Los mensajes del padre eran distintos porque las mujeres tenían necesidades distintas y ésas fueron las que el padre abordó en cada sesión.

#7: Atesora el recuerdo de tus seres queridos, no su herencia material.

No es un secreto que la gente se vuelve acaparadora cuando un ser querido muere. *¡Yo me quedo con el espejo veneciano! ¡Yo quiero las copas de licor! ¡El anillo de los cócteles es mío!* El propósito de heredar una preciada posesión es conservar un objeto que nos recuerde a un familiar o amigo, no adquirir una pieza de anticuario. Cuando Nanny murió, me sorprendió que se me apareciera como una mosca grande y gorda en vez de cómo un diamante gigantesco porque la mujer tenía unos pedruscos alucinantes. Cuando nos repartimos sus cosas, un pariente se quedó con un anillo impresionante, otro se llevó un brazalete elegantísimo... y a mí me dieron su sencilla cruz de oro. No voy a mentir, aunque sólo tenía dieciséis años, me sentí desairada. Sé que eso suena bajo pero es la verdad. Entonces, como catorce años más tarde, el día de Navidad Nanny se me apareció y me dijo: "Tienes mi joya más preciada". Desconozco la historia de la cruz y por qué significaba tanto para ella pero, después de aquello, empecé a apreciarla aún más. La cruz no era su posesión más cara pero era una de sus posesiones más queridas. Su visita llegó cuando yo estaba creando mi biblioteca de señales y símbolos, así que siempre que el Espíritu me enseña la cruz de Nanny, significa que un alma quiere hablar de que una persona tiene *su* posesión más preciada, ya sea una colcha, un diario, una bufanda, cualquier cosa. Y, vaya sorpresa, el significado que el Espíritu le da a sus objetos más preciados usualmente supera su valor monetario.

#8: No gastes energía sintiéndote culpable por haber sobrevivido.

Esto es muy importante para el Espíritu, mayormente porque sentirte culpable por seguir vivo te impide seguir disfrutando la vida sin nuestros seres queridos, que es justo lo contrario de lo que ellos quieren que hagamos. Una de las veces más increíbles en que esto surgió fue en una sesión en el programa con una mujer que tenía cáncer de seno en etapa 4. Su cuñada había muerto a causa de la misma enfermedad cuando ésta se encontraba tan sólo en la etapa 1. Las dos lucharon contra la enfermedad como dos valientes y la que seguía aquí se sentía tremendamente culpable por haber sobrevivido a su cuñada y también por todo el tiempo y energía que familiares y amigos dedicaban a que ella se sintiera bien, cuando en retrospectiva, se preguntaba si su cuñada lo necesitaba más. En otra ocasión, canalicé el alma de una chica que le había pedido a una amiga que fuera a recogerla de una fiesta pero era muy tarde, la amiga estaba muy cansada y le dijo que cogiera un taxi o buscara a otra persona que la llevara a casa. Cuando lo hizo, el taxi se estrelló y la chica murió. Puedes imaginar lo culpable que se sentía la amiga por no haberse levantado de la cama para recogerla. Pero su alma le dijo que el accidente se habría producido aunque ella hubiera ido a recogerla, y que entonces se sentiría culpable por haber contribuido a la muerte de ella también. No habría salvado la vida de su amiga.

En ambas situaciones, el Espíritu quería que estas personas se libraran de la culpa que sentían en relación con la muerte de la otra y que siguieran adelante. Los pensamientos, las imágenes y los sueños recurrentes que la gente sufre cuando se siente culpable por haber sobrevivido pueden ser una tortura que la acosa noche y día y tus seres queridos difuntos no quieren que tengas esta experiencia. Quieren que te libres de esa carga y reconozcas que aún tienes mucho por hacer y mucho que apreciar aquí, en el mundo físico.

#9: No subestimes la vida.

Nunca le diría a una persona que todavía llora la pérdida de un ser querido que ya necesita seguir adelante. Pero el Espíritu quiere que disfrutes tu vida sin tus seres queridos, aunque sea poco a poco. Primero serán momentos, luego serán días buenos y después meses enteros... lo mejor que puedas. Durante un programa en Tampa, el alma de un chico se presentó para decirme que había muerto dos semanas antes y que su muerte se había determinado como un suicidio, pero que había sido un homicidio. Le dispararon a quemarropa en el pecho con una escopeta y es imposible que uno se dispare solo a menos que tenga los brazos más largos que las piernas. Me mostró que su madre estaba en un lugar oscuro y bajo muchos medicamentos y su alma validó su presencia diciendo que su mamá llevaba encima el título de su automóvil (ella entonces lo sacó de su bolso) y que estaba de acuerdo en cómo ella había decidido disponer de su cuerpo (lo había decidido el día anterior). Y aunque esta alma preocupada estaba tratando de decir: "Mira, mamá, soy yo. Estoy bien", la madre me dijo que lo único que veía era desesperación.

Lo que el alma del chico dijo a continuación, sin embargo, sí tuvo un impacto significativo en la madre. Le dijo que sabía que rezaba para que sus ojos se cerraran y no despertarse nunca más, pero que aún no le había llegado la hora y que tenía que seguir en este mundo un tiempo más sin él. "Yo era todo lo que mi madre tenía", me dijo para explicarme por qué su madre estaba tan destrozada. Continuó diciendo que ella no necesitaba terminar su vida para poder estar con su hijo porque él estaba con ella siempre que se sentía triste y cuando lo echaba de menos. Igualmente sorprendente fue que la mujer había recibido la invitación para asistir al programa en el último minuto mediante una amiga que tenía una entrada extra. Así que estuvo a punto de no recibir aquel enorme mensaje de su hijo considerado y tierno. Realmente pienso que las palabras de su alma le abrieron los ojos a la madre y posiblemente le salvaron la vida.

#10: Vive el momento, no sólo el Espíritu.

Mi fe es fuerte y sé mucho acerca del Otro Lado, pero el Espíritu no controla mi vida ni tampoco la tuya. Intervendrá, te ayudará y te guiará desde el Cielo, pero tu vida será lo que *tú* hagas con ella. Gracias al libre albedrío, son tus decisiones las que determinan si la mayor parte de tu tiempo aquí está lleno de dicha o de desesperación, de certidumbre o de duda, de confianza o de escepticismo. Para seguir el camino más positivo, que es lo que yo trato de hacer todos los días, realmente debes meditar, rezar, visualizar, perder el miedo, ser agradecido, elevar la vibración y, sobre todo, creer que Dios, el Espíritu y tus seres queridos están siempre a tu alrededor. Su presencia significa que oyen tus pensamientos, responden tus oraciones y que pueden producirse milagros. Siento mucho respeto por Abe Lincoln, y siempre me ha gustado esa frase suya que dice: " Y al final, lo que cuenta no son los años de tu vida, sino la vida de tus años". Sólo me queda esperar que mi don siga ayudándote a llenar tus años de fe, felicidad, risas y amor en abundancia.

UNAS PALABRAS DE MI COAUTORA

Una de las cosas más divertidas de mi trabajo como coautora es que me obliga a meterme en la cabeza de mi autora para entender cómo "convertirme en ella", de manera que la historia resulte convincente y creíble. Esto ocurre usualmente mediante entrevistas y durante almuerzos de una manera natural y cómoda. Pero cuando al principio pensaba si podría llegar a "ser Theresa", me preocupaba un poco. La adoré desde el instante en que nos conocimos y fui una gran admiradora de su programa, pero no soy de Long Island, no hablo con los muertos y no compro laca para el pelo desde 1984. ¿Cómo iba a convertirme en ella? Pues, como sabes después de haber leído el libro, el Espíritu tiene buenas intenciones y se lo toma todo de manera literal, y mis pensamientos deben de haber tomado el lugar de una oración. Si alguna vez tuviera que escribir mis memorias sobre lo que mi familia tuvo que pasar mientras yo trabajaba en este proyecto lo titularía *Cuando nos convertimos en médiums*.

Siempre he creído que los médiums pueden conectar con el Otro Lado y, para muchos, es un don que viene de Dios. Sin embargo, en el caso de mi marido Scott, es otra historia. Él era un verdadero escéptico y, cuando le pregunté cómo manejar algunos pequeños detalles de los que Theresa no estaba muy segura, me dijo bromeando: "Haz lo que hacen todos los médiums: ¡Invéntalos!". (No te preocupes, recurrimos al Espíritu y a Pat para obtener la respuesta.) Por eso resultó muy cómico que cuando nuestra familia empezó a tener experiencias con el Espíritu, todas las almas fueron directo a Scott y no a mí. Empezó a "ver cosas" que no cuadraban con sus creencias, con lo que podrás imaginar lo confundido y asustado que estaba por las noches.

Scott veía niños flotando fuera de la ventana de nuestro dormitorio en un segundo piso, una niñita junto a la cama, un hombre con traje y sombrero al pie de la cama y un vestido blanco flotando de un lado a otro de la habitación. Una vez se sentó en la cama y empezó a señalarme un rincón de la habitación pero lo hizo de tal modo que parecía que alguien le estaba tirando del brazo. Scott me despertaba cada vez que veía algo, pero me decía que las almas desaparecían en cuanto yo abría los ojos. Más tarde supe que estos seres no estaban ligados a nuestra casa ni a nuestra propiedad, sino que aparecían a causa del libro: querían contar sus historias. Como todos conectamos con el Espíritu de manera distinta, sólo Scott tenía la capacidad de verlos. Recé una breve oración para que las almas dejaran al pobre hombre en paz y ahí terminó la locura para él. Entonces empezó para mí.

Primero empecé a notar sensaciones físicas, dormida y despierta. Cerraba los ojos y, antes de dormirme, notaba lo que Pat me dijo más tarde que era el Espíritu que estaba cerca de mi cuerpo. Una noche, sentí un cosquilleo en la espalda y escuché un zumbido en los oídos, como si estuviera bajo el agua. Otra, nada más cerrar los ojos, me vi a mí misma tumbada en la cama, como si estuviera fuera de mi cuerpo, y entonces sentí como si mi interior (¿mi alma?) se revolviera; cuando abrí los ojos, sentí una opresión en el pecho. No hace falta que te diga que me levanté de un salto de la cama, cogí al perro e hice que Scott se acostara mucho antes de que le entrara el sueño. También a veces, cuando escribía, oía un timbre agudo en mi oído derecho, o se me ponía ardiendo y rojo como un tomate. Corrí a ver a un otorrinolaringólogo, quien me dijo que estaba bien y que no tenía ningún problema de audición. Resulta que eran todos síntomas de que el Espíritu estaba cerca.

Compartí algunas de mis experiencias iniciales con Pat y Theresa. Ellas me enseñaron cómo poner normas y límites y a protegerme, cosa que luego incluimos en el libro. Lo hacía todas las mañanas y todas las noches antes de acostarme. También ponía salvia en la casa dos veces por semana. Nunca pensé que se tratara de un Espíritu negativo, sólo almas a las que no se les habían establecido límites o, peor, un alma de baja energía que había encontrado el modo de entrar y a la que era fácil espantar. Me recordaba a Theresa antes de aprender a controlar la energía a su alrededor.

También tenía experiencias muy vívidas cuando cerraba los ojos. La mayoría de las veces, veía rostros. También tenía sueños muy claros y realistas en los que me encontraba en distintas situaciones que teníamos pensado incluir en el libro. Revisiones vitales. Reencarnación. Mi alma que dejaba mi cuerpo en un instante tras una muerte brutal. Eran como escenas de película que se sucedían a toda velocidad y que plagaban mis sueños con tanta intensidad que por la mañana, al despertar, estaba exhausta. Recé para que cesaran y lo hicieron. Ahí empezaron las visitas de mis seres queridos, con las que disfruté mucho. Mi favorita fue la de mi tío, que iba en un autobús turístico con gente a la que yo no conocía. Llevaba una camisa hawaiana y unos binoculares colgando del cuello. La visita duró sólo unos segundos, en los que me miró y me dijo: "Sólo pasaba por aquí pero quería que supieras que lo que dice Theresa sobre las lecciones es verdad". Entonces me desperté. Se le daba genial contar cuentos y era un hombre muy ingenioso. Está claro que conservaba su personalidad en el Cielo.

Durante esas primeras semanas me preguntaba si no sería todo fruto de mi imaginación, que estaba a la loca porque el material me afectaba mucho. Pero entonces nuestra perra, Izzy, empezó a actuar de un modo extraño. Le ladraba y le gruñía al descansillo de nuestra escalera, se escondía debajo de mi mesa mientras yo escribía y se quedaba embobada mirando el extremo de un banco que hay en mi despacho. En varias habitaciones, movía la cabeza de un lado a otro como si estuviera siguiendo a un objeto que se desplazaba por el aire a toda velocidad. Me miraba con unos ojos como platos, como si me estuviera preguntando: "¿*Viste* eso?".

Era muy simpático pero también de lo más extraño. Cuando

un día saltó a mis brazos, temblando de miedo, le pedí al Espíritu que dejara de asustarla y, a partir de ese momento, siguió moviendo la cabeza como si estuviese viendo entidades invisibles pero ya no parecía tenerles miedo. Se quedaba mirándolas un rato y luego dormía la siesta.

Yo tenía una teoría sobre lo que estaba ocurriendo: Tal vez estaba viviendo los capítulos a medida que los íbamos escribiendo. Cuando escribí sobre conectar con el Espíritu y reconocer señales, experimenté detalles relacionados con el tema. Me notaba el pecho congestionado pero en las radiografías todo parecía normal, y cuando estaba obsesionada con esto, se detuvo delante de mí un camión que llevaba escritas las palabras: "Los mejores limpiadores de alfombras del Cielo" (pienso que es posible que estuviera bloqueando energía en mi pecho, igual que Theresa antes de saber cómo canalizarla). En casa, y una vez en un restaurante, diminutas plumas blancas cayeron flotando del techo a pocos centímetros de mi cara. Cuando consulté en los mapas de Google cuánto tiempo tomaba llegar en automóvil a la casa de Theresa, el resultado fue una hora y once minutos (dicen que 111 es una señal, entre otras cosas, de iluminación y despertar espiritual). Y en pleno invierno, una mosca grande, gorda y peluda se paseó zumbando por mi salita de estar y de inmediato pensé que era Nanny. Scott intentó matarla con una revista pero no lo dejé. Después de jurar que oficialmente yo había perdido el juicio, me arropó entre las mantas y cuando regresó a la sala a seguir viendo televisión, se encontró a la mosca muerta en su costado del sofá. Era como si Nanny hubiera dicho: "Misión cumplida. ¡Me voy!".

A medida que avanzamos, mis emociones se volvían más intensas en relación con cada capítulo. Estuve muy triste mientras escribía sobre el duelo y me salieron unas erupciones cutáneas aterradoras cuando llegamos al de negatividad. Parecía urticaria y, aunque como buena amante de la vida sana sé que pueden salir cuando tienes los niveles de histamina altos, me resultaban inquietantes y eran algo nuevo para mí. El Espíritu también se dio prisa en acabar con mi incredulidad. Una noche me desperté a eso de las tres y vi pequeñas luces revoloteando por mi cómoda. Creía que mi vista me estaba haciendo trucos, así que no le hice caso. Unos días después, entrevisté a Geeta, una amiga de Theresa, que me dijo, sin preguntárselo, que había visto lo mismo muchos años atrás. Ella es intuitiva y, para ella, era el Espíritu.

No acepté ingenuamente que todas las señales eran cosa del Espíritu. Cuando mi perro empezó a ladrar y a gruñir en la cocina, eché un vistazo y encontré un ratón, no un alma. También encontré la explicación para una muñeca de trapo que se cayó de un estante. Primero pensé que era cosa de Gram, porque ocurrió después de escribir un correo electrónico sobre ella, pero luego me di cuenta de que cuando pisaba esa área de la alfombra de determinada manera, la estantería se movía y por eso se había caído la muñeca. No obstante, la mayoría de las coincidencias eran incontestables. Mi favorita ocurrió cuando entrevisté a una mujer llamada Melanie sobre la sesión que Theresa tuvo con ella en el programa. Me dijo que cuando ve cascadas de luz que se cuelan entre las nubes las llama "rayos de Dios" y que las considera un saludo que le envían las almas de sus seres queridos, incluyendo la de su marido. Escribí el capítulo nueve un día terrible, gris y lúgubre, pero cuando llegué a la parte sobre Melanie, el rayo de sol más cálido y brillante se abrió paso entre las nubes y cayó sobre mis manos mientras escribía. En mi despacho no hay sol directo, así que nunca había ocurrido nada parecido. Y luego está el incidente de la letra *E* en mi computadora. Al principio escribía Espíritu con mayúscula, pero decidí a la mitad del libro que sería más correcto escribirlo en minúscula. Intenté usar la función de "Buscar y Reemplazar" para cambiar "Espíritu" a "espíritu" pero el documento no hacía el cambio. Sin embargo, cambió todos los "espíritu" a "Espíritu". Por pura curiosidad, intenté lo mismo con otras letras del alfabeto y la *E* era la única con la que no funcionaba. Pues, muy bien. ¡Espíritu se queda!

Tamaño frenesí de Espíritu en mi vida me hizo preguntarme si Dios estaba respondiendo a mi temor inicial de no ser capaz de "convertirme en Theresa" de manera convincente. Como ella siente las cosas de un modo distinto a como las sentimos los demás, a veces me costaba describir sus experiencias. Pero empezar yo también a sentirlas así me dio una base y puntos de referencia. Ver y sentir también hicieron que me fuera más fácil creer en un proyecto que parecía cosa de locos. Nunca habría trabajado en un libro que yo sintiera que fuera engañoso o falso en alguna manera.

Aunque para mí todas mis experiencias me parecían muy reales, cuando compartí mis historias con mis amigos, recibí una lección en los rudimentos del escepticismo. Casi todos se mostraron comprensivos pero algunos me miraban como si de repente tuviera cuatro cabezas. Así que me pasaba horas divagando con los que creían y cerré el pico con los que me hacían sentir idiota y avergonzada. Imaginé que así es como deben sentirse los médiums cuando los que dudan los acribillan a preguntas porque, al igual que Theresa, llegó un momento en que pensé: *Me da igual si me crees o no. No estoy aquí para convencerte. Sólo quiero compartir las cosas increíbles que he vivido.* A partir de entonces escogí mi público con más cuidado. Gracias a Dios, mi madre y mi hermana no se cansaban nunca de escucharme.

Cuando empecé a sentirme cómoda con todo lo que estaba ocurriendo, mi intuición mejoró muchísimo. Ocasionalmente tuve esa "sensación de saber" que Theresa también tiene y Scott empezó a llamarme Ed Glosser: Vidente de trivialidades, en referencia a un antigua escena cómica de *Saturday Night Live* sobre un hombre cuyas ridículas sesiones no eran nada útiles. No lo culpo. Un día, sin venir a cuento, le comenté que me sorprendía que las gallinas del vecino no hubieran encontrado ya la manera de colarse a nuestro jardín. A la mañana siguiente, nuestro jardín estaba lleno de gallinas. También supe que mi amiga Jenny estaba embarazada mucho antes de que se lo contara a nadie excepto a su familia. Cuando la perra saltó del sofá y empezó a cojear, le agarré el tobillo, recé para que se curara y la cojera desapareció. En el momento en que entré a una tienda de antigüedades con mi amiga Beth, me antojé de galletas de mantequilla de ésas que vienen envueltas en copas de papel arrugado dentro de un envase antiguo de lata. Nunca había tenido un antojo tan específico, pero bueno, le dije a la cajera que me había saltado la comida y que si tenía algo dulce para subirme el azúcar en la sangre. "Tenga, que no quiero que se desmaye", dijo sacando una lata antigua llena de galletas de mantequilla, en las copas de papel arrugado y todo.

Uno de los incidentes más tiernos, al menos para mí, fue cuando las almas de mis difuntos seres queridos me ayudaron con el libro. No los percibí igual que un médium pero cuando Theresa los sintió, me dieron escalofríos. Mi abuela y mi prima Mimi estuvieron presentes en casi todas las entrevistas para demostrar cosas que a Theresa le resultaba difícil explicar. Si necesitaba, digamos, ilustrar cómo el Espíritu veía o se movía por el espacio, Mimi o la abuela lo representaban para que Theresa pudiera describirlo a tiempo real. Hubo una vez en que no conseguía entender lo que Theresa quería decir sobre el aspecto que tienen las almas cuando se sientan con un familiar, así que mi abuela lo hizo para ella de un modo que fuera comprensible para mí. Me la podía imaginar diciéndome: "Por el amor de Dios, Kristina. Mira, es *así*".

Cuando estábamos terminando el libro, empecé a sentir cómo casi toda la energía abandonaba mi casa. Fue muy sutil e increíblemente obvio a la vez. La mejor comparación que se me ocurre es cuando en tu casa hay mucho polvo pero tú no te das ni cuenta hasta después de haber pasado la aspiradora y notar que el aire es más ligero y más limpio. Pero una energía se quedó —la que estaba en el banco de mi despacho— pues seguía cautivando a Izzy horas y horas.

Cuando Theresa y yo terminamos su libro, me regaló una sesión privada. Acudieron mi abuela, Mimi y el Espíritu guía, que adoptó la forma de una luz brillante y angelical. Confirmaron lo que yo ya sospechaba y mucho más. "Tu abuela quiere que sepas que lo que sentías era real. Te hicieron sentir lo que estabas escribiendo para que lo entendieras. Tu guía dice que han trabajado mano a mano contigo para que el libro requiriera menos esfuerzo". Continuó explicando que las señales y los símbolos eran cosa de Nana y de Mimi pero que mi maravillosa Espíritu guía era quien las orquestaba. Ella es quien se sentaba en mi despacho todos los días y mantenía tan entretenida a mi perra.

No le había contado a Theresa todos los momentos espirituales que tuve, así que creo que la magnitud de lo ocurrido en mi casa la sorprendió. "¿Me estás diciendo que te permitieron convertirte en mí por un tiempo? ¿Pero qué demonios...?" Se echó a reír. "Es cómico porque también siento una especie de disculpa por haberte hecho sentir así, pero tienes que entender que ésa es mi vida".

Sí, lo entiendo. Ahora *lo sé*. Lo que nunca imaginé fue que "convertirme en Theresa" sería una experiencia tan increíble. No sólo porque de verdad respeto lo que ella hace sino porque su acceso a Dios y al Espíritu no dejan lugar a dudas. Recibí tanta validación de Dios y del más allá durante este proyecto que mi fe en Él ha crecido tremendamente, igual que la de muchas de mis amistades. El libro también ha tenido impacto en mi matrimonio. Ahora Scott cree que su alma sigue viva y se interesa más por Dios. Hace poco le oí terminar una frase con las palabras "si Dios quiere", y casi se me atraganta el burrito que tenía en la boca. Está claro que a cualquiera pueden pasarle cosas positivas y aparentemente increíbles en cualquier momento y pueden cambiarte la vida, si tú lo permites.

Un sábado por la tarde fui a visitar a Pat para ver si me ayudaba a curarme una erupción cutánea y Scott lo resumió a la perfección. Dijo: "El matrimonio y la vida en general están llenos de sorpresas, pero nunca pensé que conocerías a una médium famosa, que tendrías una curandera y que sería yo quien te llevaría en automóvil a verlas a las dos". Yo tampoco, cariño. Yo tampoco.

AGRADECIMIENTOS

No podría haber escrito este libro sin el amor, el apoyo y el consejo que he recibido a lo largo de todo este proceso y como médium de gente del mundo físico, del Espíritu y del Otro Lado. Les estoy muy agradecida a todos los que me han ayudado a crecer y a aprender, incluso a los que he olvidado mencionar en las siguientes líneas porque soy un poco despistada.

Mi más profundo agradecimiento a mi coautora, Kristina Grish, por tu trabajo duro, tu dedicación y por entendernos al Espíritu y a mí. ¿Quién se iba a imaginar que doce horas diarias encerradas en una habitación de hotel podía ser tan divertido y que creara un libro tan extraordinario? ¡Estoy segura de que los pastelitos bañados en caramelo fueron de gran ayuda! Y también quiero darle las gracias a mi editora, Johanna Castillo, y a todo el equipo de Atria Books, por creer en mí y por hacer realidad este proyecto. Johanna, sé lo mucho que trabajaste para sacar adelante este libro. ¡Nunca sabrás lo mucho que te lo agradezco!

A mi increíble agente, Courtney Mullin, que cerró el trato y que lleva conmigo desde el principio. Te estoy muy agradecida por tus consejos, tu sabiduría en los negocios, tu instinto y esa visión a largo plazo que siempre sabe lo que va a ser mejor para mí. Me proteges de situaciones estresantes, te aseguras de que no me falte nada y me recuerdas que disfrute de lo bueno mientras dura. Y no me olvido de tu hermana, Victoria Woods, por decirte que yo estaba "hecha para la televisión". ¡Dio en el clavo!

A Laura Palumbo Johnson, Brian Flanagan y Matt Ostrom de Magilla Entertainment. Les bastaron cinco minutos para saber que teníamos algo especial. A Jonathan Partridge, por entregarse en cuerpo y alma al programa, por su laborioso equipo, por convertir en algo fabuloso trabajar todos los días en mi casa, y a todos en TLC, especialmente a Joanna Brahim y a Tara Patten, por creer en mí y en lo que hago.

También quisiera darle las gracias a la gente que me ayuda a llevar el programa de gira, entre ellos Rich Super, de Super Artists, y todos en Mills Entertainment, por hacer de mis experiencias en vivo un éxito. A Michele Emanuele por su talento y su generosidad, y por ayudarme a lucir siempre fabulosa, y a mi abogado, Jeff Cohen, por defender siempre mis intereses.

A mi asistente, la dulce y serena Courtney White, por hacerse cargo de mi vida. Gracias por asegurarme una y otra vez que todo va a salir bien.

A Pat Longo, por ayudarme a aprender de mi don, por recordarme que debo mantener los pies en la tierra y por no dejarme olvidar nunca de dónde vengo. Gracias por estar siempre presente cuando te necesito (mañana, tarde y a veces en medio de la noche). También te agradezco de corazón lo mucho que me has ayudado con este libro. No podríamos haberlo hecho sin ti.

A Eileen Bacchi, por aguantar todas mis ansiedades antes de que supiéramos qué demonios estaba pasando. Eres una amiga muy especial y valoro mucho nuestra amistad. Nadie lleva a sus hijos tan de cabeza como nosotras.

A Desiree Simonelli, por renovar nuestra amistad después de tantos años sin hacer preguntas. ¡Echo de menos nuestra pizza de los viernes por la noche! Me alegro mucho de que formes parte de mi vida.

A Bill y a Regina Murphy, por permitir que Brian fuera el primer niño que canalicé. Fue un honor y es una bendición que su alma siga conmigo.

A mi gran familia italiana por vía paterna y materna: tíos, tías, primos. Particularmente a la tía Debbie y a la tía Ginna, por ser una parte tan importante de mi mundo cuando era pequeña. Y a mi prima Lisa Brigandi, a la que puedo llamar para hablar de cualquier cosa y de todo. Sabes de primera mano lo que significa estar en mi lugar y lo haces con mucha elegancia.

226

A mis padres, Ronnie y Nick, por ser los mejores vecinos que una chica puede desear, y por apoyarme cuando buscaba mi camino en la vida. No puede haber sido nada fácil entender mis habilidades al principio pero tuvieron fe en mí y atesoro mucho eso. Papá, sé que lo mío te pone la piel de gallina pero gracias por no haber cuestionado nunca mis intenciones ni mi cordura. También quiero darle las gracias a mi hermano Michael y a su familia por haberme aceptado y apoyado. Aquí estoy siempre para lo que necesiten, ustedes y los niños, en caso de que te salgan como la tía Theresa (¡si sabes a lo que me refiero!). A Gram y Nanny Brigandi por guiarme cuando empecé todo esto y por visitarme cuando saben que las necesito. Y a Connie, Jack y a todo el clan Caputo por quererme y haberme hecho el mejor regalo del mundo: su hijo.

A mi marido Larry y a nuestros hijos, por saber cuándo podían darme lata y cuándo hacerme sentir como una reina. Larry, eres el amor de mi vida y le doy las gracias a Dios todos los días por haberte enamorado de la chica alegre de mucho pelo. Larry Jr. y Victoria, gracias por soportar que la casa huela siempre a salvia, a pesar de que sé que preferirían que oliera a mis albóndigas en salsa de vodka.

Y por último, pero no por eso menos importante, les estaré eternamente agradecida a Dios y al Espíritu por todas las bendiciones que colman mi vida, entre las cuales están principalmente, mis clientes y mis admiradores. Gracias a ustedes he aprendido más de lo que habría creído posible sobre el perdón, crecer como persona y sobre el amor incondicional. Gracias por confiarme su corazón y las almas de sus seres queridos.

Besos y abrazos,
Theresa